U0925219

汉英对照

一位东方外交家看美国

AMERICA: THROUGH THE SPECTACLES OF AN ORIENTAL DIPLOMAT

[清] 伍廷芳 著　李伯宏 译

南開大學出版社

图书在版编目(CIP)数据

一位东方外交家看美国 /（清）伍廷芳著；李伯宏译.
天津：南开大学出版社，2009.7

ISBN 978-7-310-03150-4

Ⅰ.一… Ⅱ.①伍…②李… Ⅲ.美国—近代史—研究
Ⅳ.K712.407

中国版本图书馆 CIP 数据核字(2009)第 071820 号

南开大学出版社出版发行

出版人：肖占鹏

地址：天津市南开区卫津路 94 号 邮政编码：300071

营销部电话：(022)23508339 23500755

营销部传真：(022)23508542 邮购部电话：(022)23502200

*

河北省迁安万隆印刷有限责任公司印刷

全国各地新华书店经销

*

2009 年 7 月第 1 版 2009 年 7 月第 1 次印刷

880×1230 毫米 32 开本 10.25 印张 2 插页 252 千字

定价：22.00 元

如遇图书印装质量问题，请与本社营销部联系调换，电话：(022)23507125

第一版作者序

世界诸国，中国人最感兴趣的，是美国。初时，一干人离别英国，探索这块土地。后来，人数渐多，来自其他国度的人也漂移到此，人口扩增。而统治他们的，则是来自那一干人家乡的官吏。当他们觉得待遇不公时，便奋而反抗，对统治者、世上最强大的国家发起了战事。七年血战，艰苦卓绝，双方死伤赢千赢万；但年轻一族，挣脱了老朽一族的桎梏，英国被迫承认美利坚各州独立。此后，在相对较短的一百三十年间，这些革命者及其后人，不仅建立了世界上最富有的合众国，还成为所有强国都尊听其言的一族。

起初的国土，不过中国一两个省份大小，但通过购买和其他方法，逐渐扩大，至今已经从大西洋，延伸至太平洋沿岸，北至长年冰雪不化的冻土，南达如赤道新加坡一样炎热的阳光地带。这个年轻共和国已经在文学、科学、艺术和发明等领域，造就众多杰出男女人士。那里，不少人年轻时一文不名，但以其坚韧不拔，以其经营才干，成为巨富。那里，世上最富有的人可能过着简朴节俭的生活，毫无奢华炫耀，每日走在街上，身边无仆人伺候左右。他们许多人极为富有，竟不知如何花用。外国很多伯爵、公爵甚至王子，拜倒在其富有、漂亮的女儿裙下；其中一些育有子嗣，作了外国高级官员。那里，有富人腾出时间，捐出财富，用于慈善事业；有时不仅捐赠本国图书馆，更捐赠世界各地的图书馆。那里，私刑受到包涵，无法阻止；杀人者，借助奇异的法律过程，可逃脱极刑惩罚。那里，有人最适于维护和平，几乎每年为此召集会议；一位富翁用去大量时间，倡导和平，在国外自费建造一座宫殿，用作和平法院[①]。

这些人也曾发起战争，为其他自以为受到不公待遇的民族伸张正义；胜利后，未付出合理代价，便不把持胜利果实[②]。

那里的居民通常都极为爱国，在最近一次战争中，许多人放弃事由，放弃职业，自愿入伍；一位富人自掏腰包，招募装备了一整团的兵力，自任指挥。在那个国家，所有公民都可入主称作“白宫”的宝座。入主者，在几年内担任首席统治，离任后，重作普通公民。他若是律师，则可能继续从业，在其任总统期间任命的法官面前陈诉案情。那里，妇女可以成为律师，在法庭上为男性当事人作辩护。那里，言论自由和批评自由可发挥至最大极限，人们可能受诽谤中伤之困扰，却无从得到纠正。那里，戴“风流寡妇”帽子的妇女并非寡妇，而是未婚处女，要么是已婚妇女，而其丈夫仍正当中年。这样的帽子许多达三尺之宽[③]。

那里，人们可乘豪华车厢，在铁路上舒适旅行；夜间睡在软卧车厢，早上醒来发现，上铺睡的是位年轻女士。那里的人们极有创见，筹资开办公司，发行清水股票，却不着一滴水滴；那里的股票交易所有熊市，有牛市，可不见熊牛相拼，虽然也吼声震耳。这确确实实是个极不寻常的国家，那里的人奇妙得很，于中国人甚有趣味，极有启发。

此一族群自然值得研究。我曾两次出使美国，共时八年，不断有人请我写下美国观感印象。出于几种缘由，我觉得理由不足。首先，在我任职期间，无法匀出时间动笔；其次，我虽走过美国许多地方，同各个阶层的人们打过正式交道，有过社交往来，但恐仍有国家的许多特征，人民的许多方面未曾注意；再者，美国虽有不少人事令我敬佩，但各处仍有改进余地，而要我批评这样

① 壮观的大厦设在海牙，正巧称作“和平宫”，1913 年 8 月 28 日正式开放。

② 美西战争。美国占领菲律宾群岛，向西班牙政府支付了两千万金元。

③ 此为若干年前。时尚每年变化，现今流行的，同样荒唐可笑。

慷慨、有礼、友善的人民，并非我愿。对于我的谨慎，劝导者说，并非是要我偏袒不公写美国，只要写我在美国所得到的印象即可。一位其见解令我极为尊敬的女士朋友大致说，“我们想让你公允坦诚地写写美国，讲讲美国人民。我们不想让你夸奖不值得赞美的地方，要是发现任何值得批评甚或斥责之处，也要直率提出。我们是要人们指出我们的缺陷，这样才好改进。”我承认这位友人说得很是在理。这显示出美国人心胸宽广，雅量博大。拟写本书过程中，我自始至终遵循这位美国友人的进言，毫不踌躇，坦率直陈我的看法，也希望避免过于苛刻。我相信，美国读者如若读到不能认同的观点，也能给予谅解。可以保证，我的观点并非仓促形成，或偏于一面。我若将其国家描绘成完美仙境，或是见到缺陷仍加以粉饰，便不是一位挚友。

Preface

Of all nations in the world, America is the most interesting to the Chinese. A handful of people left England to explore this country; gradually their number increased, and, in course of time, emigrants from other lands swelled the population. They were governed by officials from the home of the first settlers, but when it appeared to them that they were being treated unjustly, they rebelled and declared war against their rulers, the strongest nation on the earth. After seven years of strenuous, perilous, and bloody warfare, during which thousands of lives were sacrificed on both sides, the younger race shook off the yoke of the older, and England was compelled to recognize the independence of the American states. Since then, in the comparatively short space of one hundred and thirty years, those revolutionists and their descendants have not only made the commonwealth the richest in the world, but have founded a nation whose word now carries weight with all the other great powers.

The territory at first occupied was not larger than one or two provinces of China, but by purchase, and in other ways, the commonwealth has gradually grown till now it extends from the Atlantic to the Pacific Ocean, from the north where ice is perpetual to the south where the sun is as hot as in equatorial Singapore. This young republic has already produced many men and women who are distinguished in the fields of literature, science, art and invention. There hosts of men, who in their youth were as poor as church mice, have, by dint of perseverance and business capacity, become multi-millionaires. There you may see the richest man in the world living a simple and abstemious life, without pomp and ostentation, daily walking in the streets unattended even by a servant. Many of them have so much money that they do not know what to do with it. Many foreign counts, dukes, and even princes have been captured by their wealthy and handsome daughters, some of whom have borne sons who have become high officers of state in foreign lands. There you find rich people who devote their time and wealth to charitable works, sometimes endowing libraries not only in their own land, but all over the world; there you will find lynching tolerated, or impossible of prevention; there one man may kill another, and by the wonderful process of law escape the extreme penalty of death; there you meet the people who are most favorably disposed toward the maintenance of peace, and who hold conferences and conventions with that object in view almost every year; there an American multi-millionaire devotes a great proportion of his time to the propaganda of peace, and at his own expense has built in a foreign country a palatial building to be used as a tribunal of peace.①

Yet these people have waged war on behalf of other nationalities who they thought were being unjustly treated and when victorious they have not held on to the fruits of their victory without paying a reasonable price.②

---

① This magnificent building at The Hague, which is aptly called the Palace of Peace, was formally opened on the 28th of August, 1913, in the presence of Queen Wilhelmina, Mr. Carnegie (the founder) and a large assembly of foreign representatives.

② I refer to the Spanish-American War. Having captured the Philippine Islands, the United States paid $20,000,000, gold, for it to the Spanish Government.

There the inhabitants are, as a rule, extremely patriotic, and in a recent foreign war many gave up their businesses and professions and volunteered for service in the army; one of her richest sons enlisted and equipped a whole regiment at his own expense, and took command of it. In that country all the citizens are heirs apparent to the throne, called the White House. A man may become the chief ruler for a few years, but after leaving the White House he reverts to private citizenship; if he is a lawyer he may practise and appear before a judge, whom he appointed while he was president. There a woman may become a lawyer and plead a case before a court of justice on behalf of a male client; there freedom of speech and criticism are allowed to the extreme limit, and people are liable to be annoyed by slanders and libels without much chance of obtaining satisfaction; there you will see women wearing "Merry Widow" hats who are not widows but spinsters, or married women whose husbands are very much alive, and the hats in many cases are as large as three feet in diameter.①

There you may travel by rail most comfortably on palace cars, and at night you may sleep on Pullman cars, to find in the morning that a young lady has been sleeping in the berth above your bed. The people are most ingenious in that they can float a company and water the stock without using a drop of fluid; there are bears and bulls in the Stock Exchange, but you do not see these animals fight, although they roar and yell loudly enough. It is certainly a most extraordinary country. The people are wonderful and are most interesting and

① This was several years ago. Fashions change every year. The present type is equally ludicrous.

instructive to the Chinese.

Such a race should certainly be very interesting to study. During my two missions to America where I resided nearly eight years, repeated requests were made that I should write my observations and impressions of America. I did not feel justified in doing so for several reasons: first, I could not find time for such a task amidst my official duties; secondly, although I had been travelling through many sections of the country, and had come in contact officially and socially with many classes of people, still there might be some features of the country and some traits of the people which had escaped my attention; and thirdly, though I had seen much in America to arouse my admiration, I felt that here and there, there was room for improvement, and to be compelled to criticize people who had been generous, courteous, and kind was something I did not wish to do. In answer to my scruples I was told that I was not expected to write about America in a partial or unfair manner, but to state impressions of the land just as I had found it. A lady friend, for whose opinion I have the highest respect, said in effect, "We want you to write about our country and to speak of our people in an impartial and candid way; we do not want you to bestow praise where it is undeserved; and when you find anything deserving of criticism or condemnation you should not hesitate to mention it, for we like our faults to be pointed out that we may reform." I admit the soundness of my friend's argument. It shows the broad-mindedness and magnanimity of the American people. In writing the following pages I have uniformly followed the principles laid down by my American lady friend. I have not scrupled to frankly and freely express my views, but I hope not in any carping spirit; and I trust American readers will forgive me if they find some opinions they cannot endorse. I assure them they were not formed hastily or unkindly. Indeed, I should not be a sincere friend were I to picture their country as a perfect paradise, or were I to gloss over what seem to me to be their defects.

目　录

Contents

第一章

姓名的意义

“姓名本来是没有意义的；我们叫做玫瑰的这一种花，要是换个名字，它的香味还是同样的芬芳。”

尽管有此说法，但我仍认为，选名择字十分重要。取名字从来都应细心。因为，姓名有其含义，会影响到友情，或招致偏见。我们中国人对此很是在意。男孩一出生，父亲或祖父就按其属相取名字，保其长大后功成名就，或实现家人的心愿。所以，“福”、“荣”、“寿”、“成”在中国很是普遍，还有其他吉祥的用字。女孩的名字大多取自花果或树木。人们十分小心，不取含贬义的名字。但在华盛顿，我曾在电梯里遇见一个人，叫“棺材”。我要是担心这电梯变成棺材，这不大为过吧？另有一次，我碰到一人，叫“死亡”。我一听到他的名字，就想逃之夭夭。我可不想去死。我并不迷信，我常同十三个人在一张饭桌上进餐，周五出门旅行也毫不犹豫。我经常做些中国迷信人士不会做的事情。但是，遇见叫“棺材”或叫“死亡”的人，我却难以承受。我虽不迷信，但对这类名字却有些反感。

同样重要，或许更重要的是，给国家取名字。当美利坚一些州独立时，他们自称“美利坚合众国”，这是个喜庆的想法。起初，合众国有十三个州，面积大约三十万平方英里；现已有四十八个州，三个海外领土，面积达 3 571 492 平方英里，实际可同世上最古老国家——中国相比。应该指出，这个国名含义很广，可容下整个北美利坚和南美利坚大陆。可以肯定，美国的建国者选此国名，颇费心思。毫无疑问，“美利坚合众国”一名隐含着较深的意图。我曾问过一个自称美国人的人，问他来自南美还是北美，是墨西哥人还是秘鲁人，还是中美洲任何国家的人。他回答并特别强调，他是美利坚的合众国的公民。我说，这个合众国也可能是墨西哥合众国、阿根廷合众国，或什么其他合众国。但他答道，他称自己为公民没有任何其他意思，只能是美利坚合众国公民。我问过许多美国人同样的问题，他们的回答也都如出一辙。我们中国人称自己的国家为“中国”，是认为我们位于地球正中。诚然，美国建国者的地理知识胜过我们古时的国人，而且，新建的合众国也未包纳整个美利坚大陆，但其国名如此广博，自然让人怀疑其囊括整个大陆的意图。不过，观其国家行为，我相信，他们的意图不偏不倚，温文尔雅，是为西半球姊妹共和国树立良好的榜样，互存友善，公平相待，让美洲大陆诸国的联系更形密切。美国这个国度确是一民主原则的典范，顺人意，又独特。美国政府是个理想的政府，《宪法》意义宽泛。实际上是宣布人人生来平等；政府乃“民治，民有，民享”。随便什么人造访美国任一城镇乡村，只需略有头脑，稍加观察，便会对地方政府治理方式的井井有条，不浮不夸，留下印象；或对美国人的简朴、民主性情产生好感。即便在小学，也教习民主。记得曾访问费城一所公立学校，长久未忘。学校有三四百名七岁到十六岁的男女学生。学生中选出一名市长、一名法官、一名警察专员；为了管理学生事务，他们等于选出了一座城市通常所需的所有官员。学生中，有几位华人子弟。有人指给我，其中一位是警察总监。这不仅着实说明这个学生招人喜欢，还表明几百名学生之间的友善和谐，全无任何种族意识。校长和教师告诉我，他们同学生之间毫无芥蒂。学生犯错并不常见，如果犯了，学生里的警察就将其带到法官面前，由法官按照事由的是非曲直，秉公判定。校方向我打保票，这种自行管理制度行之良好，不仅减轻了教师的负担，不必再时常关照这几百名学生，还使每个学生品行端正，具备了责任感，为的是维持学校的安宁，维护学校的声誉。这样，从小就有了自我治理的意识，担负起管理的责任，长大后，必会对国家事务，对地方事务深感兴趣；如果当选公职，自会恪尽职守。

毫无疑问，美国政府的民主制度给中南美洲各国带来了巨大影响。以下数字说明了美国独立后，这些国家纷纷从君主制，转向共和制，意义重大。

墨西哥成立共和国是 1823 年，洪都拉斯是 1839 年，萨尔瓦多是 1839 年，尼加拉瓜是 1821 年，哥斯达黎加是 1821 年，巴拿马是 1903 年，哥伦比亚是 1819 年，委内瑞拉是 1830 年，厄瓜多尔是 1810 年，巴西是 1889 年，秘鲁是 1821 年，玻利维亚是 1825 年，巴拉圭是 1811 年，智利是 1810 年，阿根廷是 1824 年，乌拉圭是 1828 年。

这些共和国均以美国共和制为楷模。于是，美利坚大陆上几乎所有国家都转向共和。只加拿大仍属英国。英国皇家政府的政策宽宏公平，加拿大人对自己的政治地位颇为满意，也不愿改变。然而，也须指出，一些美国人欲图把加拿大纳入美国的版图。记得，在华盛顿的一次公共集会上，时逢加拿大总理威尔弗里德·劳里埃爵士出席，联邦最高法院一位知名法官逗趣说，加拿大应该并入美国。后来，众议院民主党领袖钱普·克拉克先生也在众议院大力主张加拿大归属美国。即便这些说辞不必当真，但至少也反映一些人有此念头。由此，预言加拿大未来的政治地位，实属大胆。不过，当下毫无迹象表明，加拿大欲求任何变动。可以稳妥地推测，现行状况，还将延续多年。对此不必奇怪，因为，加拿大虽然名义上是英国属国，但实际上享有独立国家享有的几乎一切特权。加拿大宪法同英国宪法相似，国会分“上议院”和“下议院”两院。英国国王只任命总督，总督是国王的代表。但是，治理这块领地的，是政府责任部门，所有内务均由地方官员管理，宗主国政府不加干预。加拿大人享有同英国人一样的权利，还要加上一点：他们不必担负维持陆军和海军的费用。几年前，若我记忆准确的话，曾出现争取独立的鼓动或讨论，对此，前殖民事务大臣德比勋爵表示，如果加拿大人确实希望独立，皇家政府不会反对，但他们则要好好考虑，从变动中能得到什么好处，因为他们已经享有自治，享有自由人的一切权益。英国政府虽然负责保卫加拿大每一寸领土不受侵犯，但其保留的唯一权利是任命总督。殖民大臣这番忠告之后，再也没听到独立的鼓动。

从商业角度而言，为人民的福祉着想，如今，在有限君主制与共和制之间，选择不多。让我们比较一下英国和美国。英国人享有同美国人一样的独立、自由；英国人虽是国王的臣民，却享有与美国人一样的自由。不过，采用共和，有其益处。此前，美国总统的年薪是 5 万美元，现已是 7.5 万美元，另加 2.5 万美元的旅行费用。比起任何大国的国王或皇帝的王室年俸，这都是区区小数。在共和制度中，胸怀大志者，更有可能出人头地。比如，一介普通公民，可以当选总统，实际行使国王或皇帝的职能。美国总统实际上自己任命内阁官员、大使、部长等。人们都说，美国每届总统都有权任命一万多名官员。就行政管理和政务执行而言，总统实际上比君主立宪制的国王和皇帝权力都大。可另一方面，共和国行政首长却不能像国王或皇帝那样行事。例如，若无国会批准，总统不得同外国宣战。而在君主制度下，国王或内阁大臣肩负重大责任。比肯斯菲尔德勋爵（迪斯雷利先生）任英国首相时，未同皇家国会协商，自行决定，于 1875 年从埃及赫迪夫购买了 176 602 份苏伊士运河股，共值 3 976 582 英镑。如果一切事务均须同国会协商，那么，国家就会失去重大的商机。美国任何一届总统都不可能像比肯斯菲尔德勋爵那样自行决定，大胆投资。美国总统克利夫兰说，“美国的公共事务全在透明的玻璃房子里进行。”

华盛顿在告别演说中告诫国人，美国既然同各国保持距离，不即不离，因此在拓展商业关系时，也应该尽可能不建立政治联系，他提出一个十分中肯、含义很深的问题，“我们的国运为何要同欧洲某个地方纠缠在一起，我国的和平、我国的繁荣为何要陷入欧洲的野心、争夺、利益、脾性或反复无常之中？”1823年，在这著名演说二十七年之后，门罗总统在给国会每年一度的国情咨文中警告欧洲大国，不要在美利坚半球任何地方建立新殖民地，欧洲若有任何企图，将其制度移植到西半球，都是对美国和平及安全的威胁。这一“门罗主义”，实际上保护了美洲大陆每个国家不受任何外强的干预。不可否认，这过去是，现在也是把美洲大陆所有国家维系在一起的主要因素。因此说，美国起着美洲其他国家保护者的作用。华盛顿特区有一个美洲共和国国际局，中美洲和南美洲所有共和国都派驻代表。它设在由美国富翁兼慈善家安德鲁·卡内基和一些国家政府捐款建成的恢宏宫殿中，建造费用为七十五万金元。能力强、人缘好的约翰·巴雷特局长称其为“美洲共和国友谊和从商的殿堂，会晤的场所”。国际局得到美洲二十一个共和国的联合捐助，其事务由一个理事会经管。理事会由成员国驻华盛顿的外交代表组成，美国国务卿是其职权主席。这个组织无疑加强了美国的地位，其目的是密切美洲共和国之间的友好关系。

第二章

美国的繁荣

美国这个共和国繁荣昌盛的主要原因是其自然资源。它拥有煤、石油、银、黄金、铜和所有其他矿藏。确实，大自然赐予了人所需要的几乎一切。土壤肥沃，长小麦，也长各种水果。但是，自然条件固然良好，若无人的勤劳发奋和技巧娴熟，也不会发挥优势。非洲和亚洲不少国家拥有同样的优势，却没能建成同样的繁荣。这使我想到了美国繁荣增长的另一个原因。移民到美国的人，并非富人。他们是为了生计而来，不辞劳苦，为的是改善境遇。他们愿从事任何体力活计或脑力劳动，来达到目的。他们吃苦耐劳，身强体壮，能承受重负。他们的子女也继承了这些好品质，所以，美国人同欧洲和其他地方的大多数人相比，更肯吃苦，更能发奋。

美国成功的再一个原因是，每个公民都享有很多的自由。人人都把自己，把他人看作是平起平坐。胸有大志的年轻人，非达到专业或行业的顶峰才甘休。有成千上万曾很贫穷的美国人，成为百万富翁，或千万富翁。其中许多人没念过大学，而是自学成才。有些成了文人，有些做了学者。大学教育并不一定使人成才，只是给人以学习的机会。人们说，有些受过大学教育的人，实际上相当无知，不及自学成才者。这并非是贬低大学教育。在大学课堂受过训练，无疑前程更看好，成功的机遇更多。但是，有人不具备这种优越条件，也为国家的强盛作出了贡献，也应尊为杰出人士。

美国人大都喜欢到海外旅游，这是个好习性。人若不离家出行，便无多少见识。读书可使人长知识，但出门旅行更使人长见识。这方面，中国人天生有缺憾。中国有句老话："纵马远途，均为危行。"所以，直到近来，中国人还一直不喜出行。终生固守故乡者，大都心胸狭窄，故步自封，而且自私。美国人则鲜少这些顽疾。出国旅行的，不仅有富豪和富足人家，工匠和工人也常留点积蓄，越洋出国。几年前，一位参议员在华盛顿告诉我，每至夏季，他都远渡大西洋，到欧洲盘桓几月。下一次，是他第二十八次出门远行。不过，我发现，他从来未到过欧洲以外的地方。于是，我向他进言，下次旅行，不妨去看看日本、中国或远东其他地方，肯定会发现这些地方既有趣味，又增长见识。

我到过欧洲和南美许多国家，无论到哪里，无论下榻哪间饭店，总能遇见美国人。我还多次邂逅在华盛顿或纽约结识的朋友，或认识的熟人。美国人不仅男的出国旅行，女的也不少。我在华盛顿、在纽约、在费城结识的女士，曾有几次到北京来访。这是美国人的一大长处。花上几百元去旅行，增长见识，接触其他国家的人，扩大视野，这不比买华服、珠宝、饰件或其他奢侈品更明智、更有收获？

在美国这样幅员广大的国家，相当一部分土地实际上尚未开垦，或开垦不足，因此需要勤勉的人手。然而，不良人员几乎毫无节制地涌入，又只会于美国有害。在国际贸易盛行的当今，不应限制人们在国家间的进出往来，但是，如在本国犯有前科，或是愚昧无知、一字不识的人，到任何地方都不受欢迎，美国也应该禁止其进入。人人皆知，外国人一俟成为公民，便参与美国的市镇和联邦事务。这些人如果确是为定居国尽力，则不会有人持异议，但尽人皆知，其中许多人毫无此念。所以问题是，是否应该采取措施，限制其自由。另一方面，很多农场缺少人手，所以不论来自哪里，来自何方，只要勤劳、肯干、有耐心，就应允许其入境，作为劳工。他们将给美国带来好处。惧怕廉价劳工的想法，毫无根据。因为，可以制订规章条例，控制外来劳工。他们一到，就可以征召他们到最需要人手的地方。诚实肯干的劳工，不为别的，只为是亚洲人，便给排挤在外，而白人却毫无区别地一律允许入境；只要这种情况不改变，恐怕美国的繁荣就难以持久。因为农业是稳定和财富的基石，而在目前，财富正是美国的强大所在。在美国，成千上万人拥有以七位数或八位数计算的财富。这些财富大都用于建筑铁路，发展制造业或其他有益的产业。美国成为大国，是靠其有益的工程，而非靠其陆海两军。1881 年，美国陆军官兵仅 26 622 人，海军只有 24 艘铁甲舰、2 艘鱼雷艇、25 艘拖轮，至 1910 年，陆军平时兵力已达 96 628 名官兵，海军号称拥有 33 艘战舰、120 艘不同型号的装甲巡洋舰。

近几年，许多国家一味扩充军队，大力建造无畏战舰和超级无畏战舰，而且越多越好。政界不少人物都染上了这股无畏战舰建造热。他们的主张的依据似乎是：国家安危，取决于战舰的多寡。连平和稳重者，也给这股风吹得晕头转向，对此表示支持。可是人们忘记了，以往二三十年间，发生了重大变化：一个国家现在可受各种手段的攻击，而无畏战舰根本望尘莫及。建造这种吓人怪物花费的大量资金，如用在颇有价值的用途上，会产生更大成效，更能保持国家根基的代代相传。

陆军人多，海军舰多，可称强国，但其他方面若是乏善可陈，必成不了大国。依鄙人所见，国家所以伟大，在之施政平和、公正、仁义；在之有大量善良人士能在政府事务中力陈己见。一个民族，这样的好人越多，就越伟大。美国因有大量善良的人士而闻名。这些人乐捐自己的时间和钱财，为国际和平而奔走。安德鲁·卡内基先生的价值等同于上百艘无畏战舰。卡内基先生及其同仁是保障美国利益和福祉的主要因素。美国本土同欧洲和其他国家之间有大洋相隔，所以，对手很难，甚至不可能攻陷其任何一块领土。但是，又有谁想攻击美国？美国少有敌人。一国入侵他国，总有其原因；美国同所有大国均保持友好关系，所以没有理由担忧外国入侵。即使有外强入侵登陆，占据了部分领土，他能守住占有的那片领土？而且这本身便是最无可能的假设。历史表明，倘若人民不予首肯，任何国家都不可能被人永久征服。让美国人接受外国政府的统治，这绝无可能。

人们希望，美国不会步其他国家的后尘，过度增加军备，而是走在世界和平运动的前列，向世界显示，一个大国无需武力便可存在，便能保持其大国地位。我知道，普遍裁军不为政界人物所好，有权有势者斥其为“鬼把戏”，把仲裁贬低为“唬孩子”，不过，一项可行的善举被冠以臭名，这并非首次。取消奴隶制曾一度给说成是痴人做梦，而如今，所有人都相信了。20 世纪是否会见证我们文明的崩溃？

世界上的军备为何不停地扩充？依我之见，原因有二：一是相互猜疑。一个国家建造无畏战舰，另一个国家出于恐惧和疑心也跟进。二是一些国家喜好追随其他国家，来保持海上强国的地位。然而，美国不必怀有疑心，或染上这种喜好，而是应独立行事，才不失为一个强国，一个大国。如若美国做出表率，其他国家必然跟随，世界和平便有了保障。美国亦将赢得所有爱好和平的人民的认可、尊重和感激。

第三章

美国政府

早在 4 500 年前，中国的哲学家就阐释了民主的原则。各朝皇帝和政治家也时常在施政中运用这些原则。但是，民主原则只是通过西方政治家的智慧，才尽显其长；在美国，则得到充分运用。中国现已成为共和国，而且不仅有名，更具其实，中国的政治家和政界人物探讨《美国宪法》，研究其运作，不失为上策。要近距离研究，就要访问美利坚合众国首都华盛顿。总统作为国家元首在此办公。总统有内阁的合作，配有大量助手，经管联邦政府的事务。总统可能是个新手，不熟悉外交，行政经验少，但大都足智多谋，掌握着总统一职的方方面面。所有重要事项都要由总统定夺，所以，日常工作要付出全部精力。总统的另一个职能是接见国会议员和前来洽谈公务的其他人员。这又占去其很多时间。事实上，人们都期望总统能做到“外柔内刚”，大致上，他也正是如此。

国会设在华盛顿，由参议院和众议院组成，位于国会山。国会通过法案，经总统签署，成为法律，在全国实行。民主的根本原则是主权在民。但是，因为人民自己无法治理国家，必须授权他人作为代理。所以，选出总统从事施政，选出立法议员制订法律。这些人在任期间，权力不可剥夺。选民绝对受其行动约束。国会无论通过哪些法律，人们都得严格遵守；就是说，人民公仆，成了人民的主人。然而，不必担心这些客串的主人会背弃人民的信任。任何渎职行为，任何无视选民意愿的行为，都很可能使其无法连选连任。

《宪法》规定，参议员和众议员必须是所选州的居民。这项规定真好，保证了人民的代表了解地方情况，知道如何保障自己州里的利益和福利。另一方面，因为每个州，不论大小，都只有权选举两名参议员，按州人口比例选举有限的众议员，所以，很不幸，常有经验丰富、有名望、有能力的人士没有机会为国效劳。在英国，以及在一些其他地方，选民可选择任何城市、任何区、任何县的居民做其国会代表，只是偶尔有国会议员居住在其所代表的地区。是否可建议美国采用相似的制度？但不修改《宪法》，这就无法做到。而修改《宪法》，则谈何容易。但是，每个国家，每个人，都应从善如流，改变旧风俗，适应新环境，所以我做此进言。

把总统任期定为四年，是个好主意，无疑是防止不受欢迎、政绩不良的总统掌权时间过长。不过，明智的人们渐渐领悟出，这在理论上虽然很好，但实际上却很不方便。新总统不论多有才干，都要历经几个月的时间，才能全盘了解这一崇高职位上的所有细节，其中除不可避免的社交职能外，还有每日接见造访者，以及其他各种各样的职责。待其熟悉所有这些事宜，日常运作能顺利进行时，任职已过一半。按照常情，如果冀望连任，又必须花费大量时间和精力用于竞选。显然，对任何总统而言，四年的时间都过短，对其本人，对赋予其重大职责的国家，都不公允。总统选举是国家必不可少的，但次数越少，越有利于国家。我相信，选举期间曾身在美国、目睹政治机器复杂运转及其所有严重后果的人，都会同意我的看法。在选举年的大部分时间，整个国家都陷入此事，所有人，高官也好，小民也好，或多或少都对此事，对选前的准备感兴趣。人们似乎是把所有其他事情放置一边，更关注选举一事。选举结果关乎其个人利益所在的政界人士和官员，全身心地投入其中。不大积极的人们，也直接或间接地同竞选有份。竞选资金要筹措，大笔金钱分向四面八方。不幸的是，所有这些都打乱了公务。它不仅使许多工商人员无法发挥合情合理的职能，还使商人和大公司无法开办新企业，也就限制了对劳工的需求。总之，整个国家事实上都陷入喧闹和兴奋之中，国家的日常事由受到严重影响。华盛顿一名年轻人已经订婚，但却告诉我说，他太忙了，选举结束前结不了婚。

如果采用法国制度，总统由参议员和众议员共同多数票选出，上面说的不方便、亢奋和大笔费用等就可能避免，但我觉得，美国人宁愿经受这些不方便，也不愿失去自己选举总统的乐趣。就我而言，另一种补救办法是，把总统任期延长到六年或七年，不得连任。这项提议如能采纳，总统会更自由，更独立，就不会担心暂时惹恼政界友人，因而丢去职位，就可以不像现在这么分心，转而全神贯注于联邦事务，放弃偏见或担忧，不受干扰地为国家谋福利。他会有更多机会为国家做些有价值的事情。还有一个好处是，全国不会常常因总统选举产生的喧闹和兴奋而受困扰。如果允许做个预测，我会说，年轻的中华民国汲取法国和美国的经验，很可能采用法国的总统选举制度，或是建立类似的制度。

美国政府施政的一个弊端是"胜者独吞"口号下的独占制度。新总统有权解聘联邦办公机构的大量职员，而让其朋友、让其党内跑前跑后的人，或是协助其当选的人取而代之。我听说，每隔四年，数千名官员就这样出炉。杰克逊总统首创这种做法，此后几乎每一位总统都继续不辍。几乎每个州和市业都采用这种独占制度，它的确构成了美国现实政治的基础。世界上每个国家都有人通过有权有势的朋友谋取职位、薪金；但是，把从事有益工作的公职人员打发回家，仅仅是为他人腾出位子，这十分不利于公务部门，不利于公务部门所服务的国家。近些年，有人尝试改变这一恶俗，着手“公务部门改革”，让申请人参加考试，通过任命担任公职，并把任期年限固定下来。如果一切任命都严格遵守这种做法，那么，总统在很大程度上将失去奖励政界朋友的手段。如果是这样，我怀疑，随着争取提名候选人当选的主要目的给剥夺了，职业政客和幕后掮客是否还会像以往一样地积极热心。塔夫特总统功绩显赫，他具备勇气，不偏不倚，不论党派所属，任命有才干的人，甚至特邀反对党里一两名才能卓越的人士，担任内阁成员。

在美国，人们对担任公职并不趋之若鹜。有才气、有商业头脑的人，到处都需要。他们以各种方式，在若干行业显露头角，可轻而易举地获得财富，拥有权势。但他们都远离政治。然而，不应由此推论，认为美国政府官员无能。正相反，我很愿意以个人经历来证明，美国政府官员的工作不仅有效率，而且总体上，同欧洲国家任何机构的政府官员相比，都还胜过一筹。因薪水不高，无法劝动才能超群的人接受公职，这也并非怪事。我就认识几位内阁部长，在任职两三年后，不得不辞职，重返先前的行业。而总统很难找到德才兼备的人接替。

可这种说法与总统无关。总统的薪水，同欧洲的国王和皇帝比起来，仍很微薄，所以这并非因为薪水问题，而是因为总统一职超群出众，是人民能够赠与的最大的赠礼。从未听说任何人拒绝过竞选总统提名。我相信，获得提名的任何人，都将一如既往，欣然接受。我同一些美国人谈过，他们说，他们是白宫的接班人。他们确实就是，因为如同欧洲任何国家的王子继承王位一样，他们同样是总统一职的合格候选人。曾有一位女士还被提名为总统候选人，虽然没得到多少选票。

令我敬佩的一件事情是，人们认真遵守现行的法律和《宪法》。

每个人，从总统到凡夫俗子，无一例外，都很遵守。不过，有时，过于严格机械地解释法律，也会带来不便。谨举一例。《宪法》第六条第一款规定：“参议员和众议员，均不得经任命担任其当选任职期间内设立或薪酬在此一期间内提高的任何公职。”有位参议员经总统任命，进入内阁，但这一职位的薪酬碰巧在该参议员在参议院期间提高，所以认定，他只能领取他当选参议员之前这个职位的薪酬，不得享受他任参议员时参议院批准提高的那部分薪酬，虽然当时他根本想不到提高薪酬会对他自己的收入有何影响。

各州同联邦政府的关系很独特，很特别。我先纠正外国人对中国不同省份持有的错觉，来说明这一点。西方作者大致推认，中国各个省都属自治，省政府独立行事，无视北京中央政府的指令。但事实是，直到民国成立之前，各省的所有官员还都是北京中央政府任命或批准的。一道圣旨可随时撤掉总督、巡抚。而没有朝廷的首肯，任何重大事项均无法落实。这同美国各州如何相比？每个美国人都炫耀说，自己的州独立于联邦政府，各州的官员，从州长往下算起，都由人民选出。每个州都设有立法机构，由参议院和众议院组成，同样经选民选出。各州拥有很大，几乎绝对的立法和行政权力，能够处理《宪法》没有交给联邦政府的所有事由。各州之间也相互独立。各州的刑法和民法，包括有关财产转移和继承的所有事项，以及婚姻、离婚和财务法等，都属各州管辖。各州政府自然尽力把自己州办得欣欣向荣，人财两旺。因此，在一些州，有关离婚、公司和地产的法律比别的州更宽松。譬如，某人在自己的州无法离婚，便可轻而易举地在其他州实现离婚。一个州明令禁止的，在邻州可能完全合法。地方的税务也是如此：费用和税收全不统一；一个州里会很高，另一个州里却相对很低。外人到此，自然会惊奇地看到，美国这样的大国，会有这种事情，对政府如何运作会无从知晓。不过，也会发现，这里的一切运转顺利。唯一的解释是，一个州的居民常常迁移到另一个州，通过商业交易、其他交流和社会交往，人们一同相处，这样，尽管各州情况相异，人们也能很容易适应当地条件。据我所知，州与州之间还没发生过摩擦或争执。然而，所有的州任命一个州际委员会，修订编纂法律，使其一致，不更好吗？

旅居美国的外国人有时发现自己处境不利，因为各州不受联邦政府管辖。几年前一个州里发生的事情，正好说明这一点。一名来自欧洲的外国人被一群暴徒殴打，财产受到毁坏。他向地方当局提出申诉，却不能按其要求得到赔偿。该国驻美领事尽一切所能，游说地方当局，但全无功效。最后，他向该国驻华盛顿大使作了汇报。大使本人立即过问此事，并告知了国务卿。国务卿了解事由后说，他所能做的，只是致函该州州长，要其处理此事。但该州州长出于某种原因，未采取任何行动使这名外国人满意。其大使多次向国务卿提出请求，但国务卿则无能为力，因为《宪法》没有赋予联邦政府干预各州事务的权力。这似乎是美利坚合众国外交事务中的一个瑕点。假设一个外国人在某州受到屈辱或遭谋杀，也没得到任何补偿，联邦政府不得派遣一兵一卒逮捕罪犯。其所能做的只是要求该州州长采取行动，如若州长无所行动，那就毫无补救。幸运的是，这样的事例极少发生。但为了更有效地处理国务，针对特殊情况赋予联邦政府更大的权力，岂不更好？我知道，这会带来一个很严峻的问题：国会非常不愿意允许联邦政府有权干预各州事务，因为各州不会容忍这样的干预。但是，随着越来越多的外国人居住在美国，自然会不时发生对外国人的暴行和虐待行为。按照规矩，州里的官员可以信赖，他们公平地处理这些事务，但在地方上对某些外国人的偏见高涨时，由与事无涉的联邦官员处理此事，是否更好？为维护良好的对外关系，避免国际纠纷，我想大胆进言，要联邦政府和州政府认真考虑这一建议。

一个国家采用哪种政府形式，这个问题很难决定。无疑，美国人民说自己的制度是最好的。而欧洲君主制政府下的人民则认为，君主制更好。这主要是见识问题。已经习惯某一政府制度的人民，自然最喜欢自己的制度。有些社会很久以来一直习惯于旧的君主制政府，习惯其古老的传统和习俗。而另一些社会的政治气氛不同，所有的人都参与国家的公共事务。显然，给君主制下的人民推行民主制，有些不妥。这不适合其喜好，也同其想法不吻合。对一个国家是好事，对另一个国家则不一定如此。只要诚心公正地实施，每种政府制度都有其长处。为人民争取幸福和福利，促进国家的和平与繁荣这些目标，应一直谨记在心。只要这些目标得以实现，那么，政府属君主制、属共和制，还是属其他什么形式，均无所谓。

可以比较中肯地问，自古以来，中国一直实行君主制，可为何成立了共和国？答案是，中国的条件和情况很特殊，不同于日本和其他国家。在日本，人们传说，自公元前 660 年，第一个皇帝神武天皇建立了帝国，其王朝便一直沿袭下来。而众所周知的是，中国的皇族是满族人。清朝是 1644 年靠征服，而非靠继承建立的。最近推翻了满族王朝后，人们发现很难找到一位有声望、有能力的汉人，拥有继承皇位的合法权利。忌妒心理和偏狭心态又使得这种建议根本无从谈起。若有任何人试图建立一个汉族王朝，纷争、摩擦、不停的战乱就会接踵而至。另外，中国有大量贤士厌倦了君主制度。所以，可以看出，出于对国家和平与福祉的考虑，人们别无选择，只有大步跨越，建立民国。物质演变的法则在中国十分活跃，无疑将助其圆满，也将赐福全人类。中国现今方为一个年轻的共和国，但她将茁壮成长。中国人民对大洋彼岸较年长的共和国存有真挚的情感，两个共和国更有令人诚服的理由增进友谊。人们知道，扩大对华贸易有很大的潜力，因为菲律宾群岛离我国海岸不远，巴拿马运河的开通又打开了扩大贸易的新通途。所以，两个国家跨越大洋，携手合作，促进兄弟情谊，将符合双方利益。这如能实现，不仅将极大地推动国际商业，而且还将胜过无敌战舰，更能保障和平，至少是东半球的和平。

第四章

美国与中国

美国为东方，尤其是为中国做了不少事情。然而，如果问中国人对此有何坦诚的看法，答案却不全好听，而是感激加遗憾两相掺杂。自从中国正式对外国贸易和商业开放以来，各个民族的人都来到中国，有的做买卖，有的来休闲，有的传教，还有的另有他图。中国自己本是一方文明，有自己的思想、思维和习俗，而且在许多方面不同于西方人，所以，有时发生纠纷和争执，甚至中国同西方还起过战事，也并非怪事。但是令人欣慰的是，美国从未对中国诉诸武力。纷争有时出现，但总会和睦解决。美国官员在中国秉持公正，态度友好，赢得了中国政府的尊敬和信任，所以在 1867 年，蒲安臣先生的驻中国公使一职结束后，清政府便任命他为中国派往美国和欧洲的特别使团团长。作为使团团长，他给中国提供了宝贵的服务，虽然因其英年早逝，工作不幸中断。美国国内对待中国学生很慷慨大度，也令人满意。这些学生可自由进入美国所有教育机构，受到美国家庭的欢迎，而且无论在哪所学校，都同美国学生一样接受教育，享有美国学生同样的平等机遇。[1] 众所周知，美国对中国没有领土野心。在义和团运动期间，美国政府率先倡导保持门户开放，维护中国的完整，其他列强也纷纷表示同意。当时，人人皆知，在此提出也非违反信任：美国国务卿海约翰先生征得麦金利总统的允许，愿意把美国要求中国对义和团动乱期间所受损失给予的赔款减少一半，只要其他列强也同意减免一半。很不幸，因达不成一致，他的提议没有落实。不过，为了表示善意，表示美国政策的人道、公正，她自愿把相当一部分赔款，即赔款中扣除实际损失费用后的余额，退还中国。这是美国第二次退还中国赔款，虽然上一次数额较小。在有些事情上，中国人民有理由对美国和美国人民心存感激。

然而，事情还有其另外一面：在美国的中国学生大致有数千名，而且每年都在增多，他们均受到民主施政的教育。但这只会不利于前满清政府。这些学生了解了美国人民是如何取得的独立，脑子里自然萌生了在中国实行同样政策的想法。在美国居住的中国商人、贸易人员和其他人，眼见到美国人自由、独立地从事政府事务，当然也同样学有所得。这些人是最近推翻满清王朝的重要因素。此外，美国还向政治犯提供避难，也令满清政府不满。从满清政府的角度看，自有许多理由对美国心怀积怨。

但大多数中国人却不这么看，这不必多言。在自己国家犯有政治罪的人，不仅在美国，而且在欧洲所有国家，在日本和在其他文明国度，都会受到保护。命运的讽刺就是如此：中华民国成立后，旧制度下的满清官员和其他官员，现在香港和青岛找到了庇护所，还有数百名满清官员逃进了前满清政府极不情愿准许的上海、天津和其他通商口岸内的外国租借地。因此，他们先前对美国收容政治难民政策的指责，反过来殃及他们自身；那引起他

---

① 我国学生在英国、法国、德国、日本和欧洲其他国家也受到礼遇，但此章仅涉及美国，所以不再赘述。

们抗议的宽容大度，反而成全了他们。

很遗憾地讲，人们对美国有所不满的实质性原因是其排华政策。只要美国的歧视性法律仍然有效，美国本来较好的名声上，就存在一个污点；美国同中国的关系虽然友好，却不会完好无缺。本章篇幅无从论及这一题目，但为了让读者了解实情，有必要简要介绍一下历史。1868年，因美国急需劳工，建筑铁路和其他公共工程，中国政府和美国政府缔结了一项条约，规定“访问美国或居住在美国的中国国民，应享有最惠国公民或国民在旅行和居住上享有的同等特权、豁免和免除”。这项条约是经美国政治家、西华德国务卿谈判达成的，美国总统也向国会宣布，“这是一项开明、预兆很好的条约。”美国认为，条约极大地增进了国际关系，而且还有一层意义：它是由熟悉美国人民利益和愿望、杰出的美国外交家蒲安臣先生为首的中国特别使团谈判达成的。

但在几年之内，太平洋海岸的工会就开始反对华人劳工的竞争。很快，中国政府十分惊讶地得知，美国总统派出了一个使团前来北京，要求废除前面提到的条约中的条款。中国政府自然不愿废除美国倾力推销、而且又是近来刚刚生效、双方均持热切希望的一项条约。经过冗长、枯燥的谈判，终于达成了一项简短的条约。条约的第一条和第二条如下：

第一条

一俟美国政府认为，中国劳工前来美国，或居留美国，影响或可能影响美国利益，或危害美国良好秩序，或美国任何地方的良好秩序，中国政府同意，美国政府可规范、限制或暂停中国劳工前往美国或居留美国，但不得绝对禁止。限制或暂停须合理，只适用前往美国的中国劳工，其他类别则不在限内。相关中国劳工的立法，只可用于规范、限制或暂停移民之必要；移民不受不良待遇或虐待。

第二条

中国国民无论作为教师、学生、商人或观光游客前往美国，及其家佣和仆人，以及现居美国境内的中国劳工，应可以自由往返，应享有，今后仍将享有最惠国公民和国民享有的一切权利、特权、豁免和免除。

本来可以合情合理地认为，既然中国政府在第二次谈判中全然屈从美国的要求，美国就不会再要其做更多让步，以维持太平洋沿岸工会的利益，或满足他们的要求。对此，中国失望了。十年未及，美国国务卿就又急切请求订立新条约，好使美国国会更进一步限制前往美国的中国劳工的特权。当中国政府略一踌躇，未同意放弃美国给予其他国家国民的相同权利，国会通过了 1888 年《斯科特法》，禁止官员、教师、学生、商人或休闲游客或观光游客以外的任何华人进入美国，还禁令美国境内的中国劳工在离境后，不得返回。美国前国务卿、国际著名律师福斯特表示，“这是蓄意违反 1880 年条约，连美国最高法院也这样认为。”中国政府为了维护美国行政部门的脸面，背弃自己的公平意识及国际礼仪意识，第三次屈从美国的要求，缔结了经修订的 1894 年条约，让美国国会拥有更多的权力，针对中国劳工制订立法。条约第一条中，双方商定，十年内绝对禁止中国劳工赴美。第三条明确规定，“本条约各项条款不得影响中国国民，包括官员、教师、学生、商人或休闲观光游客现今享有的权利，但不包括前来美国并在美国居住的劳工。”显然，禁令只限于劳工，不涉及其他类别的中国人。条约签署后的几年里，移民官员也持此看法，照此行事。但后来，他们态度变了，把这条规定解释为，只有上述五类华人可进入美国，一切其他类别的人，无论多有地位，多有声望，也不得入境。中国银行家、医生、律师、掮客、商务代理、学者或教授，都因公约的此一规定，而被拒之美国国门之外，读者能否相信？仅从这些简单的文字上看，似乎过于荒唐，超乎情理之外，然而，这确是事实。

这项公约是 1894 年 12 月公布的。按其规定，有效期只有十年。如在十年结束之前六个月，缔约双方均不提出废止通知，则再延长十年。但中国向美国提出废止通知，因此，1904 年 12 月，公约到期，现已不再有效。此后，美国政府也没有认真试图就中国劳工事宜谈判新条约，所以，海关和移民官员仍然根据国会通过的法律，禁止中国劳工进入美国。可以看出，根据称作《蒲安臣条约》的 1868 年条约，美国政府正式同意，访问美国或在美国居住的中国国民，应享有最惠国国民或公民享有的同等特权和豁免；就是说，因 1894 年公约的终止，约翰·福斯特先生和其他著名律师发表法律意见认为，继续排拒中国劳工，限制中国商人和其他欲求进入美国的人，不仅毫无国际授权，更违反条约规定。

在夏威夷和菲律宾群岛，实施排华法更无道理。美国国内对中国劳工移民不满，是因为夺了白人劳工的生计。但在这两个群岛上，并没有任何不满，而且正相反，夏威夷针对华人的法律有悖于地方政府和人民的一致心愿。这些岛屿同中国之间的自由交往、自由迁移已有数个世纪之久。最令人反感，最不公平的是，只对华人进行歧视，而亚洲其他人等，如日本人、泰国人、马来人，则不受限制，可进入美国及其领地。我相信，严酷的排华法给华人带来的极大不公正，美国大多数人并不知晓。我确信，美国人不会让真挚的朋友继续经受这样的艰苦。中国并不想获得特殊待遇，只是要求华人得到其他国家公民或国民同等的待遇。美利坚民族是否仍然拒绝接受这一点？

解决移民问题，又让各方满意，此非易事，其牵涉许多相互冲突的利益，但并不是说不可能解决。人们若关注此一问题，真正乐见其解决，愿意听取合理建议，我认为，可以找到解决办法。我如此乐观，自有原由。除非我错了，我认为连工会也愿见和睦地解决这一复杂问题。1902 年，我在华盛顿，惊喜地见到纽约宾翰普敦中央工会领导人的代表，他邀请我前去访问，并发表演讲。我无意让其失望，接受了邀请。在短暂的逗留期间，不仅仅当地部门和居民，而且工会领导和工人都对我热情友好，礼遇有加。就我所了解，他们的纲领是，不要廉价的劳工竞争，但也不歧视任何种族。美国政府如成立一个由工会、制造商、商人代表组成的委员会，同中国政府任命的相应委员会打交道，整个问题的方方面面皆可讨论。我确信，在自由、坦率地交换意见后，劳工委员会将达成计划，一劳永逸地平息争执，解决问题，令中方美方都很满意。

这一令人不快的分歧消除后，两个共和国之间的友谊，即便在一方仍为帝国时也不失友好，会尽善尽美，更会促进两国的贸易，增进远东的和平。

第五章

美国教育

1910年，美国人口共有91 972 266人，在校学生17 506 175名。很少有国家的入学率这么高。教师人数共计506 040人。这样大规模的教育，只有用大量开支才能维持效率。教育统计数字表明，收取的学费为14 687 192金元，11 592 113金元来自生产资金，美国政府提供4 607 298金元。总共是70 667 865金元。[①]

美国每个州都设有许多学校。私立公立均有。每个镇上都有公立学校，连最小的村子也有学校。在一些农业州，如怀俄明州，人们居住很分散，农家只要有三四名学生，政府便派去教师。公立学校是免费的，面向所有学童。但在南部一些州，为有色人种开办了特别学校。总的来讲，有了这样学知识的地方，美国人自然受到良好的教育。我这里是指美国当地人，并非新来的移民和黑人。即便是黑人，也有不同，如布克·华盛顿等，有些黑人通过学习和教育，成了知名人士。

教育制度的一个明显特征是，学费低，遍布广。在小学和中学，男生和女生无论来自富有家庭、贵族家庭，或来自境况较窘

---

① 我怀疑任何其他国家能够举出这样出色的教学范例

的家庭，都在同一教室里学习。人们都知道，一位总统把儿子送到一所公立学校上学。因此，美国即使是最穷的人，也不能给自己作文盲找借口。如果愿意得到大学学位，也不难。许多州立大学免费接收本州居民的子女，外州人缴纳的学费也很少。所以，最不济的人也让孩子受到大学教育。许多大学生为了缴纳学费，课余时间挣些外快，放假时做些手工、甚至体力活计。在避暑地，我常常遇见这样的学生作宾馆服务生，而且都很整洁、周到、可靠。在访问哈佛大学时，校长艾略特请我去一间餐厅。当时有许多学生正在进餐。我注意到，服务生通常都是干净整洁的年轻人。询问后得知，他们都是哈佛大学的学生。服务生的位置如空缺，会有许多学生申请。家境贫寒的学生很愿意有机会挣些钱。

诚实的工作，哪怕是体力工作，也无人认为丢脸。即使是受过教育、举止良好的美国人也不会回避这种工作。在东部的一些州，因为佣人很少，各个家庭都自己做饭，自己干家务。几年前，我访问马萨诸塞州的阿什伯恩翰，惊奇地发现我的房东女主人不仅自己下厨，而且还打扫我的房间。一位教授请我赴宴，我更惊讶地看到，教授的两位女儿在饭桌旁帮忙。这同中国内地的一些地方情况相似。在内地，家庭尽管富足，但家里人都自己干家务。离广东不远的一些镇里，富余的农民和乡绅雇用自己的儿子从事体力活计，让后生在长大后，能够知道钱的价值，而不会挥霍家庭财富。一位百万富翁是个典型的例子。他只有一个儿子，为了让其懂得钱的价值，把他带到了广东，受雇成为一名普通佣人。雇主让其看管房子的一部分和一个小花园。一日，他不小心，打破了雇主家人很喜欢的一个值钱的金鱼缸。雇主自然很恼怒，责备他心不在焉。年轻人沉静地告诉雇主，如果能去其父亲家，会让他从其父亲收藏的金鱼缸中挑选一个，用作补偿。这使雇主很生气，他觉得这小子在加倍侮辱他。不过，雇主最后还是随他去了其父亲家；而且惊讶地发现，那里许多金鱼缸比年轻人打破的更值钱。家务活计无论多低微，在中国都不看作下贱。但是中国同美国之间的区别是，美国人是出于必要，被迫而为；中国人则视其为一种家教，让年轻人了解钱的价值所在，不要浪费。

学校的课程内容涉及广泛，学生毕业后很能够应付生活的拼搏。学校里不仅教绘画、素描和其他艺术，还教木工和其他手艺。我曾经见过一个很小的男孩做的木盒子，相当不错。一开始我没意识到学校里教学生这些手工的用处，但我后来觉出，其目的是教导学生如何想办法，有条理地安排材料。

教会办的学校，或教派赞助的学校除外，所有教育机构，尤其是州政府设立的学校，都不涉及宗教，不教授宗教。课堂上既不用《圣经》，也不用任何宗教材料。校长、教授、讲师可能是牧师，是认真信教的人，但是作为一项规矩，他们不得向学生传授宗教观点。青年的头脑最容易受外界影响，如果在学校或大学里不教授道德准则，学生就可能走入歧路。人们不应忘记，受过教育、却无道德准则的人，恰如没有锚的船只。愚昧无知的人冒犯法律，是因为他们不懂，他们的犯罪手段很笨，很容易给发现。但当受过教育的人犯罪时，他们精心谋划，手段高明，警察很难发现和侦破。人们都知道，这类无德行的人从事的欺诈，手法精明，显露出受过高等教育的迹象，近乎天衣无缝。为了国家的福祉，人受教育水平越高，就越要指导他怎样妥当地利用自己的才能。教育是柄双刃剑，如果把握不当，会很危险。

美国没有国教。而且鉴于各种教派数不胜数，所以不准在学校里教授任一特定的教派。不过，为何不商定一套基本的道德准则，在所有学校倡导？以下几项可作范例：

（1）诚实为上。

（2）尊敬父母。

（3）四海之内皆为兄弟。

（4）热爱人类。

（5）悲悯天下。

（6）思想纯真行动纯真。

（7）吃得洁净长得洁净。

（8）体健心正即是福祉。

（9）善待自己宽待他人。

（10）重德不重钱财官位。

（11）纵使末日来临也必伸张正义。

（12）面对人人绝无恶心。

（13）平等公正一视同仁。

（14）自由随意但不放纵。

（15）己所不欲勿施于人。

我只是在落笔时匆匆想到了这几条，还可以进行充实，作为所有学校操守训导的基础。无论怎样，每个国家都应力争最高的道德水准。

美国的男女同校，并非同一些其他国家那样不为人们接受。所有小学和多数中学都是男女生同在一间教室上课。一些学院和大学还录取女生。让女性同样享有受教育的权利，这项原则正为各个地方的人们缓慢、但却无疑地认可。在有些大学，校方采用妥协措施：女生上课另设教室，或为女性设立单独的教学楼或教学厅。关于教员，小学里几乎全部教师都是女性。中学里至少一半是女教师，或许更多。一些大学有女教授、女讲师。不用说，男生能学什么，女生也生来具备同样的才能。不赞同男女同校者，其主要反对意见似乎是，男女同校可能会使青少年时期的女生身心运用过度，另外中学时期男生女生发育速度不同。不仅如此，男女同校，课程安排得只是让女生不同程度地去适应男生，结果是，课程中没有适合大多数女生的艺术和家政内容。那么，为何不把课程安排得既适应男生，又适应女生？男生女生学同一个课目有何不好？男生可学的，不也对女生同样有益？或者反过来也是如此？这样的做法不是让男生女生之间互相同情？反对男女同校的人断言：这样做，会使女孩染上男性特征，也会使男孩趋向女性。不过，没人怀疑，这种制度会降低教育成本，如教员、实验室、图书馆和其他设备翻番的成本。

有人反对说，这种制度褪去了旧时的魅力和浪漫，夺走了婚姻的诱惑力。据称，出于平等，女性早早接触异性，大多数女生不仅不满足于同男生攀比学习，而且对男子那总是自吹自擂的优越地位产生了轻蔑。作为一种常规，这些本是要留作婚后在惊奇中发现的。这种发现才使婚姻自有其探索的趣味。但他们忘记了，这种婚姻多是在男女同受教育的地方、在男女有充足的机会相互了解，相互走近的地方结的缘。经验证明，这样的婚姻幸福美满，经年历久。不过，教育机构增加，未婚妇女人数也相应增加，让人玩味。这很容易解释：很多妇女从事商业，成为专业人员，自谋生计。随着她们受到更多教育，像男子一样享有许多特权，也就自然单身自好，来显示独立。任何国家都会如此。随着妇女获得更多受教育机会，预计中国也会出现同样现象。对此，我毫不惊异。如能见到中国妇女与其美国姐妹一样独立行事，有条不紊，我会十分欣然。

中小学和大学里得到准许和鼓励的运动和竞赛很有益处，让学生们放下功课，轻松一下。但这又不应妨碍学生们的学习。比如，划船比赛。赛前要准备好几个月，期间大部分时间内，学生们不怎么考虑学习，全身心都在兴奋之中。两队对手之间的竞争很激烈。他们只有一个想法：赢得比赛。这在我看来，娱乐的主要目的完全忽略了，已经不再是有趣味的娱乐，而成了辛苦劳作。人们告诉我，划船比赛中的舵手和其他成员在赛事结束后，要休息很长时间，这显然说明他们过于疲劳。我赞成所有不大复杂、娱乐消遣性质的比赛和运动。但如若说，没有竞争，比赛就全无乐趣，那么我觉得比赛的目的应是展示完美的体质，和绝对的健康。学生们来到操场，就让他们投入自己喜欢的任何运动，但又要让他们知道，锻炼过度，或者做出任何事情，哪怕只是暂时影响到身体机能完好运作的话，都属“竞技不佳”；让每个学生都锻炼自己，成为身心健壮的学生，通过合理全面的锻炼，以最健康的体魄赢得最高的奖励。

第六章

美国的经商方式

如有人问，在美国成功经商的根本之道是什么？我会说，是广告。在美国，商人若打算成功，就必须在日报、周报和月刊上刊登广告，还要在街上张贴大型海报。美国没有一位熟悉行市的商人不登广告。每本书、每期杂志，都刊有许多广告。不时有大型杂志整整用一半版面刊载商品广告或图片。无论走到哪里，都会见到海报，甚至乘火车时从窗子望出去，也看到大型广告招牌，推销某类商品。牌子越新，图片越大。在街上乘车时，环顾四周，满眼都是各种各样的广告。要是照着广告询问某种商品，就会不停地收到这种商品的广告。甚至到现在，我还收到在美国时曾去信询问过的某种物品的促销广告。晚上在街上散步，会新奇地发现，商人敏锐的头脑发明的聪明精巧的招牌，比如旋转的电灯，用不同颜色显出广告商的名称，或是显出商品的样子或形状。但就是这样也还不够，还向所有人发送广告单，提供特别优惠，让人相信非要购买某种商品不可。一些商店每年总有一两次降价，幅度从 10%至 25%不等。应该说，商人没有人愿意做赔本买卖，所以，促销时，如果降价幅度高达 25%，人们很容易算出商人得到的大致的利润比例。有人从小商贩起步，几年后成为百万富翁。

为了说明广告的重要作用，在此举一款知名饮料为例。这种饮料可替代茶和咖啡，在各个国家几乎所有报纸上大作广告，现已成为大众喜爱的饮料。业主成了巨富，听说他每年用于广告的费用超过百万美元。

美国商业另一个必不可少的元素是电话。每幢装修完备的房子，每位从业者的案头，都装有一部电话。电话上同客户洽谈，商定业务。华盛顿所有政府部门都配有不少电话。部长和部门领导通过电话下达指示，无需赘言，几乎每个富足的家庭也有这种通讯工具。电话的发明是人类一大福事。朋友之间相距隔远，但不必造访便可相互交谈。[①]然而，人们也因接线员接错线路而受到干扰。有时还会酿成大错。有一次就出了乱子，也许是一次恶作剧，结果我错过了在华盛顿使馆的晚餐。我的仆人接到一位女友的电话，邀我到她家赴晚宴。我欣然接受，在预定的时间驱车到了她家，却发现根本没有晚宴。当晚，我只得饿着肚子。

有些行业为了开拓新市场，常让旅行推销员免费赠送商品。有经验证明，开始时的损失，随后会补偿过来，当初赠送免费商品的成本，会三倍甚至十倍地收回。这些推销员走遍全国各地，寻找商机；他们拜访能下订单的客人，收编也从事旅行推销的同行，如果遇到零销商，则接过他的货单，或邀其作分销。这些人实际上等于在火车上生活：他们吃、睡、做生意，都在旅途上进行。一位推销员告诉我，一个月里，他跑了 38 000 里路，已经三个月没回商行了。

毫无疑问，美国人是勤劳发奋的人民，无论去多远的地方，走多远的路，路途无论多么艰辛，只要有商机，他们就情愿前往。人们好似永远在路上奔走，一经通知就上路，前往任何地方。一位美国人不久前在上海来访，他告诉我，一天早上，他在纽约离

① 情人们可以倾诉悄悄话，有的甚至通过电话求婚，在电话上接受。

家上班时，丝毫没料到那一天要长途旅行。等他到了办公室，上司问他是否愿去中国出差。他立即受任，给家里挂电话要夫人准备行装。两小时后，他已经坐上了开往旧金山的火车，随后，乘上驶往中国的轮船。他还说，这是几个月内，他第二次前来中国。

美国的营销员很精明，很能干。他们卖什么，就善于推销什么。你步入一家商店，只想看一看，没有可买的东西。但机灵的营销员说得灵巧，把你看的每件商品说得头头是道，弄得你很难空手离开商店。美国的营业员和推销员确是学到了讲话这门艺术。不过，事情总有例外。我就见过一位美国人，全然不懂讲话艺术。他在中国寻找优惠的商机，却在几近成功的关口，因讲话闪失，而前功尽弃。他说，他来中国并非出于善举，只是为了赚钱。人人皆知，一般商人既非皮博迪，也非卡内基，这位仁君没必要宣布，赚中国人的钱是其唯一的目的。

仅在几年前，美国商人，尤其是资本商人，毫无在中国从商的概念。我清楚记得在美国筹集铁路贷款有多难。那是 1897 年，我奉政府指示，筹集一笔较大的贷款，铺设汉口至广州的铁路。我尽力说动纽约知名的银行家和资本家。但无人考虑这项提议，都说钱投在美国一样容易，一样赢利，而且比中国更保险。经过近一年的辛苦工作，细心解释，耐心劝说，这才寻得一位资本家愿意讨论此事，给予贷款。现在，情况变了。美国银行家和其他人士发现，在中国投资很安全，于是派人前来中国，作为代表商谈大笔国际贷款。他们现在也像贷款欧洲一样，给中国贷款，而且条件相同。他们还同欧洲一些大型资本联合，在中国组成强大的财团，向中国有责任感的投资人提供贷款。但在 1913 年，他们撤出了财团。

在美国，赚钱的机会很多。一个年轻人只要略有能力，心地诚实，总会有事可作。如果肯卖力，愿吃苦，不退缩，有恒心，定将有所进展，谋得自立。美国许多百万富翁和亿万富翁年轻时曾一贫如洗，但他们持之以恒，勤劳节俭，致富成功，还远远超出自己的预期。他们经商的方法不得不令我们钦佩。中国商人把子弟送到美国，学习那里的商业实践，自有益处。不过，任何民族，任何类别的人，都并非完美。有一种赚钱的技巧，我觉得原则上不大妥当。为增加公司的资本，有时要发新股份，但实际资本并不相应增加。新增发的股份也许代表已经订购的资本的一半，或是相等。人们对此辩解的理由是，公司成立后，随着财产增值和分支价值的增长，股票也要增值，才能公平显示现有的资本。据传，一些铁路股票就这样“掺水”到令人震惊的地步，大部分是虚构价值。可是，虽然只在纸面上存在，在分红利时，却同货真价实的股票等值。这种行为是否说得过去，甚至是否合乎道德，只好让基督教牧师及其教徒决定了。有这种行为的人至少想出了一种精明的致富方法。如果原始股持有人的利益得到保障，如果货真价实股票的持有人和掺水股持有人分得同等的红利，又不损害大众的利益，这种行为也许还不大令人诟病。但是，对东方人而言，这确是一种全新的事物。

不能忽略不提广大民众的诚信赢得的信任。比如乘公交车，车上只有司机，无售票员。把票钱放进钱箱，要“自己斟酌”。若不付钱，也无人过问。但每个乘客都付钱。从未见过一个人逃票。这情景我只在美国见过，可敬可佩。想必是人们不太贫穷，付得起车费，而且真的诚实可信，难以欺骗。这当然是鼓励人们诚实守信，知廉知耻，自己判断是非的好办法。

我见过的最奇特的场景是纽约股票交易所。这是买卖各种物品的市场，但看不到货物。我看到许多人一边跑，一边说，一边喊叫。要是事先无人告诉我，我真以为人们昂奋之中正要大打出手。不过，我没见到任何拳脚相加，也没听说任何人流血。

这里另一个显眼之处是，没见到一位女性；而且因不见其身影，反而更引人注目。交易所是否有规定，不准女性加入，我不知晓。这应由倡导女性参政的人士去查询。但我了解到，这是一个富人会馆，共计 1 100 名成员，加入的条件必须是美国公民，必须在 21 岁以上。会员人数有限。成为会员要经过选举，或是会员退出或过世后转让。通过转让入会，新成员要缴纳 2 000 元会费。另外，为了得到“会中一席”，还要给转让者一大笔。如果委员会许可，会员可把席位转给儿子，无需交费。但所有接受转让的新成员，均需缴纳上面提到的 2 000 元会费。

交易所席位的费用时常变动，这是因为股票市场行情忽上忽下。近几年，费用上涨可观，最多要给转让人 95 000 元。这可比欧洲股票交易所新成员通常交付的费用高出许多，但如有空位，购买者还是不乏其人。显然，“会中一席”对成员十分宝贵。交易所内，每位成员都配有一个隔间，内设一台电话，供其专用。这样他就能把交易所的每项交易转告自己的商号，同其他城市的客户保持联系。比方说，华盛顿的一名客户想买某种债券，便直接向其转达，再毫不拖延地执行。我见到这样的交易在 10 分钟内完成，虽然客户与交易商之间相隔数百里。每日，交易所内的成交量巨大，总计成百上千万美元。纽约还有其他交易所，买卖各种商品，如玉米、咖啡、棉花等。这座“帝国都市”每天成交量一定巨大无比，几乎难以计算。

当然，芝加哥、波士顿、辛辛那提、圣路易斯、费城、巴尔第摩、华盛顿和其他城市，都有按类似办法运作的交易所，但其价格均以纽约的行市为准。这种精巧、有系统的经营方式很是突出。我估摸着，纽约领先于南美和欧洲的其他城市。莫怪其他国家的产业和技术行业都需要美国人的服务。几年前，在马德里时，我注意到街上的电车是按照美国的系统运转的，仔细一问才知道，原来它是由美国公司控制的。

美国人追求财富的劲头很大，这一点随处可见，这似乎是美国人的主要目标。因为人们急于早日致富，所以终日忙碌。街上会看到人们几乎是跑着去上班。午饭时，人们不是慢慢地吃东西，而是囫囵吞下，不到十分钟就返回办公室。每个人都在催促中神色匆忙。常常听闻有人突然死去，医生说是心脏病，或其他恶疾。但我怀疑病因是无休止的奔忙和操劳所致。人们违反自然规律急于致富，自然为此付出代价。

普遍的看法是，美国人不如欧洲人活得长久。美国人赚钱容易，期待也很多。我认识不少我觉得是富有的美国人，但他们不觉得自己富有。他们说自己是穷人。我曾问过一位据称身价五十万的先生，是否该退了。他不以为然，说他不能放弃工作。针对我的提问，他说，他眼里只有家产一两百万元的人才是富人。有这样奢华的想法，莫怪美国人工作这么卖力。我是觉得，人活在世上，就是为获得幸福。《韦氏字典》里对幸福的定义是，“欢娱之中达到的状态”，但是，不同的人，对幸福持不同的观点，这很有意思。我认识一位英国人，他在中国经营管理有方，再加上运气好，积攒了大笔财富。人们称他是所居住港埠的首富。他单身一人，年过七十，生活简朴。但他仍然每天到办公室上班，就像不得不为生计而劳作。人们跟他说，应该终止这种苦差事，因为他身后要留下大笔财富，而亲属很可能将其挥霍一空。他的回答自有其特点。他说，“我喜欢积攒钱财钞票，我的喜好就是数钱。如果继承我财产的亲属就如同我喜好赚钱一样，喜好花钱，他们大可尽情花费。”我以为，没有多少人会赞成这位老单身汉的生活观。曾有一次，我建议纽约的一位百万富翁退出生意，让儿子们接手。他说，没有工作，他会苦恼；他把生意上每天给他带来的压力看作乐趣。

多少人的寿命因退休而缩短了。活着的是脑子，而非身子，这些人除了工作，别无他想，因而也没有生活。人对幸福的看法在很大程度上受个人品味的制约，受环境、教育和气候的影响。品味不同，身份不同的人，幸福的形态也不同。然而，追求幸福不应仅为个人私利而为，不应有碍自身的健康，有碍知识和精神的提升，更不应有害他人的利益。

第七章

美国人的自由与平等

在东方人的国度里，君王的意志至高无上，臣民个人的自由闻所未闻。倘若他第一次踏上美国的土地，会呼吸到从未体验过的空气，感受到绝对新奇的经历。有生以来第一次觉得，可以尽其所好，无所约束，可以随便讲话，无所担忧。他展开报纸，读到有关各位高官的文字，其中并非赞美之辞，又了解到这不会给笔者带来任何严重的连累，那他一定陷入迷思。很快，他开始明白了，这是“自由人的土地，勇敢者的家园”，在美国，人人平等。总统身为国家最高官员，既不高于，也不低于一名普通公民。若是犯罪（甚是罕见），或是有任何违法行为，也在法院受审，与最卑贱、最贫穷的公民毫无两样。新来的访客自然想，这是世上最幸福的人，也希望自己的国家得到同样治理，能够同样幸福。除非那一天真正来临，否则他宁愿留在自由的美国，而不愿重回故土。

美国小孩首先学的，而且老师将其深深印在孩子脑子里的，是根据《宪法》，人人生来平等，阶级、阶层或派别之间没有区别。

自从林肯总统废除奴隶制以来，美国便不再允许奴隶存在。奴隶一旦踏入美国国境，便成为自由人，任何人，甚至其前主人也不得剥夺他的自由。美国还向受压迫人民和政治犯提供庇护。

出于政治、宗教原因在本国受迫害的人，可在美国找到庇护。每年，大量犹太人和其他国家的人移民美国，享受宗教自由。在美国，人人得到保护，宗教完全自由，英国也有同等的宗教自由，但是国王被迫从属基督教的一个特定教派。美国对总统的宗教信仰则没有限制。因此，有的总统是浸礼教友，有的总统是一神教友，还有的是公理会教友；而且，犹太人、摩门教徒、孔子学说的弟子，也可当选总统。几位犹太人担任联邦高职，甚至担任内阁部长。《美国宪法》第六条规定，“不得要求美国任何公职、任何公共委任职位进行宗教宣誓”。

我相信，个人自由和行动自由这项原则如此根深蒂固，任何因素都不会让美国人放弃自由。一次，有人问一位英国公爵，是否愿意登上中国皇位，唯一的条件是，他必须住在紫禁城，完全按中国皇帝的习惯行事。他说，这样崇高的权力和责任很了不起，很诱人，但他不会以此条件来接受这一殊荣，因为这实际上使他成为一名囚徒。他是君主制下的一名臣民，都不愿失去行动自由的权利，更何况民主制下的美国人，他们怎会放弃自己与生俱来的权利。我认识一位学识渊博的知名法官，他曾说，他不会向任何人屈膝，只顺从全能的上帝。无疑他会信守自己的原则，但我也怀疑，是否所有美国人都怀有这样崇高的理念。年轻的恋人向情人求婚，会不假思索地跪地祈求。我见过满心悔过的丈夫跪下来，请求受委屈的妻子原谅。不过，这可能解释为，这种屈膝下跪不是表示卑下，而是平等地要求他人相助。可这位博学的法官厌弃的也正是屈膝。

出于平等原则，人们不喜欢区分阶级之间的不同，这在美国到处可见。火车车厢不像欧洲那样分一等车、二等车和三等车。确实也有“软席”和“软卧”车厢，内部装饰奢华，价钱更贵，但车厢外部则只标明“软席”，未说明等次。任何人愿意买票乘坐，均可享受一番。应该提一提，在南方一些州，黑人只得乘坐专门的车厢。一次，我乘车抵达南方一个州的火车站，注意到有两个候车室，一个是“白人专用”，一个是“有色人专用”。车站搬运工把我的行李拿到白人专用的候车室，我嘀咕着，这可能走错了地方。因为这两个候车室都不是为我这样肤色准备的。公交车更民主一些。上面不分等级，任何人无论地位高地，无论种族、肤色或性别，均坐在一节车厢里。常常看到一个工人衣衫不整，尽是泥土，坐在一名富翁或是一位衣饰华丽的女士身边。内阁官员和夫人并不认为同工人，即中国人称作的苦力坐在一起有失脸面。

外国的大臣和大使们来到华盛顿不久，就会学会地方习俗。在欧洲国家，这些官员乘坐装饰华美的专车，上面还有两位侍从。但在华盛顿，他们通常是步行，或乘坐街车。我常看到英国前驻华盛顿大使、名气很大、已故的潘勋爵乘坐街车前往国务院。我出使美国时采用这种民主的出行方式，反使我在北京遭到指责。发出责难的是曾访问过美国的一些高级官员，其中一人还受过国外教育，应该更了解情况，而不必随同他人一起指责我说，我的朴实方式有碍中国代表的体面。他们忘了，人要入乡随俗，而且乘华丽的车子，配盛装的侍从，在美国不仅是不必要的开销，而且在具有民主习俗的美国人中，是失体面，而非增添体面。驻外使节派驻外国，应该接触当地大众。如若摆出一副架子，就会显得冰冷，同当地人士缺少融洽。他的作用就会削弱，对当地人们和国情的了解就会有限。当然，在欧洲国家的首都，每个外交官都乘坐专车，我也同样。但在英国，我也经常见到身居高位的政界人物，如索尔斯伯里勋爵，在街上步行。这种毫无约束的自由和平等，在美国甚为明显。比如，在白宫的招待会或舞会上，我见到过女士身穿普通的衣服，有一次还看到一位妇女穿男子服装。她是玛丽·沃克医生。

在美国这样的民主国家，人们自然设想，人民享有的自由程度，超过君主制国家。但是，情况虽然如此，可在某些方面，反而更差一层。几年前，我从南美返回时，所乘的轮船要在纽约港外停泊四个小时。先要等医生上船，检查所有乘客；然后是海关官员上船，检查所有乘客的行李包裹；最后同样要等移民官员。所有这一切都占用时间。直到所有检查都完成后，才允许轮船进港，停靠码头。这居然发生在一个自由的国度！我对一些美国乘客说，这耽误时间，也不方便；他们都嘟嘟囔囔的，却都听之任之。海关和卫生检查应该尽可能不耽搁时间。我访问过欧洲、南美和亚洲许多国家，但从未经历轮船要在目的国港口外停靠这么长的时间。

还有一事：几个月前，美国一位女士要我帮她找一条中国狗，我欣然从命。我们认识的一位朋友愿意把狗带到美国。他向美国领馆询问海关规定，得知此事不成，因为旧金山的海关官员不仅要为狗征收大笔关税，更要因为这只狗在船上，而对轮船进行检疫。我几乎不能相信，但打听后证明，朋友说得确确实实。当然，海关和移民法和卫生条例都要遵守，但执行的方式则不应给人带来麻烦。负责的官员工作时要认真准确，但也应斟酌情况，讲究技巧。他们是人民公仆，理应既照顾人民的利益，带给人民方便，也维护国家利益。我最不赞同走私，但如果海关官员更多听听游人的说法，更少怀疑每个人入境时都虚谎报关，国家利益真会受损？必须打击走私，但同时让更多货物进口，国家和人民不都受惠吗？

美国没有册封贵族。政府也无权册封贵族。美国虽然名义上是个自由国度，可如果外国政府因美国公民的出色服务而为其授勋封爵，没有国会同意，他还不能接受。这就如同在君主制国家，无君王许可，国民不得佩戴外国勋章一样。的确，在美国有一些封了爵位的人，但他们并不比其他公民得到更多的尊敬，有更显赫的地位；美国常常有人不仅不会轻蔑，而且还急于获得外国政府的授勋。至少有一次，一位高级官员在离开派驻的国家前，未经批准，接受了授勋，因为他知道，如果要国会同意，就不可能允许他接受。

喜欢变革和多种多样，这是人的本性。把每个人都称为“先生”，对总是求新的美国人来说，是太枯燥无味了。所以，每天见到的熟人，名字前都有个前缀，如将军、上校、少校、主席、法官等。对律师，就叫他法官；对在陆军服役的，叫他将军或上校；对在海军服役的，叫他元帅或舰长；就不会太错。虽然联邦政府和州政府均无权授予头衔，但大亨却可以。他们看到欧洲有公爵，及其他贵族，那里，财大气粗的商号里的股东都叫做“商业王子”，所以，为了超过他们，便自行给自己戴上更高的头衔。如铁路大王、铜业大王、烟草大王等。可是，这些人的头衔比作为国家元首的总统还高，就特别不妥当，不合适。为了拉平，我建议把“总统”称号改为“皇帝”。原因如下：首先，这不仅会化解一个国家首席行政长官其名分竟不及子民所造成的不得体，还会提升总统的地位，同世界上任何国家最高统治者平起平坐。我常常听说，美国总统无非一名普通公民，当选后任职四年，期满后恢复一介平民地位，与皇帝的堂堂威风不能相比；但是，如果美国最高官员今后都能称作皇帝，那么一切轻蔑之辞就都烟消云散了。没有任何理由不设此尊称，因为以总统之尊，他拥有与任何国家皇室统治者几乎同等的权力。其次，这能明确显示人民的尊贵权力；一国人民能够推举和罢黜皇帝，定将倍受尊敬。再者，美国向德国、奥地利和俄罗斯等国派驻大使。根据国际法，大使具有代表职能，他们代表向其授权的最高元首，因此有权享有若其本人在场该享有的同等的尊誉。在共和制国度内，国家元首只是一名公民，主权在人民手中。只有通过想象，才能说该国大使代表其元首本人。所以，作为皇帝代表，比作平凡总统的代表更符合其美国大使的尊贵身份。一些人可能厌恶皇帝这一称呼，但何不赋予其新的含义？一个字通常有若干含义。好了，如果国会通过新法律，授予美利坚合众国总统以皇帝称号，其含义与“总统”丝毫无异，那么人们也就随之这样理解这个称呼。历史上，或哲学上，没有理由只把“皇帝”一词解释为一位继承皇位的君王，而非以外的任何含义。我诚恳提出此一建议，希望能够采纳。

我理解，美国的婚姻法比欧洲的更灵活。在英国，直至几年前，男子尚不能合法娶其亡妻的姐妹，虽然他可以娶其亡故兄弟之妻。比较一下中国人对这两种情况的看法，颇有意思。在中国，娶亡妻的姊妹不仅合法，还很普遍；而娶亡故兄弟之妻，则严格禁止。在美国，两者均属合法。然而，我没想到而且起先也不相信的是，某人可以娶其过世的儿子的妻子。专门能从美国得到新闻的《大陆报》上，便登着这样一条消息。

“波士顿，3 月 24 日消息：查尔斯的寡妇、凯瑟琳夫人，今天宣布同公公、佛朗克订婚。凯瑟琳夫人系某某商号董事会主席乔治之女。查尔斯于 1910 年 3 月 29 日乘车经过某路口时，被火车撞上身亡。当时他正去教堂担任某人女儿、某小姐婚礼的男傧相。他夫人正在车上，要去担任婚礼的伴娘，也伤势严重。凯瑟琳的婆婆、佛朗克夫人几个月后身亡。”[①]

我猜想，这桩婚姻已经告成。如果父亲可以娶其亡故儿子的妻子，那么出于公平，儿子也可娶其已逝父亲的妻子了。恐怕美国或美国的一些州订有法律，禁止血亲姻亲中的近亲结婚，但我得承认，越是研究这个题目，就越不清楚哪些在允许之列，哪些在禁止之列。

中国这方面的法律甚是严厉，犯法之事也极为罕见。事实上，我从未听闻有人违反中国的婚姻法。《聊斋志异》是中国著名的小说集，上面记述了一个年轻寡妇嫁给自己的儿子后远走他乡，隐姓埋名。他们好像一直过着美满的生活。过了许多年，他们有了

① 人名和地名《大陆报》上有全称。

子女，子女又有了子女。他们的真实关系不巧暴露了。有人告到了地方衙门。经过漫长、仔细的审理，为了灭除这种人们称作的“逆子”，判定要把这两造，连其所有子女和子女的子女，处以火刑烧死。火刑执行了，但我怀疑这故事是否真实。作者大概是杜撰，用作一种警示。如果属实，刑法也过重；后代人只是这桩罪行中无辜的一方，值得怜悯，而不应惩罚。对肇事者的判决也过于严酷。我讲述这个让人生厌的故事，是想说明中国人对乱常婚姻的看法不同，其后果十分严重。

人们都觉得，人人生来平等，美国是个完全平等的地方。那我们就瞧瞧实际情况是否如此。有人生在官宦人家，或富贵人家；有人生在讨饭的人家，父母无力扶养。有人生来聪慧，有人生来一团糊涂。还有人来到世上体格健壮，可有人则体弱多病。显然，从生理、智力或社会地位上，人生来并不平等。我不清楚，美国朋友如何解释这一无疑的事实，但中国关于前世今生转世的理论，好像能做出通顺的解释。

然而，这一平等独立的理论大有好处，作为一项规则，可使人独立思考，不盲从追随他人也许是错误的思想和想法，还鼓励创新，以及科学艺术的发明。它使人开发产业，拓展贸易。比如，没有自由明智的体制，纽约、芝加哥就不会在相对较短的时间内成为这样巨大、繁荣的都会。在没有个人自由，人身权和财产权受限制的国度，人民不会尽心尽力，改善境况，而只是无声无息，安于现状。

《加利福尼亚宪法》宣布，“每个人都自由独立”。必须承认，美国人比其他国家的人享有更多的自由和独立。但是，他们是否完全自由，真正独立？他们在政治上能不受“上司”的摆布，许多人能不按照上司的指令行事和投票吗？在社会上，他们能不受传统习俗所约束胆敢逾越社会名流规定的严格的规矩吗？在衣着方面，他们能不像个奴隶，可怜兮兮地模仿巴黎时髦而无当的新时装吗？在家中，许多丈夫能不因为女人当家，而对内人百依百顺吗？不是有很多妇女实际受丈夫管制，把男人的话当作法律吗？因为渴求“万能的金钱”，大多数美国人牺牲时间，牺牲健康，牺牲自由，来追求财富，等终于积攒了财富时，才发现自己身体已垮，行将就木。自由、独立的人民，应该这样生活吗？

在每一个组织有序的社会，人们都必须遵守一切为最大多数人的最大公益制订的法律规章。对于家事，人们应该为了和睦、和谐及幸福，甘愿服从他人的意愿。有法律和条件允许人们享受最大程度的人身和财产自由，无碍社会的祥和及良好秩序，这样的人民最快乐。如果问我有何看法，我得承认，尽管前面说过所有关于美国的看法，但我仍认为，美国是相对接近善治善政理想的少数几个国家之一。

第八章

美国人的礼节

对美国人的礼节，或是不懂礼节，人们已经写了许多，说了许多。人们常批美国人没教养，我听人们在我面前对美国人的举止大加嘲讽。有人甚至告诉我说，欧洲外交官不愿意派驻美国，因为他们讨厌美国人的办事方式。这是否真实，我不清楚。

对中国人的礼仪，不仅外国人，连中国人也写了许多，说了许多。少年要熟记的几部经典中，有一部就全部论述礼仪。还有许多人痛责我们的礼仪，或是说我们的礼仪太多，虽然我从未听到任何外交官，为此拒绝被派往中国。所以，我们中国人和美国人的境况相同，礼仪都不让外国人喜欢。虽然其原因可谓大相径庭。美国人是礼数太少，中国人则是礼数太多。

美国人直截了当，当面告诉你他喜欢你，有时也毫不迟疑地告诉你他不喜欢你。他们想起什么，就直率地说什么。说的是否涉及个人，是褒奖还是什么，对他们均无所谓。我的家人就听到有人夸奖其长相好看，就好似他们还是孩子一样。在这方面，美国人同英国人大不相同。英国人极为小心，不去碰任何涉及个人的事情。他们一方面唯恐显得粗鲁，一方面又怕显得不诚实，乐于奉承。即便是称赞外国人英文讲得好这样无关紧要的事情，他们也先是请求原谅，半表歉意，好像赞美之辞也冒犯别人似的。英国人和美国人关系很近，有很多相同的地方，但差别也很大，其中最明显的是举止。我注意到，英国来的殖民者，尤其是在言语和举止上，跟随先前的殖民地，而不跟随母国。这可真有意思。这不仅在加拿大如此，可能是气候、地理和历史原因造成的，在澳大利亚和南非这样各处一方的地方也如此，这些地方与美国相距很远，相互之间也相距隔远，几无共同之处。不过，无论原因如何，漂洋过海的英国人不管是在极地，还是在热带，是在北半球，还是在南半球，似乎都逐渐形成不同于原籍乡里、又总是同其他移民相近的风土人情。

美国人的直率不仅在其讲话的内容，还在其形式。他们说话直截了当，不讲究开场白，更不会拐弯抹角。他们来找你，说完话，旋即走人，而且话说得简明扼要，毫不含糊。这里他们同我们可是两个极端。我们见面时，总是先聊一会儿天气，聊一会儿政治、朋友，或任何事情，就是尽可能不提来访的目的。只是在开场白之后，才开始讲脑子里一直想着的话题，而且谈话当中，只要遇见机会，就还要相互客套一番。对于总是匆匆忙忙的勤奋的美国人而言，这种序幕和插曲可能毫无益处，毫无内容，可它却很有用途。如同生活中通用的礼仪和礼节一样，这是给讲话者作铺垫，尤其是在陌生人之间；这会陶冶性情，使人相互了解。据说，几年前，一位外国驻华使节，拜访埠内最高长官道台，代表本国国民提出诉状。他发现，这位中国官员那么的和善谦和，半小时交谈后，他建议申诉人私下和解，免得麻烦中国官员。对两种方式都可以讲出不少道理。美国的方式至少节省时间。这可是美国人顶重要的目的。想一想，这个不寻常的国家花费几百万元在河下开凿隧道，或打直铁路的弯道，仅仅为了节省几分钟的时间，对其言语的率直就不觉奇怪了。事实上，想到他们节省时间好言谈率直时，对他们所特有的慢条斯理的讲话，我又有点迷惑不解。每个音节，每个字词的发音都很慢，不慌不忙，重音很长，句子中间带着长短不同的停顿。听人讲一件或长或短的事情，很是费力，往往开头都忘了，结尾还没出现。我感觉，如果美国人效仿英国人，把讲话的速度加快两三倍，每天会省下很多时间，还会发现这样的习惯不仅有效，还比他们节省时间的机器和隧道更经济实惠。我向美国这个值得进言的杰出国家做此提议，我知道，他们将本着美国人的精神接受我的提议，因为他们性情豁达。

有些人敏感得有点荒唐。几年前，某个地方举行一场宴会，为途经该地的一位名士接风。一位中国士绅接到请柬，发现自己虽在贵宾席，但排位不及一两位他认为不及他的宾客。他本来乐于出席，但觉得这一两个人夺占了他的席位，有违礼仪，所以心生厌恶，拒绝赴宴。美国人更讲求实际，毫不敏感，尤其对待小事情。也许是因为他们心胸宽广，超乎这些不值得的琐事；也许是他们善良的美国精神使其免于为了座次进行争吵，无论是在宴会桌旁，还是其他地方。

美国人实践了他们的《独立宣言》，尤其实践了其中人人平等的原则。这项原则他们相当看重，不仅仅限于法律规定的权利，还拓展到社会交往中去实践。我认为，这项原则实际上是所谓美国行为举止的基础。无论是朋友对朋友，总统对公民，雇主对雇员，主人对仆人，还是家长对子女，在人们看来，社会地位都是平等的。人们之间的关系可能是，一方有权得到服从和尊重，一方要表示服从和尊重，但除此之外，人们没有差别。这无疑是对旧的社会思维和偏见的反叛，但在一个充满活力、雄心勃勃的新国家，也许是唯一可见的新气象。人们蔑视所有传统，对君王和等级最不理会，在政治上取得成功之时，正急于开拓新的社会途径。另外，美国人还有节省时间的特点。时间对我们所有人都很珍贵，但对美国人尤其珍贵。人人都想节约时间，但美国人比我们更注重时间。关于节省时间，不同的人持不同的看法，对哪是浪费时间，哪是节约时间，见仁见智。老世界里看作是礼貌和礼节，美国人认为纯粹是浪费时间。他们觉得，时间这么宝贵，怎能用于空洞无聊的礼仪上面。他们说，时间可以用于其他更有益的事由，使其更有收获。无论何时讨论美国人的举止，都不应无视他们对礼仪的淡泊，对时间价值高度的珍惜。但说到此，又不能忘记，不少美国人可是十足讲究礼节，从礼仪中得到舒适和享乐。这说明，中国人把举止端正抬高到宗教的高度，毕竟有些道理。

美国青年自然受其长辈熏陶，连小孩也觉得自己与父母近乎平等。不过，家长反过来也平等对待孩子，给予最大程度的自由。中国儿童对父母之言是绝对服从，如同士兵服从长官一样。美国儿童则非要问清原因和缘由，说明为何要其服从。他服从的不是父母，而是事理。在此，我们看到的是，头脑清楚、稳健、讲实际的经营者的培养过程。孩子早期的培训，为其长大成人打下了基础。父母若是出错，孩子们纠正起来也毫不含糊，甚至在陌生人面前也是这样。更奇怪的是，父母也认真接受，有时还说声谢谢。讲话时，或是讨论什么时，童稚的声音常常打断家长，纠正某个错误的或孩子认为是错误的日子、地点或事实；家长在做出鼓励或说声谢谢之后，又继续讲下去。我们的规矩则大不相同：大人不允许，孩子绝对不得讲话！在老的制度下的中国官场上，一名官员反驳另一名官员，尤其是在级别不同时，是不懂礼数的表现。高级官员发表看法后，下属若是不赞同，也不得直率表达，而要不出声响。我记得，几年前，我和几位同事面见一位高级官员时，我对他的一些看法表示异议，遭其严辞斥责。事后，他单独召见我，说，“你方才说的对，是我错了，我会接受你的意见。可你不能在旁人面前顶撞我。下不为例。”当然，每种做法都各有利弊，也许，两者结合会更好。无论如何，从美国人的习惯中可以追溯到渗透进美国整个社会，无论男女、孩童都崇尚自强独立的平等精神。

连美国家佣也没丢掉平等这一宝贵遗产。关于值得称道的美国佣人（如能找到），我毫无贬辞，正相反，没人比他更忠诚，更有效率。不过在某些方面，他在世界各地的佣人当中比较独特。他觉得同主人之间没有什么不平等之处。他的主人，或曰他的雇主，为其从事的某些活计支付薪水，在做活范围之外，他们是个人对个人，公民对公民。这一切都合法，顺理成章。洗衣妇称作“洗衣女士”，如同其女主人一样的女士。家务事上不用“仆人”的叫法，而是“帮工”，就像加拿大和澳大利亚不再是英国“殖民地”，而成为“自治领”一样。

我们老旧世界的人习惯于把管家当作一门职业，从业的人们干活为求晋升，而不去想改换职业。根据我们陈旧保守的思维方式，少数有心计的人可能最终改行，升到较高的社会等级，但对于大多数人，当上管家就知足了，就是达到了这个职业的顶峰。美国的仆人可非如此。严格来讲，美国没有仆人。碰巧做你仆人的男女，只在做工时是仆人，不打算将此作为一生的职业。屈从于他人的意志，甚至在美国仆人所接受的很小程度上屈从于他人的意志，也有悖于美国人所引以为荣的公民身份，有悖于他们所理解的美国的平等概念。他只在此时此地，在找到更好的工作之前是仆人。体力活计只是个跳板，由此迈向更独立的职业。美国仆人同其他国家的仆人做事不同，这奇怪吗？外国人看到美国仆人同自己国家的不一样，可不应憎恨：他们不是不尊敬人，而只是其天然的独立和志向的流露。

宪法明文禁止所有贵族称号。即便是名义称呼或礼貌称呼也很少使用。称呼国会议员，用“尊敬的”。总统和驻外大使等少数人，可用“阁下”。也许因为有权承受这种称呼的人认为，连这样不太过份的称呼也不符合美国的民主习惯；也许因为美国公众使用这种称呼时不大自在，所以这种称呼不常使用。记得有一次，我根据外交礼节和先例，提议称一位受人尊敬的总统“总统阁下”，他却请我叫他“总统先生”。民主简朴的称呼“先生”，比任何其他称呼更合乎美国人的民主习惯，对合众国总统和总统的马夫都一样适用。像约翰·史密斯这样简简单单的名字，不加“先生”的称呼，在可以使用更高称呼的场合，不仅不冒犯人，而且更合适，常常听到人们使用。连名人名士也不反对称呼绰号。例如，自己的名字同美国大人小孩都喜欢的“特迪熊”相提并论的那位大名人（指美国第二十六届总统，特迪·罗斯福——译者注）。美国人的这一特征同许多其他特征一样，其起因不仅是热爱平等独立，还因其不喜浪费时间。

在头衔和称呼方面礼数繁多的国家，只有典礼官才有希望熟悉这些，或在称呼名人时不漏掉其声震四方的头衔和称号。这里要小声提醒一下：这些名人无论在其他方面多么有海涵雅量，在这方面，有时也极为敏感。即便完全掌握了一切规矩、一切形式，能欣赏和区分“王公”、“殿下”、“大公”和“皇上殿下”之间，或是“主教”和“大主教”之间的各种细微区别，也还要知道某人具体的头衔，以及用何种方式来称呼；哪怕是典礼官，这也难以做到，除非他衣兜里总是揣着一本《伯克贵族指南》。所有这些真是浪费时间，令人厌烦，毫无方便可言，也毫无必要。遇见任何人，都简单明了地直呼某先生，避免不经意中伤人感情，岂不更好！美国人把头衔一概免掉，说明他们有普通常识，这一点，美国的姊妹共和国、中华民国也正在效仿。一个杰出的名字，不必添加前缀，不必添加后缀，本身就响当当，毫不失色。格拉斯通先生的名字前面如果不加“伯爵”以及本来会授予他的其他称谓，也仍为其本人，他即便未拒绝这些所谓称号，也不会加在自己名字上。如若可能，他作为一位“下议员”，会因拒绝接受荣誉，而更受国人爱戴。一个无需借助头衔和称谓、本身便响亮的名字，比任何前缀和后缀都更响亮。

总之，美国人的举止正是其两个突出特征的肇因或是结果，这两个特征我前面已经提到，在美国人特有的许多其他事情上都体现出来：从早年就领教的、对独立和平等的酷爱；因新的国家的情形而形成的、对浪费时间的反感。这两者实际上能够说明美国人所有的言谈举止。连人们双手插进裤兜，在街上行走，或是坐着时翘起二郎腿这种常见的景象，也无需另作解释，因为美国人有自己独特的习惯，如果说这是鄙俗下贱，或有碍观瞻，实在是大不公平。

很少有人像美国人那样热心，和蔼，好交往。这没有必要详谈。人们哪怕稍微了解美国人，也会完全熟悉这些。他们对生人很和善，很热情，让人尤其感到欢欣，让访客十分感激。在有些国家，人们虽然不是那么不好交往，却躲在厚厚的矜持后面，让生人先感到冷冰冰的，望而却步。而坚冰一旦打破，开始了解，他们也同任何地方的人一样欢快，一样好客，但首先试探的，必须是生人，当地人自己是不会费力结识生人的，他们的行为举止更让访客鼓不起劲头。你可能和他们同在一个车厢乘车，面对面坐着，长达几个小时，但他们就一直躲藏在报纸后面，拿一张报纸有效地阻止相互结识的任何图谋。我个人的一次经历就是很好的说明。我曾在伦敦的林肯律师学院学习。学院里有一个极好的法律图书馆，供师生使用。我曾几乎每天都去图书馆，研习法律，一般都坐在一个清静的角落。桌子对面也总坐着一位法律学生。好几个月，我俩就这样坐着，没讲一句话。我以为，我过于拘谨了，于是偶尔抬起头，主动看他一眼，想要打招呼，但每次我抬头，他都低下头去，似乎不想瞧我。最后我只好放弃。英国绅士通常就是这种习惯，未经正式介绍，不会同生人讲话。但对于我方才提到的情况而言，打破陈规反而比墨守成规更好。因为我们是同学，可以设定我们都是绅士，身份平等。可美国人的举止就大不相同。无论走路还是乘车，几乎走不多远就有生人打招呼，还常常交上朋友。在有些国家，身为外国人，会使隔阂的冰层加厚，而在美国，反而会消融。美国人性情中这个讨人喜欢的特点，其起因还可追溯到前文提到的促成美国人其他特征的同一原因。对善良的美国人来说，不仅美国公民生来平等，世界各国公民也都生来平等。

第九章

美国妇女

谈此题目，得颇有胆量。这可是“愚人胆大，仁者胆小”。无论说什么，都会招致批评。但是有女友人常要我谈对美国妇女的看法，我庄重地答应，只要动笔写美国印象，就会写对美国妇女的看法，所以，如果不写，就是严重食言。

妇女大致分三类：想听赞美之词的、想受严辞训斥的、只是想听别人如何看待她们的。美国妇女基本上既不属于第一类，也不属于第二类，大部分可列入第三类。她们想了解别人对她们的真实想法，想听别人的坦诚看法。她们具有进步思想，一经别人指出，愿意改掉自身的缺陷。这样来看，我还真要高高在上，品头论足一番。

首先，美国妇女在一些方面有别于其他国家的妇女。我发现，美国妇女很活泼，爱讲话，消息灵通。她们可以轻松自然地谈任何话题，心中有数，表明受过全面的教育。我常从她们那里了解到不少情况。她们坚持己见的劲头可是了不起。一次，我在华盛顿的官邸接待一位女士，讨论了若干事项之后，话题转到妇女权利。我赞成赋予妇女更多权利，但有几点我不像这位女士走得那么远。她同我争论了好几个小时，见我的观点同她的观点不同，便吓唬我说，我要是不完全领会她的观点，接受她的立场，她就不离开官邸。

我观察到，美国许多妇女嫁给外国人，而美国男子很少娶外国太太。也许是外国男子娶美国女子是为了她的钱，美国女子嫁外国人是为了他的头衔。有些情况是这样，但还必须在这种不太纯正的动机以外，找出其他原因。能使众多外国丈夫就范的，是美国少女的魅力和美貌。她们可爱的举止和迷人的性情，使人很容易产生好感，因为受过良好的教育，拥有丰富的知识，可以赢得任何想成家的男士。我首次访美时，若是单身，说不定也难逃此运。莫怪美国男子喜欢娶美国女子作妻。有一次我不经意作了一回月下老人。几年前，我第一次被派驻美国时，应邀参加最高法院首席法官女儿的婚礼。当我走进早餐室，看见几位伴娘和几位小伙子。其中一位伴娘是一位参议员的女儿，我曾见过，于是走过去问何时该她作新娘。她腼腆地说还不知道，因为还没人向她求婚。我转向室内的小伙子们，对其中一位开玩笑，“这可是位美人，你不想娶她？”他说，“我非常愿意。”我又转向这位少女，“你接受他的请求吗？”她略有点不好意思，大致说她还不了解这位先生，所以还不能确定。几天后，在一个“家庭”聚会上，我又遇见这位少女，她责备我在那个少年面前有些唐突。我对她说，我完全是出于好意。几个月后，我收到这位少女父母的邀请，请我参加他们女儿的婚礼。我想，我要去看看新郎是否就是我曾引见给少女的那位青年。我一进屋，新娘的母亲就告诉我，第一个把两位年轻人撮合在一起的，正是我，这令我又惊又喜。新娘和新郎真心感谢我穿针引线。

美国妇女性格中一个突出的特点是其自治和独立。女孩一旦长大，就能做自己愿意做的事情，不必受父母管束。常常见到少女独自旅行，既无旅伴，也无陪伴。一次我从旧金山前往华盛顿，在火车上遇见一位十几岁的少女。她说要去纽约，搭船去德国念书。这么长的旅途，她是只身一人。这种情景在中国不可能出现。就是在英国，在欧洲任何国家，都难以相信家长允许一个正派的女孩无好友伴随作长途旅行。但在美国，这处处可见。注重实际、头脑清醒的美国少女能够安全无恙地长途旅行，这得归功于行政管理有效，说明国家施政良好。

独立自由的概念使孩子同父母之间的关系出现变动。现在培养的相互爱护相互尊重的义务，不是只要求孩子尊重和孝敬父母。无论多么合理的事情，家长也不会指使男孩女孩去做，而是都把孩子平等看待，视为朋友；女孩把母亲当作好友和伙伴，而非高高在上的权威，所以也不会听从母亲的专断命令。我发现，美国女子普遍是不同家长商量，自己决定婚事。我曾同一对年轻夫妇认真探讨过这个问题。我问他们是否征求过父母的意见。两人都特别强调这没有必要，说这是他们两人的事，不是父母的事。我告诉他们，虽然是他俩人的事，但不妨在确定这一重大事情之前同父母商量一下，以示尊重。他们不同意我的说法，认为这只关乎他们自己的幸福，所以完全有权利自己来决定。这说明美国人实践其独立理论走到了极端。除非有误，否则，我恐怕并非仅此两人，而是情况普遍如此。我相信，在许多情况下，年轻人决定要结婚后，会通知各自父母，但我怀疑他们是否让父母的意志来主导他们的意愿，或是征求父母同意他们结婚。

现在来看看这在中国是怎样安排的。最有切身利益的双方，反而对婚事没有任何发言权。他们的父母通过朋友，有时通过专业媒人，来安排婚姻。但是，事先要严格仔细地查询婚事一方的品性、地位、脾气和性情。有时会告诉男女双方，但经常不同他们商量。一旦订婚，则不可反悔，即便男女双方本人求情说，他或她对婚事安排根本不知情，或不同意，也不得反悔。所有当事方都认为订婚是很严肃的约定。结婚那天，十有八九新娘和新郎是头一次见面，可他们随后的日子也很满足，甚至很幸福。在中国，离婚极为罕见，其原因是，在父母贤明的掌控下，孩子们都门当户对。我这样讲，并非是倡导把中国的做法引进美国。不过，我愿指出，美国青年独立而又盲目地对待婚事，常常无助于建立融洽的夫妻关系。女孩一旦爱上男孩，就看不到他的缺点和短处，一起生活几个月后，才开始发现，而此时已晚。如在订婚之前，向母亲坦诚心思，让母亲四方打听她意中人的品性，本可避免一桩严重、不幸的错误。美国年轻人无人干预，享有自由或自由选择，对此，我认为一种好办法是，在自己承诺婚事之前，至少同母亲商量一下，让母亲私下里秘密探访恋人的性情、品德和身体状况。母亲自然关心自己子女的康乐祸福，大都可以信得过，认真、公允、自觉地查访另一方是否真的值得，是否适合作自己子女的终生伴侣。如大都采取这一步骤，许多不幸的婚姻便可避免。正是基于这一考虑，我才同上文提到的年轻人说讲道理，可他们并不同意；我只得归结为：爱情是盲目的。

结束此话题之前，我补充一点：过去几年里，在中国盛行了数个世纪之久的婚姻制度有些变动。原因是正在逐渐兴起新的风气。年轻人开始行使权利，不允许父母未经其同意包办婚姻。女子自己选择丈夫的事，我时有耳闻，而且不少。但我真心希望，中国青年不要像美国青年走得那样远。

在美国，儿子怎样对待父母，同在中国远古时传授下来的道理正相反。“尊敬父母”，这是摩西的戒规，所有基督徒都誓言遵守，但又都忘记了，至少孔夫子信徒这样认为。孔子的教诲规定，子女不仅有义务尊敬服从父母，还有义务抚养父母。理由是，父母将其带到世上，养育，教育，对这些劳累和关怀，子女应该给予回报。美国人对这个问题的看法我觉得很奇怪。我曾听一位美国青年认真严肃地说，父母未经其同意便把他带到这个世界，所以父母有义务细心抚养他，而他则没有义务赡养父母。听到此话，我深感震惊。在中国，这样的子女令人不耻。如果不赡养父母，会受到惩罚。我认为，这个青年的极端想法在美国并不普遍，我倾向于认为，子女对父母的义务含义不清。美国的父母显然不期待子女赡养，因为他们即使不富有，也大都至少小康，即使不是小康，也宁愿自己养活自己，而不依靠子女给钱，为他们添负担，妨碍其成功。也许我尚未观察到，但据我所知，年轻人没有赡养父母的习惯。然而，我听说也有例外情况。几年前，华盛顿一名年轻参议员，口才享誉，父亲同其住在一起。他父亲八十岁，身体健壮，但腿瘸了，只好靠他赡养。我听说，他和夫人对父亲很好。许多年轻人对父母都很和蔼可亲。他们这样是给个照顾，而非履行义务；是平等人之间的事。

关于此一话题，还可以说，儿子一旦结婚，无论多么年轻，无经验，都得离开父母的家，带着新娘自立门户，好自己做喜欢的事，不受父母监督。父母也不表反对，因为这使后辈人有机会积累持家的经验。年轻的夫人惧怕婆婆住在家中，假如需要老人在身旁陪伴，也总是请来自己的母亲。

美国妇女有志向，多才干，做任何工作都得心应手。她们不仅受聘于商店和商行，还从事各种专业。美国几乎没有一家商店中没有女打字员、女职员、女会计。我听说，妇女比男子更沉稳。就是在需要博学的职业上，女子也能成功同男子竞争。几年前，某一州的司法部长一职出现空缺，共有两名候选人：一名男子，一名女律师。两人要求选举决定，结果男子得票较多，但最后决胜的是女律师：她很快作了竞选时的对手、现任司法部长的夫人。婚后，她实际从事的是丈夫的工作。几年之后，她丈夫退休去务农，她则继续从事法律工作。这是否意味着美国妇女的智商如果不超出男子，也等同于男子？美国妇女谈话技巧很高，她们能言善辩，能说会道。我听过的最机敏、最机智的讲话，就是一位女士在一次公共大会上关于某公共事务的讲话。妇女中也有好作家，比如艾拉·维乐·维尔考夫人、玛丽·富特·亨德森夫人、伊丽莎白·唐夫人和许多其他作家，都给妇女增添了光彩。她们的作品表现出目光深远，见识广博。这样的妇女自然不可只作副手，她们影响力大，结婚后就在家内主政。应该提到，她们的丈夫甘心接受夫人管制，情愿听从指挥，同时并不觉得自己成了仆人。我建议那些抱怨丈夫不好管，不可人的已婚妇女，学学美国女士。美国女士活泼，聪明，健谈，不像欧洲女士那么拘谨。在社会场合上，可以很容易认出来。不过，一旦美国女士远嫁外国，很快就失去她的本族特征。一次乘船，遇见一位美国女士。因其举止拘谨，我错把她当作英国人，过了几天之后，才发现她在美国出生，同英国丈夫在英国生活了许多年头。

我发现美国妇女有一个缺点，如果可以称之为缺点的话，那就是她们喜好打听。我知道这是所有女人的通病，但在美国妇女身上最为明显。她们有种在你没意识到的时候，便把事情了如指掌的嗜好，假如她们想了解你的身世，几分钟的谈话后，就一切都知道了。她们都是出色的侦探，而且我觉得应该有比现在更多的女性从事这个行业。

一个民族的名声，维系在妇女的性情上，因为妇女至少占人口的一半，或许更多。在此方面，美国十分突出。美国妇女性情活泼，心胸开放，足智多谋。她们还胆大，独立，几乎不受约束；而且高也成，低也就，对谁都和善；那些误解美国女子清纯、高洁性情而欲对其冒昧无礼的男人，活该倒霉。在陌生人眼里，尤其在东方人眼里，美国女子是个谜。几年前，我不得不澄清我国一位同胞对一位女士的举止所持的偏见。细心的人会观察到，美国女子在小学和大学同男生一起受教育，自然比其他国家受约束很严的姊妹们更随便些。美国女子的行为可能快要接近男性的范围了，但如同北极与南极相差极远一样，她绝不粗俗低级。中国女士和美国女士一样清纯，只不过教养的方式不同：她深闺独处，足不出户，实际上没机会结交男性友人。一只鸟如长久关在笼子里，一旦笼门打开，会远远飞走，或许再不回来。但如果经过驯养，允许随意飞进飞出，就不会走远，总会在晚上飞回来。我国女子若要有更多自由，也不会糟蹋滥用，要用些时日加以培养，自会同美国妇女看齐。

第十章

美国人的服装

时装是魔鬼的杰作。他决定要奴役人类时，发现时装是最有效的武器。时装迷惑人，奴役人，它是最专横的独裁者，社会各阶层，无论高低，无一不臣服。每个季节都发布新的指令，无论多么荒唐，人们都趋之若骛。一个季节的时装，下个季节就变。比如，女子的帽子：几年前，约有两三尺宽的“风流寡妇”风靡一时。帽沿越宽，越时髦。有时，戴帽子的人很难穿过门洞。跟着兴起的是顶着羽毛的帽子，有的女士甚至把整只鸟放在帽子上，成为低俗品味最荒唐的表现。防止虐待动物协会应该解决杀鸟取毛这一问题，争取制订法律，禁止把鸟放在帽子上作装饰。有人会说，既然人们杀动物和鸟作食物，如果想做傻事，也同样可以在帽子上戴只死鸟。很遗憾，美国大部分人的确认为肉类是必要的食物，可谁又会说帽子上的一只死鸟是服饰上必不可少的装饰？我们为什么穿衣服？我认为，首先，是御寒防热；其二，舒适；其三，体面；其四，装饰。美国人的衣装符合这些要求吗？

首先，关于气候，女子服装是否为其御寒？事实是，每天都有好多人着凉，令人怀疑其穿戴是否有恙。女子着装不均衡，上身总是几乎光着，或穿得很薄，所以，稍微沾风，或气温骤变，都会使其着凉，除非她身体健壮，着衣也好，着衣不足也好，她都能抵御所有危险。的确，女士的装束不仅没有给予保护，有时反而危害性命。《泰晤士报》有篇消息，便是对女性的警告。里面的事实不用怀疑。“布莱福河上一阵大风酿成大祸，一位女孩失去生命。玛丽·贝利，16岁，是电工的女儿，在汉森中学上学。当时她正在学校操场，一阵大风吹来，吹起她的衣服，使其成为降落伞，把她吹到空中大约20尺的高度，她在空中翻了个身，重重地摔到操场的水泥地上，身受重伤，半小时后死去。”这个可怜的女孩如若穿中国式服装，惨祸就可避免，她就不会为时装而牺牲性命。

关于其二，舒适，我认为，穿着时装既不舒服，也不适宜。对一般妇女穿戴的没必要的装束，我不置一词，只是看一看紧束女子腰身的紧身胸衣如何即可。它根本不舒服，很不方便，是一种常年的苦行，而且一定有害健康。我相信，医生们会支持我的看法：如果废除紧身胸衣或其他紧身装束，美国妇女的死亡率定会降低。我知道在舞厅里，曾有怀孕女子因衣装太紧而死亡。

关于其三，体面，我确信美国人的衣装不符合这一点。讲到美国人的服装，我也包括欧洲人的服装，因为两者实际上一样。这可能牵涉到见识，但从东方人角度看，我们宁愿女士的服装更宽松一些，形体线条不太鲜明。我知道，美国朋友不会赞同这个观点。在一个国家有伤风化者，在另一个国家则相当得体，这很有意思。在江苏省，盛夏时分，女工们为图方便，少出汗，出工时上身一丝不挂，只用胸兜遮住胸部。在西方国家，妇女决不会想到这样穿戴，即使在酷热季节也不可。但尽管在严冬，她们也不反对尽可能低地裸露双肩，去赴晚宴、舞会或戏院。我记得，曾有一个华人舂米工被捕，给带到刑警法庭，控之以有伤风化。原因是，为了方便工作，他把所有衣服都脱了，只剩下一块遮羞布。为此，他被罚款两元，或拘留一周。英国治安法官在宣布刑罚时严辞训斥他，文明社会不能容忍这种野蛮、低俗的举止。法官这样说时，是否想到他本国的女子赶赴舞会时如何穿戴呢？

不能忘记，得体与否，全然是种习惯和习俗。细心观察的人会证实，一辈子习惯于赤身裸体的野蛮人，第一次穿上衣服，会感到羞耻；如同文明人在公众面前给剥掉衣服一样迷茫。此方面的权威人士讲，“事实似乎证明，羞耻感远非人们穿衣遮体的原因，而是结果；遮蔽身体如不是为抵御自然，在许多情况下至少源自于男女想要吸引他人的欲望。”看上去可能奇怪，但确是如此，身体遮掩一部分，好像比完全赤裸更不得体。

其四是装饰。装饰不仅应该于己无害，也要于人无害。下面一段是当时一份报纸上登载的，情况好像不是这样。

“五月七日，伦敦。有位女子因一枚帽针扎进鼻子，导致血液中毒身亡。昨日开始在切郡的斯托港调查。死者名玛丽·伊丽莎白·索恩顿，年方24，斯托港一位商人的女儿。死者父亲说，4月20日周六晚上，他女儿同一个朋友，皮克福德太太在商店外面讲话。转个周一，她觉得鼻子发酸。又过一天，她还是觉得不适，说，‘一定是那帽针。’她说，在同皮克福德太太讲话时，皮克福德太太的小孩倒在地上，两人一起弯腰去扶孩子，皮克福德太太帽子上一枚帽针扎进玛丽鼻孔。他女儿的情况越来越糟，上个周六死去。纸张商人的夫人，皮克福德太太说，死者扶起小孩后几分钟说，‘你知道吗，我的鼻子蹭到了你的帽针？’皮克福德太太在法院也戴着帽针。帽针从帽子上凸出2寸，共大约12寸长。豪·史密斯医生说，死者扎伤后出现败血症，进到大脑引发脑膜炎。验尸官说，很少有帽针致人死亡，但一准有大量的人被帽针扎伤，有人失明。人们不时会看到这种致命的武器从帽子上伸出三到四寸。在汉堡，有法规要求妇女必须在帽针头上戴上一层防护。英国尚未如此，但是这个案情说明正是立些规定的时候了。

如果妇女坚持戴帽针，她们就应该戴上一层防护，免得伤及他人。陪审团判决这是一起意外死亡，同时表示长长的帽针应该取消，或是加以防护。”

佩戴珠宝，钻石、宝石、珍珠项链或佩钻石的头饰，这种习惯看上去让人赏心悦目。但是，一位女士穿着礼服，长长的后摆拖在地面，并不让我觉得优雅，当然我知道，欧洲和美国的女士们不这么看。看上去，好似她们的美感取决于裙子的长短。在舞会上，有时不想踩到女士的长裙都很难。在庄重的场合，每位女士都带着两个男童，捧着她们礼服的后摆。让东方人欣赏这种事情，是不可能的。确实，既无用处，也不舒适，跟随时尚变化的裙子，并不给女士添一分美感。尤其是限制两腿走路的“半步裙”。这种笨拙的裙子约束女子走路，只能迈小步，跳舞时还得提起裙子下摆。现在最新时尚似乎是“开叉裙”，这至少能使裙子下摆不蹭地面。毫无疑问，这又会引来其他新的款式。中国一位女士，雅梅金博士，在美国读书时穿美式服装，但一回中国，便换回了中式服装。让我们听听她对服装的看法。关于西方文明，她说，“我们保持自己的生活方式，并非是盲目的保守。我们的生活方式比一般欧洲人想得更合乎逻辑。比如说，我穿这件‘袄’，是用一块布料缝制的，四肢可以随意活动，因为这比来自巴黎的时装裙子更合理，更舒服。另一方面，我们也愿意吸收来自西方，证明对我们有好处的观念。”美感在于见识：任何事情无论多么稀奇古怪，熟悉后，就不觉古怪。我第一次出洋，在街上见到小女孩头发披散在肩上，有点吃惊。她们的家长真粗心，让女孩不加修饰就出门，我这样想。后来，我发现人们时兴这样，就改变了想法，逐渐觉得这看上去也不错。因此，习惯和习俗确能改变人的观念。但也应该记住，让人扭曲自然，妨碍肢体自由活动的任何习惯和习俗，均不能称作美。我一直寻思，美国和欧洲女士对于推进改良绝不踌躇，却为何不积极改进自己服装上粗笨有害的款式。她们不挣脱时装俗套的束缚，显出高屋建瓴的姿态，又怎能平分男子的特权？

男子的服装也绝不比女子的高明，它穿上去很紧，让人感到过分的热。我确信，许多中暑的原因主要在于衣装太紧。我必须敬佩穿男子服装的美国女子玛丽·沃克博士。但是，我不明了的是，她这么独立，有创见，却未能创出更好的服装款式，反而俯首穿用男子的衣装。我是凭经验讲话。我在英国学习法律时，参照英国友人的意见，撇下中式服装，改穿欧式服装。但是我很快发现，欧式服装很不舒服。因为太紧，它冬天不御寒，夏天又太热。然后鞋子也有问题，使我脚上生了折磨死人的鸡眼。回国后，我又换上中式衣服，结果，鸡眼消失了，不再着凉了。我不是非要说中式衣装完美无缺，但我又要当即申明，在我看来，中式服装比美式时装更舒服，更好看；比我见到的任何式样的服装都高明。若要体会舒适着装的好处，就得穿上一段时间。衣装不应约束身体各个部位的自由活动，也不应太紧，阻碍血液流通，或是干扰皮肤散气过程。我不理解美国人对大部分事情的态度都很正确，谨慎，为何在穿衣上对自己身体这么粗心大意。难道还有什么比健康和舒适更重要的？他们为何还在穿妨碍自身活动，而且不方便，常给人带来风险和危险的服装？怎么能一直称自己有独立精神，可仍听从发明新时装、制造新衣服、以此赚钱的服装商的使唤？醒来吧，勇敢的美国人！维护你的自由！

我若建议美国朋友改穿中式服装，则太冒失，很不妥。其中有许多可推荐之处，但坦诚而言，也许还有改进余地。为何不召开一次国际会议，确定男女最佳服装款式？可邀请世界各地的男女代表，展示各种各样的服装。挑选出最适于男子和女子的式样，如果大会认为有必要，还可以进一步改进。普遍统一服装，具有深远意义。任何人都不会再侧目而视地看别人了，因为常常有陌生人的穿着被视为不雅或不妥而遭到白眼。普遍统一服装还会使人们更加接近，更加友好。制服和徽章增进友情。我相信，鄙人之见会得到美国人民的认可，并适时得到落实。

第十一章

美国文明与中国文明（之一）

这可是个大题目。要详尽论述，非一长卷不可。在这短促的一章，我只求略述其精，简介其弊。专题宏论不在此内。

何为文明？韦伯斯特氏称其为，“发展文明的行为，或接受文明的状态；民族文化；精致品味”。阿尔弗来德·罗塞尔·华莱士认为，“文明始于动物的驯养”。是对被驯养的动物而言，还是对驯养动物的人而言，则不清楚。从一个角度看，此一说法大致两者都指，因为文化的起始，文明的开端，在于人类脱离野蛮。伯克曾讲，“在我等欧洲世界，我们的举止，我们的文明，以及同举止和文明相关的一切美好事务，历经数载，均仰仗两项原则：君子风范，宗教精神。”我们常听人，尤其是欧洲人自称“高度文明”；在某些程度内，有其理由，但是他们是否真正体现出伯克提到的那种资质？他们真的如此“高度文明”，以至对所谓半文明民族而言，在方方面面均为完人？他们某些举措不正堪称欠文明的人民不屑一顾的欺诈、自私行为？我相信，每一位无所偏见的读者自己都会找到例证，但我要强调这一点，略举几例，说明中国人理解中真正文明的人。

“洁身如玉”，即不染精神或道德污浊。

“不贪欲，不恋居”，即身处世间物界，不为所惑。

“无剑不打虎，无舟不过河”，即绝不仅凭冒险，毁自己，毁家人。

“雪中送炭，而不锦上添花”，即及时施予援手，而不拍别人的马屁。

据说，我们最荣耀的英雄其德性“如光辉映”，一位英雄还在浴盆上刻下格言，“如可一日新，便可日日新，每日新”。我们理想的统治者，必须先修身，后治国。

人们常常忘记，文明如同宗教一样，源自东方。欧洲和美洲远未开化之前，尚在野蛮混沌之中，东方民族，包括中国，便在举止、教育、治国上高于欧美，其文学可与任何民族媲美，其艺术科学西方则全然不知。自我防护，自谋私利，使所有人不安于现状。于是，东方人渐渐到了西方，带去了东方的知识。有西方人接触了东方人，学到了东方的文明。东西融合，开启了西方文明。

中国一句成语把学生超过老师称为青出于蓝而胜于蓝。这也正巧用在西方人身上。他们本是从东方学到文学、科学和其他艺术，但是勤奋好学，超过了老师。我希望能找到一句成语，讲先前的老师又返回学校，超过了聪明的学生。这样的成语本不存在，大概说明此等事情尚未出现。但是，这绝不证明今后永远不出现。

说到具体方面，要讲的是，我敬佩的美国人一个鲜明的特征是其认真诚恳，坚韧不拔。他们要是决定干什么事情，无论是发明什么，还是调查什么难题，都表现出一种不屈不挠的坚韧和耐心。比如，爱迪生先生据说睡在工厂，如遇问题，数日不见人影，常常废寝忘食。只能把他同我们的孔圣人相提并论。当听到一曲动人的音乐，想要研究时，孔夫子沉浸其中，数日忘食。

不仅是美国，还有欧洲的飞行员无畏的勇气蔚为壮观。飞行事故造成的“空难”，使数百人遇难。但是，人们毫不畏惧，继续探索。有此勇气，有此坚韧，有此天份，我希望不会太久，飞机或飞艇的飞行艺术就会安全无恙。届时，我要飞往美国，期待着从这新奇的飞行体验中得到陆上和海上旅行得不到的乐趣。

美国随处可见的组织有序，令访客真心敬佩。商号办公室，一间大屋子里，若干人在不同办公桌前工作，气氛安静，人们工作有条有理，令来访者惊奇。在大银行，许多顾客进进出出，让人眼花缭乱。很难计算每小时内大量的业务交易，但一切都组织得天衣无缝，分工明确，若需要任何资料，经理或职员马上提供。我常光顾这些地方，雇员们沉稳、安静、认真工作的样子，不知该怎样称许。这显示，组织经管者牢牢掌握多方细节。

我们中国人享有精明商人的美誉。如以我们自己的方式经商，或与几位友人合伙经营，就大为成功。但是，就组合公司和合股公司等较大的企业而言，我们尚需学习。这点不必惊奇，外国商人来华之前，西方的合股公司和组合公司我们闻所未闻。后来，香港、上海和其他港埠开了几家合股公司，全由华人经营，但经营者尚未掌握西方人经营这样大企业井井有条的方法。连无经验、不在行的人都能看出，大型企业的经营改进余地很大。此处我得承认，日本领先于我们。比方说，横滨特营银行，实有资本三千万日元，不仅在日本所有重要城镇，还在中国各港口，在伦敦、纽约、旧金山、檀香山、孟买、加尔各答等其他地方，设有分行分支。这家银行以最新、最可信的科学方式经营，每年两次公布报表账目，精确报告银行财政状况，正巧显示其利润丰厚。中国确实也成立了数家私营和官营银行，几家营业也算好，但坦诚而论，其经营方针不及此一横滨银行或美国多数银行。组合公司和合股公司在中国刚刚起步。然中国商人和银行家汲取以往的教训，定将逐渐改进体制，今后授人以柄之事会越来越少。

过去一二十年美国风行，近来令人瞩目的一种体制是“托拉斯”。在此，又是靠美国人的创见，才把这种体制推向巨大规模，不仅在美国，更在其他国家，给贸易施加重大影响。“托拉斯”的主要目的似乎是，集若干公司于一套指导原则之下，以便节省费用，规范生产，消除竞争来控制商品价格。倡导者宣称，其政策是为世界生产物资，保证定期供应质量上承、价格公道合理的商品。反对者反驳说，这有害于公众的真正利益，小公司无法与其竞争，而若无有益的竞争，消费者必受其害。专家们对此各持己见，我最好不表看法，否则会成为某个人说龙虾是黑的，不是红的，因为他常见龙虾在海岸边游弋；而他朋友则非说龙虾是红的，不是黑的，因为他在家中餐桌上见到确是如此。

不过，无可辩驳的事实是，财富的影响力巨大无比。金钱无人拒绝，无人觉得满足。我从未听闻卡内基或洛克菲勒这样的大富翁对成为富人有过遗憾，尽管他们捐钱似乎比赚钱还急切。美国人大都急于赚钱，每天做事别无他念，只一味迅速敛财。他们热衷于金钱，几近没有时间吃喝，没有时间睡眠，醒来时，或睡梦中，也只想着钱。发财即是目标，目标达到后，大概仍不满足。中国人当然不厌弃钱财，同任何人一样，听到铜钱清脆的声响，也觉得赏心悦耳。但钱并非唯一的挂念。中国人做事沉稳，恬静，十分耐心。我相信，中国人将一如既往，留住自己的习惯，从不在诱惑下仿效美国人那样疯狂地敛财。

然而，美国人的一个特点国人不妨学以致用，即，经营的要诀是守时。这一点美国人很熟悉，是其成功的原因之一。要是约见一位美国人，到了既定时间，他一准会在办公室等候。一天内要做的事，都排好固定的时间。因此在一定时间内，他会比别人做更多的事情。中国人对时间价值的认识不妥，实属不幸。究其原因，也许是受我们计时方法所累。西方把一日分为二十四小时，一小时六十分钟。中国多少世纪以来的习惯是把日夜分为十二个“时辰”，每个时辰二小时。于是，约见某人是在长达二小时的某个时辰，而非如美国人那样定在几时几分。这就形成了不守时这一根深蒂固的习惯，使用钟表，接触外国人后，方可慢慢改进。但是，守时准点的铁路，确是一场革命，尤其是有些地方，火车每日只一班，错过了要等到翌日方能登车，继续行程。

几年前，几位友人为我在北京一家饭店举行午餐会。时间定在正午。我于十二时准时到达，发现不仅一位客人未到，连主人也没现身。当日我有若干事务在身，不容等候，便自点饭菜，吃将起来。待我吃完，主人也未出现，只得叫来侍者，替我转达谢意，顾自离去。

公共集会的召集人知道国人不守时，常通知外国人以确切开会时间，告知国人则提前一两小时。我不晓此一计策，一次在预定时间到场，发现要等一个多小时才开会，令我大为不满，要求今后在这方面，作为外国人对待。

文明人总要着衣，所以不应省略服装不谈，但鉴于前章已作评说，在此只引英人女士尼科斯夫人的论述。她以为，男子的服装缺少美感，但其主要论及女子服装。我谨引用她书中一段："女人服装同健康之间的关系几乎未考虑过，更不顾及对孩子的影响。可是，每个人都要明白，关系到我们民族母亲的一切都很重要。若要看到妇女的衣服对其健康，因此也是对其后代的影响，各个方面都要照应到。人们常常先考虑服装的美感或时尚，然后也许才考虑是否舒适，有益健康。我们必须扭转这个做法。先考虑穿用，后考虑美观。源于实用，归于实用。这是真正的生活定律"（第 14 页）[①]。书中第 23 页，她写道："在某个时尚时期，妇女装束过多，超出取暖需要。大多是沉重的裙子坠在腰间。沉重的长裙对脊椎造成负担。妇女服装中的这些恶俗，尤其对孕妇而言，真是罄竹难书。装束不妥，加剧了妇女怀孕生产时的痛苦和危险，甚或造成了这些痛苦和危险。脊髓神经和女性神经系统一并受

① 尼科斯夫人：《服装之美感、舒适和健康》，伦敦。

害。”书中第32页写道：“我第一次到一个讲求时尚的镇上参加晚会，见到女士们低胸的装束，吃了一惊。直到现在我还不愿目睹放浪男子盯看女子半裸的胸部的情形。穿得过多，和穿得过少，都不是好事。但穿多了捂汗或穿少了着凉，也比展示身上隐秘诱人之处，引得已经发狂的浪荡子坐立不安要好一些。我们应该在时装及时装所左右的公共舆论的限度内，让服装适合气候变化，确实做到简朴，健康。”尼科斯夫人讲述个人经历，全书大部分自然是痛斥妇女服装。但是，西方男子的服装也同样有弊。一年四季无论气温高低，均穿难受的高领紧身衣服，一定很不舒服。男子一年到头几乎均穿一样的服装，这在寒带或温带或许还可容忍，但在东方热带国家的夏季，难道不应变换一下？我没见到男子夏天里的衣装有多少变化。我见过在气温高达华氏八十度或九十度时，男子还穿汗衫、背心和外套。外套可能不如冬天时厚实，但仍是哔叽、羊毛，或其他类似衣料。天气无论多么炎热，街上鲜少见到任何人不着外套。莫怪常听到有人死于中暑或闷热，这种事情在中国人当中几乎闻所未闻。[①]

中国人的服装随季节变化，厚者有皮衣，薄者有罗裟。冬天穿皮衣或棉袄；春天换上较薄的皮衣，或长袄；夏天着丝绸、罗裟或麻布。我们的衣装是由气候决定，不是由北京或其他地方的制衣商或裁缝来决定。美国和欧洲每年死于追崇时尚的人数，恐怕不少，可医生却不敢在死亡鉴定书上把亡者的死因写为衣装不适。

进入20世纪，即使在服装事务上，也实行“强权即公理”。一位公允的观察家表示，男子的服装稀奇古怪，女子的服装粗俗不妥。但是，因为欧洲和美洲所有国家都着同样的服装，强有力的习俗正在扩张地盘，所以，连东方一些国家的人也脱掉本民族

① 几个中国工人粗心大意，干活时曝晒。但此种情况少见。

的服装，换上丑陋的西式服装。倘若新式服装同老式服装相比，虽不是更好看，更舒适，但至少一样好看舒适，也不妨如前章所述，为统一一致起见，给予认可。但若与此相反，又何必加以模仿？世界为何要使服装千篇一律，那么不顺眼？为何要让天然的多姿多彩消失？先前，中国学生从欧洲或美国返国后，马上换回中式服装，因为他若敢继续穿着西式装束，就会被称作“半个洋鬼子”。1911 年中华民国成立，这种情况完全改观。有失优雅的外国服装不再被看作是奇装异服，反成为时尚，不仅在外国人云集的大城市如此，很少见到外国人的内地乡镇也如此。

中国女士值得称赞，同日本姊妹一样，尚未迷上新时尚。这说明她们比一些男子更懂得常识。不过，我曾见过几位年轻、傻乎乎的女孩子，效仿西方女子的洋装。西式时尚甚至也迷倒了北京的立法议员，他们中了服装的魔力，在庄严秘密的会议上决定，今后中国官服为礼服大衣和高筒帽，燕尾服和白衬衣为晚礼服。无需赘言，北京国会的这种行为激起普遍的惊讶和愤懑。内地没有外国裁缝，那里的学者绅士怎会穿着礼服大衣参加正式仪式，或穿着燕尾服参加公共活动？为讨论此事，召集了公共集会，新式服装被斥为不妥。但许多人同时也认为，男女目前的装束也有很多改进余地。应该指出，刚一听闻国会内讨论服装事宜，丝绸、礼帽和其他行会，就模仿大千世界上总是尊私利为首的做法，派代表前往国会，“游说”国会议员，要其“慢慢来”，不要进行过于激烈的变革，因为他们恐怕酝酿中的服装变革，可能损害其各自利益。结果是，除上述两种服装款式外，又批准了两种款式，一种是男子的日常服装，一种为女子服装，均为中式服装。但所有款式都要采用内地产材料。这是为了安抚制造商和贸易商的不满，因为购买外国服装，其中至少一部分，也许全部材料都必须由外国进口或外国制造。

最近访问北京时，我不满这种新时装，向袁总统呈递备忘录，请其转交国会。我提议礼服大衣和晚礼服可作一种选择，中式服装也作选择。希望我的进言得到赞成。我的理由是，中国外交官和其他人士出国，为免于外人好奇，为统一服装起见，应着西式服装，在国内的人，如情愿改换这种丑陋式样，尽可随意；但是不应强迫怕在冬季着凉，在夏天中暑的人们也换装。我采用折中做法，为的是让双方都满意，因为很难说服国会放弃或改变新近做出的决定。中式服装举世闻名，优于西方文明人的服装。在华的大多数洋人也对中国人最近的变化感到痛惜。上海一家报纸登出了一位在华商人的看法，几乎代表了所有明智的外国人对此问题的看法：

“前些时，中国巨大变革之中，传出消息说，中国人扔掉了具有典型民族特色的中式长袍，世界为之欢呼雀跃。传闻说，‘他们真的文明了。’人人都钦佩年轻的中国奋发果断地迈入文明世界，穿上了我们这种不舒适、不卫生、不美观的服装。”

“外国‘时尚’裁缝店、帽店、鞋店等，出现在全国各地。去年九月途经广东时，还看到日常街道两边曾排列的酷似渔船、高纳帮的鞋子，现都换成了洋式样的靴子和鞋店。”

“改革无疑正方兴未艾。今后的中国人，着装将如同白人。”

“鄙人坦言，对百年来传承的、好看、舒适、厚实、充分体现其民族特征的袍子消失不再，实在感叹。我心中对此变化很难过，我以为，中国人要改的，不是装束……”

我同意他的看法，国人要从西方民族学习的，不是服装。中国有许多事情可以改进，但并非服装。

第十二章

美国文明与中国文明（之二）

常常有人问，“文明国家有哪几个？”答案是，“欧洲所有国家和美国。”有人问，“东方国家呢？”答案是，除了现已成为文明强国的日本之外，其他国家或多或少也算文明。若进一步询问，“中国呢？”一般的回答是，“中国属于半文明。”换句话说，尚不如西方国家文明。

在认可这种看法之前，先看一下简单的事实。我以为，文明催生文化，文雅，人的行为，公平交往，公正待遇。阿米尔讲，“文明首先是道义。”在过去的世纪里，人类，尤其是西方人，无疑大有改观。许多发明创造，使人能够享受从未有过的舒适。

从物质角度看，我们当然有所进步，但是，西方“文明”的人是否比所谓半文明的人活得更长？他们是否延长了寿命？是否比他人更幸福？我很想听听他们的回答。美国人比亚洲人更容易着凉，这难道不是事实？空气换得最少，流行病爆发得最少，他们还不是比亚洲人更容易受感染？若是如此，那又为何？他们有发明创造的天赋，可为何未发现保护自己、延长寿命的方法？美国人能说，他们比中国人更幸福？出于个人观察，我得出看法：中国人比美国人更满足，大体上更幸福；而且在中国比在美国会看到更多的老人。美利坚合众国很富有，施政良好，物质享受多于中国，人们自然会认为，美国人比中国人更幸福。但是否如此？他们不是许多人无朋无友，孤苦伶仃？在中国，无人身边无友；果真无友，也属自身之过。孔子说，“德不孤，必有邻居。”中国社会的构建，实实在在如此。美国社会若非如此，恐怕其自负的文明中出现了闪失，其物质力量战胜自然力量后，代价硕大，失去了深邃的精神洞见。也许引用老子对孔子所言“质朴”，有人会理解。“夫播糠眯目，则天地四方易位矣；蚊虻噆肤，则通昔不寐矣。夫仁义憯然，乃愤吾心，乱莫大焉。吾子使天下无失其朴，吾子亦放风而动，总德而立矣！夫鹄不日浴而白，乌不日黔而黑。泉涸，鱼相与处于陆，相呴以湿，相濡以沫，不若相忘于江湖。”

亨利·沃德·比哲说，“财富不一定产生文明，但文明却产生金钱。”依我所见，财富既可用以增进幸福和健康，也常折损幸福和健康。幸福是宽宏大度、聪慧、协助他人的产物，幸福的外相是健康。我的观点是，在最大程度上拥有这些良好品性的人，是最文明的人。如前章所述，文明诞生于东方，然后向西渐行。自然的法则属螺旋型，东方文明开导了西方人，反之，在东方的原则基础上建成的西方文明，又将返回发源地。现今，任何国家均不能闭关自守，不与他国交往。东西方不能再相互隔离。陆上水上新的交通旅行工具，让欧洲、美洲、亚洲、非洲所有国家成为近邻，待到航空技术更加先进，人们在空中飞行如同目前跨洋旅行一样安全，各国之间的关系就将更加密切。

这于人类将有何影响？我认为，第一个影响是增进稳定。随着人们的利益相通相同，毁灭性的征战将消失。普天之下都将关爱和平。令人欣慰的是，近些年，美国人民在和平运动中起着突出作用，召开了和平大会，与会者来自社会各个阶层。每年召集这样的大会，端正人们的思维，一定有助于阻止战争，巩固和平。比如，莫洪湖国际仲裁会议就是一名绅士、斯迈理先生发起的。

他每年邀请显要官员和其他人士到莫洪湖畔他的避暑住所开会。他虽已去世，令许多友人感伤，但公益的运动仍将继续，第十九届会议在他兄弟丹尼尔·斯迈理主持下召开。到会的不仅有知名的美国人，如哈佛大学名誉校长艾略特博士、前驻外大使托尔、华莎尔学院院长泰勒博士和莱曼·阿博特博士，还有杰出的外国人士，如英国国会议员贝克、来自维也纳的海尔·亨里奇·约克·斯坦纳，以及许多其他人士。许许多多的人支持这个运动，而且人数与日俱增，其中非常突出的是安德鲁·卡内基先生。这位善心绅士是国际和平最积极的倡导人，为此付出了大量时间，花费了大量钱财。他捐赠了1 000万金元，用于成立卡内基和平基金会。他写给各位董事的长信中的第一段表述了他坚定的信念，值得重复如下：

“我向卡内基和平基金会各位董事转去1 000万元，5%抵押债券，其收入由阁下经管，用以铲除国际战争，我们文明最肮脏的误点。虽然我们已经不再同类相食，不再虐待囚犯，也不再夷平城市，杀戮居民，但我们仍然如野蛮人一样在战争中相互残杀。在基督纪元第二十世纪，只有野兽才有此借口。战争本身便是罪行，因为它不秉持公正，而总是袒护强者。国家如若拒绝仲裁，强迫敌国到毫无正义的法庭，便是犯罪。”

我了解美国有许多定期出版、倡导和平的杂志和报纸，这令我高兴。我确信，每个国家都掀起了和平运动，认识到战争带来的灾祸。不过，倘若我还没错，美国人是这方面最积极的。设在海牙的常设仲裁法院，几乎每个国家都参与其中，是我们时代精神重大的体现。但是，命运的嘲弄是，人们一方面积极巩固和平，一方面又无法维护和平。看看欧洲这几年，首先是意大利同土耳其，然后是巴尔干半岛燃起战火，更不用提中国和世界其他地方的乱局。这就如同告诫孩子不要服毒，可又让其吞毒去死一样。理智的人们应该心平气和地认真考虑这个问题。我们都深知战争之邪恶，然而又都相互征伐。我们不喜欢战争，但也不得不开启战事。我们成长的过程中，的确隐藏着什么不足。

民族独尊的口号，在很大程度上难道不是恶行之源？每个学生在学校受的教育都是，人人有义务献身祖国，热爱祖国。每个政界人物，每个公共人物都宣讲要人们忠于祖国的教义。胆敢效劳他国，而他国的利益又与祖国利益相悖者，均被斥为叛逆；而且，从不允许人对事情的是非曲直表达看法。人们要支持祖国，永远高呼“无论对与错，都是我祖国”。政客争取选票的最佳途径是遮掩自己政党、自己国家的过错，夸大邻居的邪恶，鼓动同仁效忠祖国。满脑子这种想法的人，会自私自利，心胸狭隘，很容易投入与他国之间的纷争，这有何为怪？

爱国精神自然是民族的生命。二千四百年前，毕达哥拉斯在希腊的殖民地纳克索斯对此有一番慷慨激昂的演说：“孩子们，听一听国家对于好公民意味着什么。国家胜过父母，胜过丈夫和妻子，胜过孩子和朋友。国家是所有人的父母，是丈夫的妻子，是妻子的丈夫。家庭固然很好，男人有妻有子固然很好，但国家更好。它是所有人的保护者。没有国家，家园会遭蹂躏，遭摧残。男人所珍惜的，是生育他的母亲的荣誉，是生儿育女的妻子的荣誉；但更值得珍惜的，是给妻子儿童以安全的国家的荣誉。国家是生活富足的源泉，是美好与祥和的源泉。艺术靠了国家兴盛，使人摆脱野蛮。勇敢者若为家庭而欣然赴死，那为国家赴死，就更应高兴。”

但是，只有在国家为国人谋求公益时，才是这样。毕达哥拉斯在另一个场合又讲，“组织有序的社会是为了社会成员的幸福和福利而存在，非此，则定遭谴责。”

可是在今天，国家之间倘若开战，任何公民，任何阶层，如认为是本国之过，而敌国无过，也不敢说出；如果说出，很可能以叛国罪论处。市场上已经不再贩卖人口，可人们却受到更微妙的奴役。在欧洲大多数国家，无论是否愿意，无论个人对争端的看法如何，均有义务为国参战；虽然在欧洲一些国家，有人不是出于自愿，而是出于被迫而成为公民，但也不能侧身于外，不积极参与战事。中国的叛乱人员据说是“吃抢”，即强夺私人财产。但是，这比强夺个人自由而赢得战事还差吗？这是疯狂的民族主义！这助长了掠夺领土的欲望，亮明了东方和西方之间的根本区别。在东方，政府依靠臣民的认可来治理国家，这种方式，对无时不热衷于扩张的西方人而言，很难理解。人口过多的小国，要求有领土容纳过剩人口；大国图谋领土来扩张贸易。几个大国瓜分战利品，称作“势利范围”，这一切都是为了商业这个上帝。中国社会制度的根本是兄弟情谊和劳工尊严。

我要问，扩张国家领土好处何在？让我们心平气和地探讨一下。一所镇子或一个省份被占领后，占领者要用大量军队维持治安，除非人们接受新的管治，否则就常出乱子和摩擦。可以简而言之，所有这些都有悖于孔子的教诲。孔子视理智为万物基础，憎恶暴力。我们宁愿同暴徒争辩，可能的话了解其观点，也不愿开枪。我们尚未相信枪炮里面出善果，而西方人则只信这一点。

不过，若获得新领土是为了进行开发，引进最先进、完善的政府制度，而无其他图谋，那真不知如何颂扬。恐怕这种无私心的行为还属少见。与这一崇高理想最为接近的是美国买下菲律宾群岛。我称其为“买下”，是因为美国政府在占领该领土后，付出了很大代价。当时，美国政府的意图尽人皆知。得到这些群岛后，美国开始全力开发资源，扩大贸易。进行了行政改革和司法改革，当地人获得了开明的教育，接受自治培训。美国一再正式声明，一旦菲律宾人有了自治能力，能够建立稳定的政府，毫无动乱之嫌，美国就将准许群岛独立。我相信，时机到时，美国将履行承诺，给世界树立一个高尚的范例。

英国人在香港，则是另一种情况，证明了我的观点：除去一点演示无私的成分外，斩获新领土后的收获只是一种虚幻。战争结束，中国战败，割给英国的香港只是个荒岛，点缀着几个渔人草舍。为了把香港建成贸易港口，鼓励人们安居乐业，英国政府年复一年花费大量钱财，用于改进和开发。地方政府治理有方，给自由贸易提供一切便利。香港目前已经成为繁荣的殖民地，人口近五十万。但这给英国带来的好处何在？在财政上，英国输了一大笔，因为在中英战争结束后的多年里，这座岛屿吸走了英国国库的大量钱财。香港这个殖民地目前已经能够自立，可英国人所享有的，其他所有人不也同样享有？香港迎纳所有的外国人，英国商人享有的一切权利，别人也一样享有。1911 年人口普查结果表明，香港人口 456 739 人，只 12 075 人为非华人，其中只有少部分是英国人；其余均为华人。因此，香港的繁荣依靠的是华人，他们拥有英国居民享有的一切特权。这无须赘言。还应该看到，外国（非英国）商号和商店到目前仍在增加，而英国大商行则不如以往那样多了。就财政而言，英国人从割取香港一事中肯定所得无几。当然，人们会说，这使英国脸上增光，其实这只是英国纳税人付出巨大代价所得到的空洞的自我夸耀。

从经济和风气角度看，又必须承认，英国政府在香港有所作为。它给中国人提供了西方施政体制行之有效的模式，尽管困难重重，但还是把一个荒岛变成了一座繁荣的都城，并成为中国最大的港口。执法公允，善待罪犯，这赢得了当地人的敬佩和信任。若是英国政府在取得这座荒蛮岛屿时，其目的是吸取当地人的意见并实施现代化管理，则应给予真挚的祝贺；但恐怕它的意图并非那么无私。

这番评说，也可同样说明，甚至更能说明中国境内欧洲列强控制下的其他殖民地和领地的情况，以及大英帝国其他殖民地，如澳大利亚、新西兰、加拿大和称作“自治领”的其他地方。帝国政府对这些殖民者关怀有加，让其自行管理自己的事务。自治领得到良好待遇，受到这样一个强国的保护，根本不必担心它会独立于母国；不过，如果他们真的独立，英国也不大可能对其宣战，因为英国人民自从同美国殖民者打交道后，已经更加明智。英国政治家已经领悟到，需要赢得殖民者的好感，因此近些年来采取政策，邀请殖民地总理前往伦敦，讨论牵涉帝国和殖民地利益的事务。帝国下的邦联似乎越来越得到英国人的欢迎，今后，英格兰、苏格兰、威尔士、爱尔兰大概都会成立各自的议会；而帝国议会设在威斯敏斯特，代表来自大英帝国各地。美国是唯一一个承担责任，要使半文明的部族成为独立自治殖民地的国家，也几乎是唯一一个从未占领中国领土的大国。

在此我再问，寻找新领土的国家目的何在？是为了贸易？如果是，不必夺取领土，便可达到目标。在此文明时代，任何人可前往任何国家，毫无限制地从事贸易。在英属殖民地，外国人同当地人处于同样的地位，不受任何“特许”，也不受其他官僚做法的制约。那是为了移民？就我所知，在欧洲、美洲和英属所有殖民地，白人，除非是乞丐或不受欢迎的人，可移民到任何国家，一段时间后归化为公民。

一些政治家说，大国需要在世界各地拥有海军基地或加煤站。这本身预示着战争。但是如果国际和平得以维持，这种属地将毫无用途，花在这上面的钱也是白白浪费。怎样讲，也都是无成果的开支。政客们目前时兴宣扬扩充军备（很不幸，他们还得到著名政治家的支持），宣称为了维护和平，就需要准备战争；有大量军队和大型海军的国家，才赢得尊重，讲话才有份量。这种说法里外都不当。一个占据强位的国家，可能不讲道理，恐吓弱小国家。这种高调理论若是发展下去，到哪里为止？很快，每个国家都会为国家荣誉，为国家安全武装到牙齿，建造无畏战舰，扩展军备，消耗国库。这种情况存在，国际和平如何维持？他们难道不会去找测试军火，锻炼陆军海军的机会？你买刀子不就是为了要用它吗？英国财政大臣乔治·劳埃德一次在议会讲话，痛惜越来越多，但又毫无必要的军备开支："我确信，最后结局将是一场大灾难。对这个国家我不这样说，虽然它完全可能也在灾难中了结。"人身上配戴手枪，有时就招致攻击；起先虽用于防身，反酿成了祸害。

谈到西方国家疯狂扩张领土时，我说过，白种人可以随意移民到任何国家，但是黄种人却非如此。有人信誓旦旦地说，一些国家是专门留给白种人的，为此拟定法律，禁止亚洲人归化为公民，而且还严格限制，近乎禁止亚洲人入境。这种政策的支持者认为，白种人在智力、教育、品味、习俗上比黄种人优越，他们不屑与黄种人为伍。但是，在中国，我们有我们的礼仪，有我们的艺术，有我们的道德；数千年来，我们经营着一个相当庞大的社会，没有那种阻碍了西方公平进步的激烈的阶级仇恨、阶级矛盾、阶级斗争。我们没有成为财富的奴隶。我们喜好奢侈，但更喜好其他事物。我们热爱生命，但不追寻生命的典范。

人的肤色不同，恰如语言不同，实属偶然，是气候影响和其他影响所致。我们均源于同一族宗，从一个起点出发。上天对人没有薄厚之分，是人在人之间制造了不同。黄种人的智力绝不低于白种人。日俄战争中，难道不是黄种人显示了更优越的智力？有时我总想说，亚洲要再次驯化西方。我并非是心中忿忿，或是讽刺挖苦，而是真的认为，白种人仍有许多事情要从有色人种那里学习。在印度，在中国，在日本，有些体制持续长久，亚洲以外闻所未闻。宗教在西方文明中的影响微乎其微，但却是所有亚洲文明社会的基石。结果是，有色人种注重的是道义，而白人同仁注重的是经济事由。在思考西方时，我们觉得，他们不懂舒适，因为他们没有闲暇时间来享受舒适。他们衡量生活是靠积累财富，我们是靠道义。所谓有色人种的家庭纽带，要强于无责任感的白种人；有色人种的社会责任感，也比白种人要强，也避免了不少个人的困苦。我们自己也有恶疾，但这并非我们专有。我们至少有着易于治理的长处。无论哪里出现中国殖民地，普遍的定论都是："中国人都是好公民。"

曾为中国创建海关的已故赫德爵士这样评说中国人：

"他们（中国人）举止良好，守法，聪明，节俭，勤劳，学什么都行，做什么都行。他们拘泥于礼节，崇尚才干，而且坚信公理，甚至不屑于去想到，公理还需要力量来辅助或执行。他们喜好诗文，到处都有书社和诗文会馆，相互研习探讨诗文。他们拥有，而且还实践一种令人敬佩的道德体系。他们慷慨大方，有慈悲心，喜好细致的做工。他们从不忘记恩情，而且给予丰厚的报答。他们知道，有钱能支使别人，但要赢得尊重和尊敬，仅仅有财富还不够。他们很实际，天生具备普通常识，教什么东西都能学。他们是能工巧匠，做工值得信赖，商业交易十分诚信，令人认可和敬佩。过去和现在，没有任何国家像中国，信守'敬重父母'这一训戒极为虔诚，不折不扣。这条训戒实际上是其家庭、社会、官场和民族生活的基石，正因为如此，他们在上天赐予的土地上，生活得很充裕。"

"美洲是美洲人的"，或者"澳大利亚是澳大利亚人的"，这样的叫喊甚不合乎逻辑，因为这些人根本不是那方土地原初的主人。照这样说，远东的人更有理由呼喊，"中国是中国人的"，"日本是日本人的"。我来引用中美司法联盟英文秘书萨顿先生的看法，"世界上最为蠢驴般的嚎叫就是，'美洲是美洲人的'，或'中国是中国人的'，等等。这是贪婪、恐惧、嫉妒、自私、愚昧和偏见的吼叫。只要还称自己是人，是基督徒，是有理性有理智的人，就不会，也不可能说出这种可耻的话。上帝造就世界，是赐予所有人；如果上帝有任何偏爱，尊重任何人，那一定是中国人。因为上帝使得中国人多于地球上的任何人。曾有人叫喊，'美洲是土著印第安人的'。英国人来后，改成了'美洲是英国人的'。后又改为‘美洲是清教徒的’。在新奥尔良附近，人们喊，‘美洲是法国人的’。在宾夕法尼亚州，这个口号又是，‘美洲是荷兰人的’。但是，实际上，上帝是把美洲当作世界的‘熔炉’，迎各方来人，从中崛起，并将继续崛起一个伟大的混血族群，一个充溢世界风情的民族，如果不受偏见和愚昧误导，可领世界之先。”虽然萨顿先生用词有些激烈，但其说理有力，无可辩驳。

现在谈谈这个主题里争议较少的话题，在远东无人知晓的一个值得赞赏的风俗。我是指国际婚姻这个习俗，不仅在美国城镇很常见，而且在欧洲也是常事，欧洲的普通人，以及皇室家庭都有，所以欧洲几乎所有宫廷都相互联姻。这是世界永久和平的吉祥征兆。亚洲人有一些同欧洲人和美国人结了婚，这应该受到鼓励。让东方西方走到一起，增进相互理解的任何事情，都是好事。这种国际通婚的子裔，继承了双方的优点。香港皇仁书院有数百名来自不同国家的学生，院长曾告诉我，先前期末考试大奖几乎都由华人学生赢取，欧亚混血的学生入校后，超过了华人学生和其他学生，成绩最佳。不仅在学校，在商业上，他们也很出色。众所周知，香港首富是一位欧亚通婚的后裔。据说，菲律宾领导人阿基纳多的父亲是位华人。白种人和黄种人通婚，无疑对双方都有好处。可中国人能作好丈夫吗？我的女友曾问我。我谨举一位美国女士为例。几年前，一位华人到华盛顿使馆造访，身边还有一位美国女士和女孩。他向我介绍说，女士是他夫人，女孩是他女儿。我自然想，这位女士是女孩的母亲。可她告诉我，女孩是她已故好友的女儿，好友去世后，她知道孩子的父亲是一位很体贴的丈夫，便欣然作了他的第二任夫人，收养了其女儿。

相信转世再生的人（我希望大多数读者都相信，这可解开许多谜团）都知道，人转世后，不一定还同前生一样，生在同一国家，甚或同一大陆。我有种感觉，我的前世中，曾有一次生长在美国。说这话，绝非是对今世生在亚洲有丝毫遗憾。我只是提醒鼓吹排外政策的白人，他们来世可能生在亚洲或是非洲，他们现今给黄种人带来伤害，来世可能自己要尝到苦果。

我们承认中国人有自己的缺陷，还有不少事情要学，尤其是向美国人学，但我们同样有着勤劳、节俭、服从、热爱和平，以及“诸事中庸”等美德，至少还拥有宽宏的雅量。我们中国人常遭轻蔑，受不公待遇，却无报复心理，乐于忘却。我们以为，公理终会胜过强权。中国人与外国人之间出现过无数分歧，但大体上看，我们至少不是挑衅者。我仅举地方一例，说明我们的缺欠总是给人夸大。西方人喜好赛马。他们在上海拿到一大片地，用作赛马，一年两次赛事。但在比赛时，却不许中国人上观众台。中国人另有入口，另有看台，好像他们都是传染病人。人们告诉我，几年前，一位中国男子偕同几位中国女士曾上了观众台，行为不妥。所以中国人便受到歧视。诚然，应该采取步骤，在公共场合维持秩序，保持观瞻，可因为两三个人的劣迹就把整个民族都禁止，这公平吗？假设德国人举止不当（不大可能），赛马俱乐部胆敢不让德国人同其他人一起分享赛马的快乐吗？

与此相反，看一看我们中国人怎么做。他们从在华的外国人那里学会了赛马，又因为不能参加外国人的赛事，便自己成立了赛马俱乐部，还特意称其为“国际娱乐俱乐部”。他们在离上海五英里的江湾购置了一大片土地，成立赛马场，比在上海的还大。举行赛事时，中国人、外国人一概欢迎。实际上还送给外国俱乐部成员免费票，邀其参加。赛事委员会一半成员是外国人，外国人和中国人一起作赛事干事和裁判，赛马的主人有中国人，也有外国人；在所有比赛中，中国骑手和外国骑手并肩竞赛。这里赛事最让人高兴的是，整个比赛期间到处洋溢友好的情谊。中国人曾被称作“未开化的半文明人”，但是，“国际娱乐俱乐部”和江湾的赛马场却表明中国人没有任何报复的想法，显示出无与伦比的国际友谊。这样的人不准进入澳大利亚、加拿大或美国吗？这些国家的排外人士同这样的人交往没有好处吗？

我听说，澳大利亚的移民法甚至比美国的还严，几乎等于全面禁止；不仅禁止中国劳工，还禁止中国商人和学生入境。1912年，安妮·贝桑夫人在英格兰以“大英帝国有色人种的公民”为题举办讲座，抨击了她本族人的种族偏见。她讲的一个事实读者会感兴趣，澳大利亚人更会感兴趣。她说，“澳大利亚正在发生一件很奇特的事情。那方土地上人们的肤色深了许多，澳大利亚人的肤色变黄了。所以，一段时间后，还能否让澳大利亚人住在自己的国家，就成了问题。白种人的肤色比一些印度人都深很多。”面对这一事实，澳大利亚人为自身利益起见，是否该放弃对黄种人的抵制，劝说国会废除或是修改移民法，以便接纳黄种人？澳大利亚人特别愿意扩大贸易，派出贸易大臣访问日本和东方其他国家，以求发展和扩展贸易。新南威尔士州特别专员萨特先生公布了如下广告：

“新南威尔士州是资本商业和产业的乐园。享有特别优惠的轮船目前在澳大利亚首要商业中心悉尼至上海之间直接通航，为商务和游客提供特殊便利。新南威尔士州的产品便是精美的代表。”

商业和友谊彼此不分。但是，澳大利亚人禁止一国人民前来造访，哪怕为了贸易而来也要受禁，又怎能同其发展贸易，我不理解。也许，他们听惯了中国人宽宏大量，不计前仇，就想中国人一边挨了拳脚，一边也会笑脸相迎，开展贸易。

我相信四海之内皆兄弟的说法。一些人纯粹出于自私、忌妒，把另一些人排斥在地球的某些地方之外，这有悖于创世法则。这种自私行为造成的伤害，迟早会给加害者带来报应。“人人均是自己的祖先。我们为来日做准备，因前世而经历今世。”像狗一样占据地盘的人，也会染上狗的禀性。文明若无善良和公正，便分文不值。最后，我来引用英国诗人威廉·华兹华斯的诗篇，《自然之理》。

听一听《远游》一篇第九章的崇高诗句。

"啊！世上有什么，比人与人之间的差异还更大，
这差异来自哪里？来自他自己？
可普天下的人类，头顶着天，脚踏着地，毫无两样。
每个人的眼里，都闪着长空的无垠，映着太阳，
大海的细语，日日夜夜不停息，
春天的原野，注入每个人的心田，
沁人的清香。
环顾感知世界，
那庄严崇高，那美好景物，
展现在眼前，一览无余；
如同一种力量，给人滋养，
如同一种影响，令人欢畅；
天道公正，每个人，所有人，
都感知到这力量，这影响。
人人都获得崇高的赐予，
理性，连同微笑，连同哀伤；
想象，是意志享有了自由；
良知，用来审视，用来导航；
还有死亡，总预示着先兆，又伴之以永生的向往。
在人世间，保护圣洁，让神灵指明天堂，
这样的人，定有永生的吉祥……
袅袅的烟火，升入天堂，
它来自恢宏的宫殿，
也来自村庄人家的灶房。
你苦思冥想这确确实实的平等，充满感激和希望，
但在思索中，又会陷入更深的悲伤；
哀叹古风已逝，
痛感人与人之间的差异，大得竟然这样。"

第十三章

进餐与宴会

众所周知，进餐意味着一定的时间，一定的习惯。进餐的目的是解除饥饿，滋养身体。但是，在我们现代文明生活中，进餐另有其他用途。人是一种群聚动物，进餐时喜欢有餐友为伴。从这一癖好中，形成了聚餐的习惯。不过，赴宴的宾客，通常并非为进食而来，是因为别无他事可做而来。许多人对面前的食物几乎碰都不碰。他们来，不是为吃，而是给男主人和女主人捧场，是进行畅快的交谈。尽管如此，邀请宾客前来的主人，还是要摆上丰盛多样、美味可口的菜肴，大量的美酒。酒和肉是分不开的，虽然主人在家也许不嗜酒肉，大多宾客每日也大嚼痛饮。很少人在筹办社交活动时，鼓起勇气改变传统习惯。

美国厨师手艺高强，深知如何犒赏美国人的口味，而且充分发挥才干创见，把烹制美食当作艺术，推出新颖菜肴。每位宾客面前摆满了盘子，有一些连美食家也来不及碰一下。在豪华宴会上，没人能品尝，更何况去吃所有东西，可饭菜做得那么精细，配置摆放得那么诱人，要忍住诱惑，连一口也不尝，着实很难。一旦入口，可就停不下来，非吃完为止。到此，胃口大概要遭殃了，转天还因嘴馋而呻吟。嘴和胃这一对真不相配，虽然都喜好吃喝，可绝少合拍。不过，还要提一提的是，美国富翁宴会上的菜肴，总还是少于中国宴会上的菜肴。中国士绅要是邀请友人前来赴宴，菜单上很可能列有二十至五十道菜，甚至上百道菜，不过，许多菜只是摆设。客人不必桌上有什么，就吃什么；或是每道菜都品尝过来，除非确实想吃。而且，我们不必像美国人那样吃个饱，而是每道菜只吃一两口，上菜之间留出一段时间，尽情欢乐，吸烟，享受欢宴。这是中国式宴会的一个独特优点。

在欧洲和美国，甜点是宴会上的最后一道，在中国则是第一道。我不清楚哪种做法更好。中国人愿意接受来自各地各方最好的东西，所以许多人最近采用了西方人上甜点的方法，但也保留了中国人的传统习惯。现在，我们进餐开始，中间和最后都有甜食和水果。我承认，这种东西合璧的做法值得普及推广。若是果真普遍采用，定会有助于阻止人们目前食肉这一不利健康的习俗，因为这无非就是一种习俗。

美国豪华宴会上不可缺少的一道菜是鳖。吃这道菜的人说，鳖肉有一种特别可口、特别精美的风味。其细腻带皮的脖颈和四脚很好吃，但是，多么美味的佳肴显然也有腻口的时候。据说，大约四十年前，龟鳖又多，又便宜，工人们同雇主商定，每周餐食中龟鳖不得超过三次。后来，龟鳖变得稀少，无此菜肴，便称不上是高级餐宴。生蚝是西方人另一道必备的菜，而且，从来都是生吃。我不知道有多少男女吞下这些鲜美的软体动物时，知道他们吃的是十足的肮脏之物，这种软体动物在水中捡食所有脏东西。一次，我一位朋友吃了几个生蚝，不得不离开餐桌回家，病了好几日。看来，饮食千万要当心。美国设有“食品卫生局”，我觉得，该局如派遣委员会到中国，了解佛教寺院的生活，了解那里的人们只吃健康卫生的食物，会获益匪浅。人们对自己摄入的食物漠不关心，总是让我惊讶。公共卫生官员有其作用，但人们更加文明时，每个人都应成为自己的卫生官员。

中国有些名菜风味极佳，厨师和宴会女主人不应忽略。我是说燕窝和鱼翅，与西方主菜——鳖相对应的东方主菜。从卫生角度看，鱼翅可能不太适宜，因为是鲨鱼身上的，但其肯定不比所谓的“高档鲜嫩”的野鸡，以及常常端上美国人餐桌、美食家喜欢吃的其他肉食更差，也许还好。燕窝汤比龟鳖汤好多了，我听美国一位化学家分析过，燕窝汤无毒无害，也没有造成风湿病和其他类似疾病的动物肉产生的有害尿酸。

在纽约、芝加哥和其他地方的中餐馆，“什锦炒菜”很受美国人喜欢。这说明我们的口味相同，也让我乐观期望曾提出的一些建议能被采纳。

是否有人能告诉我，美国人餐桌上为何会有这么多种类的酒，为何总是见到气泡香槟？有钱人家不吝精力，不吝花费，大摆奢华宴席。据报道，一位有钱女士一次宴请宾客，花费达二万英镑；虽然如我所述，客人赴宴根本不是为了吃饭。

我猜想，许多人不同意我的看法，可我觉得，餐桌上如能不上酒类，气氛会更融洽，会更有助于提高人们谈话的兴致。有些家庭的餐桌上已经全然不见酒类（但愿这样的家庭与日俱增），令人高兴。第一次让我注意到的，是在大力倡导饮食改革、完全禁酒的杰出女士亨得森夫人家中。报纸上报道说，国务卿威廉·詹宁斯·布莱恩先生树立了高尚的榜样，在为布莱斯大使饯行的餐会上，没有任何香槟和酒精饮品。他在上海有一位坚定的支持者，美国总领事王尔德博士。上海港每一个熟悉王尔德博士的人，得知他身体欠佳，要退休，都很遗憾。王尔德博士人缘极好，在地方上很有名气，他坚决反对饮酒，在他的影响下，宴会上都把酒类当作多余的项目。无论在欧洲还是在美国，酒的南来北往多么普遍，利润多么丰厚，无论酒的消费量多么巨大，无论对酒的危害意见多么不同，但在这件事情上，美国通过《全国禁酒法》，为世界确立了一个范例。任何国家都没有像美国“无酒州”那样大片的国土。中国正在大力禁除鸦片，在这上面看到一股其他地方见不到的亲切，积极的道德力量，同大洋彼岸的姊妹共和国携起手来，正如希望中国唾弃鸦片一样，也希望她摆脱酒的毒害。然而，每种恶疾都有其辩护者。几年前，我在北京遇见一位有名的荷兰画家。他正当年华，可每个月都有几日因风湿病而不得不放下画笔。我发现他很是贪杯，可我不理解他为何酗酒。我花了不算短的时间劝他，告诉他喝酒的坏处，向他说明，除非戒酒，否则风湿病绝不会治好。他听得很认真，想了片刻，回答得很有特点："我承认你说得很有道理，可我太喜好喝酒了，要是听君劝说，就少了好多乐趣。我宁愿身上风湿痛，两三天消失后，再继续享受酒的乐趣，也不愿忍受没酒喝的痛苦。"我警告他说，如果他无视劝告，还喝那种对他等于毒药的东西，越是往后，他的风湿病就痛得越长，次数就越多。人养成了习惯，无论有害无害，都很难劝其改变。

颇具才华的亨得森夫人写的《健康贵族》一书，令我钦佩，让我从中得益良多。关于吸烟、酗酒和有害食物等事实和论说，十分明了，可信，书读完后，我也赞成禁酒，成了"讲卫生"的人，而且很快体验到好处①。我感觉，好事情，不应仅仅自己独享，还应广为传扬。然而，不久我发现，想救人于自身陋习之中，万不可能，而且还招来无人羡慕的绰号，"怪人"。但我并未气馁。我从当地朋友，转向驻北京的外国朋友，以为外国人判断更准，会理解和接受卫生规则。我找到的外国人中，一位是杰出的外交官，另一位是在中国做事、有世界声望的绅士。两人已经年长，身体虚弱，我真切希望他们读了我送给他们的亨得森夫人的书后，将承认自己的错误，翻开生活新的一页。可我失望了。两人把书

① 我从不吸烟，不碰烟草、卷烟等。虽然曾有一时，也陪朋友吸上一支。现在，我则全然拒绝。

送还我时，答复的内容大致一样："亨得森夫人的书很有意思。但在我这个年纪，不宜改变保持了一生的习惯。我吃肉有节制，喝酒不多。"两个人似乎都忽略了关键问题：动物肉是否含有有害的毒素。如果是，就根本不能吃。我们从未听过懂常理的人有节制地吃砒霜、马钱子碱或其他毒物；可能有许多愚蠢女人食用砒霜，为了肤色增白；还有男女吃药时加上马钱子碱，用以滋补。谁人会讲，这些是食物？中庸之道要人们吃有营养的，至少无害的食物，而非有毒食物，无论其中含的毒素多么少。

餐桌旁的笑语欢声总让人高兴，健谈的人也总受欢迎。但我常常纳闷，美国人一般抓机遇很迅速，不受传统规矩约束，却没有更有条理地把人们对欢畅谈话的喜好利用起来。每位宴席上的主人定会请来谈吐机敏、满肚子有趣故事的人，帮助主人照应客人。但是，人多时，只少数人可以聆听；远一些的人听不到，近边的人只听到一部分，都可能感到招待不周。他们听不到让别人高兴的内容，自己的谈话又因别人谈话而无法继续。健谈的人往往能引来一半的人，可另一半却陷于冷落之中。也许可以这样补救：宴会期间请善于谈话的人照应所有宾客，如同现在，餐后有时请钢琴家为宾客献艺一样。或者请来专业朗诵家，朗诵文学经典、笑话或其他什么。这肯定比现在让宾客随意漫谈的方法要好，让来客更加满意。中国人是请歌女，日本人是请艺妓聊天、唱歌或跳舞。最佳的办法仍然是东西合壁。

让各色人总能说到一起，十分困难；即便是在盛宴的融洽气氛里，也很难，除非客人都经过挑选，不以社会地位论，只注重见解看法。一伙看法相同，又不完全一致的人，围着美食餐桌坐下，席间就一定不乏流畅、诚挚、有见地的谈话。大多数男女如果遇见知心的听众，都可滔滔不绝。如果听者毫不动情，最能讲话的人也会呆然。宴会主人记住这一点，总能受到赞许。

通常，宴会上讲的话，很少值得记住。这实属憾事。人是最讲道理的动物，可同任何动物相比，也最能废话连篇。兴许，言谈话语如同中国的扬子江滔滔东流，但脑子里只记得一点迷迷糊糊的不知什么东西。就像厨师烹调的美味一样，谈话内容也随风飘散。宴会主人为何不像尽力满足客人的口味一样，也激发客人的思想？不少腼腆的人坐在女士身边，却无共同兴趣，如席间有人为大家助兴，免得其冥思苦想如何对女士开口，该是一种怎样的解脱？他能品尝多少女主人呈上的佳肴，那位女士又免了多少想打、又得忍住的哈欠。用很多心思，花大笔钱财，置办美食，可人们因为要相互交谈而无法食用，真乃遗憾。不如让一个人讲话，让其余人都有空吃喝。

赴宴聚餐可有许多功能。当然，年轻男女不般配的并不多，他们在宴会上相遇，坐在一起，谈笑甚欢，随之在其他场合再次相逢，最后，人生的道路汇到一起，喜结连理。中国也许可借鉴这个习俗，用聚餐来替代媒人。不过，聚餐方法有其长处，也有其短处，取决于从哪个角度来看。席间谈话时，取用菜食时，很容易看出一个人的脾性和缺点。有时，聚餐之后，已经订婚者会取消婚约。另一方面，一些机要大事在餐桌上，比在其他场合更能安排妥当。数百万元的商业交易常在人们呷着香槟时定妥。甚至国际问题也先是在餐后一袋烟期间讨论，再进入详细谈判和签订条约。室内赏心悦目，餐友谈笑风生，女主人和蔼可亲，营造出友谊平等的气氛，这会解除偏见，消除障碍，化解矜持，让人看到，每个问题都有其另外一面。

在中国，人们吵架后，朋友们通常请其赴宴，和和气气地解决问题。这称之为“和解饭”。我建议美国也采纳类似的办法，在餐桌上可解决许多棘手的问题。如果国际争端也能如此解决，相互指责的各国代表可能会更多地发现意想不到的调解分歧的方法。这些事由为何总要提交到正式的会议，诉诸正规讲话？至少初期的工作在餐会上和社交场合上安排得更好。餐饮总是与友谊联系在一起。与阿拉伯人一起“吃盐”，就是最管用的誓约。连《创世记》里的蛇，初识夏娃时，也从吃东西开始。

美国社会总好像有某种不成文的规矩，规定每周的某一天做某些事。我觉得美国人并不迷信，可发现周四深受欢迎。记得一次，已故格兰特总统的遗孀、格兰特夫人邀请我夫人和我某个周四到她家赴宴。邀请是提前大约三周发出的，我们欣然接受。之后，又接到大约一打的邀请，也是定在同一个周四。当然，我们都婉拒了。奇怪的是，我们没有收到其他日子里的宴请。就在那个多事的周四之前，我们收到格兰特夫人来信，信中说因一位家人亡故而取消了宴请。我们只好在家里用餐。我们中国人对日子没有什么区分。每一天都是好日子，但为免于同他人的活动相重叠，我们一般在周五接待友人或举办聚餐。但中国人没有像华盛顿和其他大城市那样士绅社会里人人忙着赶赴“家宴”、茶会或聚餐的宴请季节。我常常在一个下午赶赴好几个“家宴”或茶会，但在晚上，谁也不可能吃完一处，再去一处。在这方面，美国不妨学学中国。我们可以一个晚上接受好几个晚宴邀请。我们到了一处，吃上一两道菜，向主人道别，便赶往另外一处。这样，我们就不必婉拒邀请，显得粗鲁；避免那种在西方因拒绝邀请而常常出现的不快。中国方法既不破坏贵族式的本能，又培养民主平等的友谊；在大选时，会成为候选人结交新朋的好方法。我们赴宴，席间吃上几口，甚至无须特别邀请，这一点，要比美国人从容。①

华盛顿的官员和外交官通常大宴宾客。餐桌旁席位安排颇费周折，排座次要守规矩，如果疏忽，把应坐上座的男士或女士引到不当的位子，可能被视为无礼的表现。在这种场合，有专业说书、

① 落笔后，听一位美国女士讲，纽约闲散有钱的年轻人最近时兴“聚餐赶场”。其方法是：一日内安排若干聚餐，客人分头赶赴每一家，只吃一两个菜，留在最后一家吃果盘。我几乎不大相信，但朋友说这是千真万确。看来，吃饭成了一种游戏，为了乐趣，我也乐于加入其中。

背诵、朗诵等演艺人士在场，会把人固有的自私矜持遮掩一些。

时尚人士常常宴请宾客，也常不知如何推陈出新，这我理解。我已提出建议，可否再提一个？美国有许多厨师，为何不让其筹备中式上等精品，以碗代替盘子盛菜，边上摆放筷子（我们称作“小灵童”），但仍使用刀叉。中国雅士能喜欢西餐，为什么中餐就不能在美国流行起来呢？这毫无道理。两种菜式的一个明显分别是，中国大厨先上或味浅、或生涩、或辛辣的开胃菜，再上最拿手的美味，对照分明。餐饮、工作、游玩，甚或求婚，人从事的一切，有了对照，才增色不少。

这说明，有时摆出美味可口的素食盛宴，当可调剂一下鸡鸭鱼肉加酒这种一成不变的菜式。筹办鲜美素食大宴，世界上无人比得上中国美食艺术家。

宴会比我谈到的聚餐较为正式，通常是为纪念某一特殊事件，如重要事业的完成，华盛顿、林肯或格兰特等民族英雄的生日。美国大城市商会和不同行业协会听取报告，讨论年内业务，最后通常都举行大型宴会。

这种场合上的食物绝不好于私人宴请，可受到邀请者，都很高兴。饭菜之后，必然有讲话。人们出席宴会，也并非为了吃喝，而是为聆听他人讲话。确实，若是不为讲话，或是听别人讲话，人们大概都更愿意在家中静静进餐。宴会上常邀请有名望的人、口才好的人、政治家、外交官讲话，有时外国名人也以贵宾身份出席。这种活动每年都有，同美国商会有商务关系的国家中的外交使节通常出席。

宴会上讨论的话题几乎一成不变。在这种场合讲话，但又不重复先前的内容，实属不易。我记得，有位同事很机灵，令我尊重。一次，饭菜之后，要他发表讲话。他勉强起身，我记得他大致说到，“主席先生，各位先生，感谢贵会邀请，参加这一盛宴。但因去年我有幸在贵会宴席间已有讲话，所以无需多言，烦请各位参照先前讲话。”他讲完，便落座。这番话十分新颖，为他赢得了掌声。但我想知道在座的人真的如何去想。我本人赞赏他的智慧，因为他很委婉地申斥了那些兴致所在与天亮俱来、与天黑同去的人。

美国的宴会和餐会同中国的一样，经常十分正式。政治家们有时利用这个机会公布其政策，连总统偶尔也认为，这样做较好。这样场合发表的讲话，一般所有报纸都有报道；当然，各色人等，包括明白人或不明白人，也都讨论；所以，讲话者就要非常谨慎，字斟句酌。我国总统遵守正规程序，只发布正式指令，虽然形式上不同，但实际上与美国总统的就职演说，或国情咨文相同。

商人不理解，也受不了外国使节所受到的拘束，为急于聘请讲话的人，他们到处乱找。有一次，我收到加拿大一座大城市商会的邀请，要我去赴宴。若能应允，我当大为高兴，因为尚未访问该国；可是不行，我只得婉拒。因为我受任驻华盛顿公使，未经国内政府特准，不可随意访问其他国家。

在公共场合讲话，同其他艺术一样，需要培养。有人无论学识多么渊博，私下交谈多么聪慧，可要到公共场合讲话，有时会显出窘态。我认识的几位外国高级官员，智慧和才能出众，但在宴会上讲话却很糟糕，他们断断续续，几近结巴，无法明白通顺地表达思想。在这方面，我个人的经历证明，美国人讲话通常强于……（我不想说出这个国家的国名，以免冒犯。）美国人在无事先通知的情况下，若要其讲话，一般都会应付自如，而且几乎总很风趣，能领情，也坦率。我相信，这要归功于其所受的教育综合全面，学校教他要自信，相信自己的创造力，毫无顾虑地表达观点。一个胆怯羞涩，不思进取，性格极度谦卑的人，不大可能有很好的口才。但是美国人无此弱点。我绝非是说，其他国家没有口才好的人。美国绝非独有雄辩之士，许多国家都有贤达教诲，有强盛的逻辑，得到所有能听、能读的人的欣赏。但是，总体上讲，美国人随时表现风趣，无须准备能就任何题目作即席讲话，这方面胜过他人。

这方面，美国女士也不落男士之后。我听过女士做的一些极为精彩，堪称演说家的讲演。但是她们有一不利之处。女性的嗓音柔和、低弱，大厅内不易听见，因此，听众有时不能全部欣赏女士演讲的妙处。不过，我认识的一位女士，拥有男性浑厚的嗓音，演讲深受众人喜欢。她是个例外。我认为，无论男女，多么不善于讲话的人，私下里练习朗诵，懂得说话条理，抑扬顿挫，都会有所长进。

另外一类社交活动是“家宴”、茶会、招待会等。这些活动所邀请的客人人数有的是一二十人，有的是一两千人，人们前来的目的，常常是见有名气的陌生人、主人家的客人，或女主人新出嫁的女儿。男女主人不可能记住所有来客，甚至记不住都邀请了谁；来客一般都留下名片，也有许多人不守这一规矩，仿佛是自己家一样径自进来。来人引见给主人，名字很难听得见，主人和客人尚未说上一两句话，新的客人又出现了。所以，下次主人再见到这些人时认不出来，自有其缘由。现在中国兴起一阵风尚：人们新结识时互换名片。如果这种做法在美国得到采用，就不太会出现人们遇见本以为相识的人而对方却不认识他们的现象了。

在前文提到的大型招待会上，无论大厅多宽敞，很多时候几乎无立足之地。如无良好的通风，可以想象里面的空气如何。可令我吃惊的是，无论室内男士女士们多么拥挤，所有窗户都一律关闭，结果是屋里空气污浊。过不了片刻，我常要溜出去；可我真想在交谈甚欢的人们中间多逗留些时候。不过，我若逗留过久，肺里定会吸入室内几百人呼出的大量浑浊空气，有伤健康。而人的身体有恙时，就无法对友朋尽心尽力。莫怪我们常听到男女主人在大型宴会后身体感觉不适；翌日早上，他们感觉不舒服，其原因并非是少了古道热肠，而是吸入过多别人呼出的空气，身体趋弱。人理解之后，会把“健康”当作一种宗教义务。

在这方面，我引用著名医生、疆场小溪疗养院主管、凯洛格博士的书《生命的圣殿》[①]。他在书中谈到呼吸清新空气的重要性：“呼吸的目的是从空气中得到氧气，由血液输送到组织。氧气是支撑生命所需的所有物质中极为关键的……每次呼吸需要的氧气量是大约$1\frac{1}{4}$立方英寸，这$1\frac{1}{4}$立方英寸氧气吸入血液后，就会排出 1 立方英寸的碳酸气体，以及各种其他更有毒的气体，这些，都从肺部自然排出。人一次呼出的这些有毒气体足以污染 3 立方英尺，或 3/4 英制量桶的空气，儿童和成人平均每分钟呼吸 20 次，所以，每分钟有 60 立方英尺，或每秒钟 1 立方英尺的空气受污染……每个人都应懂得通风这件事情，了解其重要性。教室、教堂或课堂里数十人或数百人挤在一起，肺里和身上呼出的不洁气体若无妥当的排放手段，常给人造成广泛的不可逆转的伤害。同样的空气一遍又一遍地吸进呼出，充满了毒素，污染了血液，削弱了身体抵抗力，使人很可能患上房间拥挤时必有的感冒，感染肺炎、肺结核和其他传染病。比如，1 000 人坐在一间 40 英尺宽、60 英尺长、15 英尺高的房间里，过多长时间，这间屋子里的空气便不利于呼吸？记住，每个人每秒钟污染 1 立方英尺的空气，显然，坐满了人的屋子里，每秒钟就有 1 000 立方英尺的空气受污染，要确认整个屋内的空气受到污染，不宜呼吸，共需几秒钟，只需把屋内空气除以 1 000 即可。60 长×40 宽×15 高，等于 36 000 立方英尺，即屋内的空间。除以 1 000，即为 36。就是说，房间关上门窗，过 36 秒钟，或不足 1 分钟，屋里的人呼吸的就是有毒空气。一小时后，这样房间里的空气质量简直难以言状。但是几百人因无知，每天都受这样非人的待遇。”

① 凯洛格：《生命的圣殿》，第 282 页和其他页。美国密执安州疆场小溪：健康出版公司。

以上不仅是说教堂、课堂或其他公共场所，还同样适用于办公室和家庭。我想知道有多少人对呼吸清新空气这样重要的事情哪怕只注意一点点。你进了办公室，大小不论，发现尽管有好几个人，或更多人在室内工作，但所有窗户都关着。莫怪经理、职员和其他文员常常无力继续工作，需要到海边或其他地方休假，恢复健康。

拜访私人住宅时，会发现同样的事情，所有窗户一律关闭。家中确实没有办公室的人多，但如果你的嗅觉灵敏，会注意到空气浑浊，不流通，确实不利健康。你若建议打开一扇窗户，女主人立即告诉你，小心受风着凉。

每天都会看到一些人在污浊空气出不去，新鲜空气进不来的室内进餐。餐后，男士们退到书房，在窗户紧闭的情况下享受一两个小时香烟的味道。如果把空气中的细菌画出来并放大，投在银幕上，或是制成电影，该是何等样子；可是，男士们只要能吸入有害的烟草，对此显然毫无所谓。

除天气炎热外，卧室的窗户习惯上都是关着。我常向朋友建议，为健康起见，晚间至少要开一扇窗户，但他们均不同意，都怕受风。室外那么多免费的纯净、新鲜空气不吸，偏愿意吸二手空气，这成了当今的一个谜团。整个夜间，屋里的空气一遍遍吸进来，呼出去，早上起来疲倦无力，精神不振，也就不足为奇了。缺少足够的新鲜空气，无人能够一直保持振作。健康是成功的基石。如今听到许多人谈论优生学。十年前，弗朗西斯·高尔敦爵士开创了优生学，他的定义是："体能上或智能上可能改进或损害后代人种素质的机能的研究。"伦敦大学采用了这个定义，开设了优生学讲座。这门科学无疑极为重要；可是，如果出生时一切良好，后来却被恶浊空气所毒害，意义又何在？尘土飞扬的空气中布满细菌；因此，医生规定，结核病人康复的条件必须是 90%无尘土的空气。不过，城市里的空气经科学证明，同乡下空气一样纯净。肺叶健康所需的一切均在，房子建造得只要让空气通畅地流入流出即可。封闭空间内的空气注定不好，通风不畅的房间不正是滋养各种灾害的污气牢笼？

美国宣称相信开放，打开窗户，打开门户不正是“开放”？遵循开放哲学，就会站在事情的明亮一面，避免阴暗的一面。窗户敞开，欢乐才能飞进来。

第十四章

美国剧院

中国的理想是诚信，而艺人则是以假当真。他演的不是他自己。我们古时的圣贤认为，任何作假都给人的品格带来不良影响。人学会在台上作聪明的演员，在台下兴许是个娴熟的骗子。任何把人与诚信看作唇齿相依的人，都不愿身怀演技，好似别人一样。因此，自中国古时起，艺人便不为人所高看。女艺人一直没有，直至近十年才出现。男孩成了艺人后，就不可能再担当任何有头脸的职位。他本人，他的子女，他子女的子女，可能是农人，是商人，是士兵；可他们绝对不能担任教师、文人或官员。中国人对诚信看得很重，几乎接近崇拜，致使艺人在中国给看作非常低俗，在新制度建立之前，艺人从未能参加任何文法考试，无权获得官方任命，实际上给社会所遗弃。中国体面的家庭不会让自己的儿子上台演戏。因此，中国戏台上就总是品性得不到多少尊重的人，社会习俗已经将其归入不受社会尊重的阶层。把这类人比作是一面出了裂纹的镜子，很快你就明白取此看法自有理由。如果中国艺人的品德经不起推敲，大概是他们一贯受社会排挤所至。佛教也是如此情形。在中国，佛教一旦不再有权势，僧人立即成为受人鄙视一类；而他们一面受人鄙视，一面更给人以鄙视的把柄。

我知道，美国和欧洲对演戏持不同看法。男女艺人与社会其他成员一样平等。当然，这并非意味着美国和欧洲不如中国那样看重诚信，只是对诚信的取向不同。我听说过老的“说教戏”，也知道英国戏剧同埃及、希腊和印度戏剧一样，有其宗教根源。但仅仅这一点还不足以说明西方同中国对艺人采取的不同态度。我这样想，艺人在西方不似在中国那样受鄙视，是因为西方首先考虑的是娱乐功能，东方考虑的是诚信至高无上。事情常常是，表面的不同，大致上是重点的不同。西方似乎重视人欢愉欲望之美，中国则考虑对品性或事物的影响。前一章我曾提到的，菜肴无人理会的奢华宴会就是一例。中国无人这样花费，除非确有某种目的。

中国人喜欢奉承，当面盛赞我们敬仰的人。大多数西方人愿意赞赏他人，但不愿敬仰他人；在美国和欧洲，人们大都喜好鼓掌，不喜好发号施令。给别人带来欢快是一种雅致的乐趣，承认这一点，西方舞台上自然能吸引来与中国戏班中的货色相当不同的人等。社会上人人都承认带给别人欢快是件美事，艺人的地位便自然既受人羡慕，又有人投入其门。因此，在欧美舞台上取得成功的男女，自会在时尚社会受人仰慕，受人欢迎。比如亨利·欧文便能进入最高社交场合，他的画像同其他名人并排挂在一起。报纸上刊登其舞台演出的大幅通告，他去世时，得到英国能够给予的最高荣誉。他生前，深受维多利亚女皇喜爱，从女皇那里获得骑士尊称。他故去后有传记出版，众人争相阅读。这同中国的风尚正相反。在中国，艺人无论多么聪明，人们也绝不忘记他是假扮演戏；而且，他越是聪明，人们就越精心维护自我，避免上他的圈套。

在西方，女艺人也同样受到尊重，获得礼遇。在中国，受人尊敬的妇女定不会登上舞台。在西方，常常听说女艺人嫁给银行家、商人和富翁。芭蕾舞女也嫁给贵族，成为公爵夫人。人们视演戏为体面职业。女孩子若有好嗓音，常常是不把演唱作为职业不罢休。这种情形中国人很难弄清楚。一个女孩在想到自己独自站在明亮灯光下，面对等待她跳舞或歌唱的广大观众之前，先需要具备想象力、勇气和无拘无束；中国一般女子正缺少这些。中国直到近来才出现女艺人，而且舞台上可能看到的几个女子，在进入戏班之前品行几乎都有疑问。在中国北方，马戏团里可看到一些良家女子，但她们均属劳工阶层，与丈夫和兄弟一起从事马戏生涯。

西方的女艺人则不同，是为艺术走上舞台。她们胆大豪放，又美貌出众，一定是这些引得富人，甚至贵族迎娶她们。男人喜欢勇气，尊重所有勇气十足、敢为自身而奋斗的人。在高度敬佩自爱自尊（并非自私）的世界上，无论男女，具有男子气概，充满自信，自然成为一种美德。无人愿作胆小如鼠者的同事。女艺人收入不菲，不大会嫁给穷人。娶女艺人的富翁或其他人士，在社会上见到许多同舞台上的女子一样美貌的女人，但社会上的女子缺少舞台上女子的那种勇气和胆量。所以，相貌好，但受教育少的芭蕾舞女常常赢得男子的青睐；而精致有余、自信不足的女子，即社会上普通的女孩，则失去男子的青睐。

目前，主张妇女参政的女子，过于热心争取“妇女投票权”，听不进求婚的声音。待她们争取到男女普选权，我觉得她们会轻而易举地寻得勇气十足的丈夫，因为这些女子就有勇气。不过，这些女子很严肃，就我所见，我认为西方男子不喜欢娶特别严肃的人作妻子。所以说，同这些主张妇女参政的女子相比，芭蕾舞女和女艺人结婚的行市（我几乎写成银行）更看好。

我的理论可能有误。我从未同富翁或女艺人讨论过此事，也未与从事演艺事业的女士谈过舞台表演。但是，正是她们超然的独立，无忧无虑，尽心表演，吸引了那些想成家的男子，除此之外，就无法解释这么多女艺人喜结良缘的原因。

然而，人们可能问，剧院是要做什么？难道不是为了娱乐？

可上演一出正剧，结局悲伤，是否娱乐？剧散后，观众的感觉一定很不愉快，有时甚至压抑；可悲剧很流行，许多人花高价钱观看知名演员在舞台上犯下最令人反感的模拟犯罪。我写本章前几周，若干不同国籍的人因现身在上海的斗鸡场而受罚。美国不允许墨西哥和西班牙式斗牛，可角斗场上的这些鸟兽是否真的很痛苦，仍是个问题。这些鸟兽凶猛到了极度亢奋状态，忙着置对方于死地，顾不上自己的伤痛。士兵们受重伤后，也是要到战斗喧嚣沉寂后，方有知觉。那为何禁止斗鸡或斗牛？如果开禁，这都是受人欢迎的娱乐项目。可以肯定，那些在尘土飞扬的路上经过长途颠簸的动物，那些长时间闷在火车货箱内给运到远方市场遭屠宰，去满足人的反常欲望的牛、羊、禽，它们受的苦，可是比那些在与同类斗架中给咬死或咬伤的鸡或牛的痛苦多得多。参加大奖赛，让美国成千上万人狂迷的拳击手受的伤，又该怎讲？因此，当局禁止斗鸡或斗牛，并非出于对禽兽的怜悯。一定是因为，斗架显示的虽是勇气和技能，却使观看的人，使怂恿这些禽兽争斗的人陷入低俗。但就观者而言，看禽兽斗架，同看舞台上活生生的再现残酷之间有何区别？舞台上表现的精神苦难，比任何斗鸡斗牛的细节都更折磨人。所以，舞台表演除非自始至终表现非常清楚的寓意或警示，否则一定使演员和观众对苦难无动于衷。正所谓熟视无睹。对于戏剧的看法，也有点适用于书籍，应提醒家长认真监督子女的阅读。

我绝非贬低剧作家的工作。剧情布局引人，演员，尤其是女主角演技精湛。可目前我在从观众角度考虑问题。观看一出悲剧，有何收获？在家中、在办公室，严肃认真，忧思忧虑还不够？穿上正装，花上一个晚上，看一场演技无论多佳，也不会使其更快乐的演出，是否值得？喜欢剧情跌宕起伏的人，才不理会看到男女主人公悲剧式的结尾，他们的特点是图娱乐。年轻人和小孩子不大可能从中得到好印象。据说，曾有青年人经家长带领，看到纪实性的戏，后来竟然杀人。让少不更事的青年看这类戏剧，很是危险。年少的头脑尚未成熟，鲜能做出正确判断。日前，我曾在美国报纸上读过一个男孩持刀弑父，因为他看到父亲酒醉之中虐待母亲。看来，这个孩子在戏院看过悲惨的戏剧，把杀父当作是英雄行为。本来，他可以受同样的激励，去做崇高的自我牺牲。

所以，主要的问题是，剧情跌宕的戏于观众有利，抑或有害？读者如公平思考，不难得出正确的结论。

戏剧表演应该给人娱乐，带来欢笑，同时也教人从善。看戏的人们希望得到欢娱，愉快地消磨时光；带来欢声笑语的任何事情，一准受欢迎。可是，毫无幽默的严肃戏剧，即便富于同情，演技娴熟，也是要在观看的人们中制造一种严峻的氛围；往轻里说，这也很难使疲劳的神经得以放松。不过，剧作家在编剧时，决不能忽略品德教育。当然，他要照顾各个情节的安排，角色的描绘；每一幕，每一场，都应相互呼应，恰到好处，角色应融入剧情，与全剧浑然一体，这很重要；但同样重要的是，教育含义应得到明示。戏剧里可学到的切实意义，绝不应忽略。中国戏剧，总是突出寓意。多数戏剧属历史剧，宣扬善有善报，恶有恶报。所有心智健康的人，都愿意观看结尾时善有善报，恶有恶报的戏剧。有其他看法者，纯属反常，目光短浅。无论今生，还是来世，每个人都有因果报应。戏目中永远要倡导这一点。但是西方人写的，舞台上不时上演的那些很有招数的戏剧，能够从中汲取意义的极少，令人厌恶的极多。几乎人人读小说，青年尤甚，但舞台表演使一切更加真实。一场戏如果寓意深刻，定会给观众留下良好印象，同时也不乏娱乐。

美国教会、伦理协会、感化协会尚未充分明了舞台会发挥多么宝贵的教育作用，令我略感惊讶。我听说，一些教堂付给歌唱艺人的，要多于牧师。这说明他们对艺术的价值略知一些。那为何不再进一步，用戏剧来布道？这非指只应宣讲道义，而不得有任何乐趣。我听到有牧师在布道时讲笑话，以便让布道词生动起来，即使不给人逗趣，也让人升华。人们到教堂看戏的目的，可不像有人去戏院只求逗笑。

中国人不像美国人和欧洲人那样，花费大量精力让他人从善。我们只求自我修身，相信自我榜样，如同纯净的香气，会熏陶他人。我们认为，以身作则胜于口头劝导。我有种想法时常出现，如不涉嫌对外族表露微辞的话，便在此直说：美国人急于为他人行善，让他人从善，可结果不佳；他们的行动和意图若非如此直截了当，结果反而会更好。在此我无法解释我所有的想法，不过，读者研究一下老子和庄子关于“随意”和“无为”的阐述，相信会理解我的意思。我已说过，在若干国家，戏院起源于宗教；那为何不间接加以利用，使人从善？因其较为自然，最终效果可能胜于直接说教。我的理解是，讲道坛上的说辞，有时太伤人。

前文写完后，我在报纸上读到一则通知，伦敦湾水区女王路伦理教堂将上演戏目。伦理教堂相信“一切让生活甜蜜、人道的事物”，教堂管理人称，他们相信，“当今戏剧最佳趋势，不仅是把剧院转变为社会启蒙、道义升华的中心，而且还利用所有艺术手段，把教堂转变为充满想象力地表现生命真谛和意义的中心”。我个人对此协会毫无所知，但这些演艺职业与基督教并不相悖；在此看到西方思想和文化发展的两大因素——宗教和戏剧合为一体。我提到的报纸文章报道的是教堂里演出的剧目，“劝善惩恶的宗教剧”（英国古老戏剧，其中有上帝、吾人、天使、死神等角色——译著者）。显然未曾见识教堂里演戏、还略有微辞的来访者，这样评说演出：“戏中音乐和服装完美无缺，身着蓝衣、肩负硕大蓝色翅膀的‘死神’，手持号角，拦住了披鲜红大袍、戴宝石头巾的漂亮角色‘吾人’，问道‘谁这么快活？’从他上场，整个演出便引人入胜，直到剧终。”

“自然，最重头的戏是在‘吾人’身上。我不是个剧评人，可对我来说，扮演‘吾人’的艺术家，抓住了全剧的氛围和精神。从他百般请求死神暂缓那可怕的神召，到最后一幕，他的表演十分出色。在那紧张的最后一幕，他外袍已经脱下，做最后的祷告，虽然那可怕的天使就在身边，可还是踌躇了片刻，回头凝望，然后才跟随善使的指引走去。这位善使身着大红长袍，脸上表情极为丰富。

“剧终时，斯坦顿·科尔特博士对热情的观众讲了几句话，‘丢掉虚荣，因为它不会带来任何好处。我们要是更加认真地记住这一点，记住除了我们的善行，其他一切都不会随我们一起进入另一个世界，一定有助于我们获得更神圣、更美好的生活。身外之物有其用途，应该占有一定的地位，但我们绝不应忘记我们的灵魂。’”

当然，我听说过德国奥伯拉莫堡的“宗教剧”。在剧中，耶稣基督不时出现在舞台上。对此，我不表看法，因为据我所知，美国没有上演，我也没有看过。不过，我想略带一笔说，中国的戏院一般上演庙堂里的神仙，有寓意的戏目是劝人行善，总能让观众理解信服。不过，我们尚未动手把我们的圣贤搬上舞台。

中国的戏台比美国的要简单得多。一个地方的居民用竹子和草席搭起舞台，竹子用作支柱，拿藤条捆紧；台上的一切材料，除藤条之外，都可再次使用。观众大都站在露天的台前，戏台通常搭在庙门前。一出戏常常是为纪念某个神仙的诞辰，要演三四天。台上没有幕布，没有其他东西，因此观众能够全神贯注地看演出。女角由男子扮演，一切都很朴实无华，却又十分精美。无人想制造我在西方见到的眩目的舞台效果，自然也无任何类似舞剧的戏目，因为这常需要机械操作。想到这个题目时，恰好看到报上一段文字，转抄如下。

“纽约市世纪剧院拥有同时制造风、雷、电闪效果的特殊器械。造风机是一架滚筒，内有许多板条，外罩丝绸编成的布条。

板条一转，布条便发出风声。电闪是通过电击镁粉产生的。雷声则是把上千磅重的石头和杂物顺着滑槽滚到一块铁板上，随后是几个炮弹，再后是雷鼓震耳欲聋的声音。”

虽然中国看戏的观众并不要求有像西方那样昂贵的道具和舞台背景，但我必须指明，即便在美国舞台上，我也从未见到中国简朴戏台上那么华美的行头，那么丰富多彩的戏装，闪着金光的装饰和优雅的头冠。西方时尚正在我国港口和大城市风行，改变了我曾论述的中国戏剧表演的一些方面，但我特别要向读者强调，中国戏剧表演既有趣，也有意思，但鲜以情节起伏跌宕见长。回顾曾在美国的经历，我不得不想，那里善良的人们未能利用人们热爱激情戏剧的天性，作为促人向善的另一种手段，乃错误也。当然，我就戏剧所论述的观点，也同样适用于电影。

第十五章

美国歌剧与音乐

歌剧是一种美国人和欧洲人喜闻乐见的娱乐形式，可于我无缘。我知道，喜欢音乐者，也喜欢歌剧，歌剧院里的包厢，一般由富贵人家事先把整个演出季节都预订下来。我曾在纽约歌剧院见过“四百富豪”中的人坐在包厢。他们的豪华盛装和明晃晃的首饰与众不同。但是，我在想中国的戏剧，如同古希腊戏剧，也有音乐。中国音乐柔和、忧伤的曲调，与大型歌剧中的音乐大不相同。中国音乐不能用西方乐器演奏，音符之间的间隔也不同。中国唱歌大都是“吟诵宣叙”，伴之以长长的音调，以及乐队断断续续配上和弦。这同西方音乐大相径庭，可效果极佳。我国一位诗人听了音乐后写道，“大弦嘈嘈如急雨，小弦切切如私语。嘈嘈切切错杂弹，大珠小珠落玉盘。间关莺语花底滑，幽咽泉流冰下难。冰泉冷涩弦凝绝，凝绝不通声渐歇。”戴尔·伯尔先生所写的“中国风物”中，有对音乐效果的著名描述，我从中借来，也非夸张，任何了解中国的人都可能证明，其亲眼见过一名普通粗笨的劳工在夏夜月光下，独自一人吹弄一支短笛，周边无人，只有沉默的树木和翻飞的昆虫在聆听。但要欣赏歌唱和好嗓音，则需要懂行的耳力。一次，我到伦敦歌剧院，去听名震遐迩的帕蒂夫人。剧院里很拥挤，空气很闷，让人很不舒服，所以我只得承认，她还未唱完，我便已离去。如果我受过欣赏这种音乐的教育，我定会更好地理解她的演唱，而且不论多么不适，我也必定等到演出结束才会离开。

拟写本章时，正巧上海地方报纸登载了来自纽约的消息。读者，尤其是喜欢音乐的读者，读来一定感兴趣。

“对这座享乐过度、毫无新奇的城市来说，‘黄人音乐’将是震动人、诱惑人的下一个时尚。娱乐行业预测人员已经预见到，秋季演出将大量出现目前在伦敦正风行一时、通称为‘黄人音乐’的神秘的中国音乐。”

“当时美国人和西方人对中国音乐大都置之一笑，原因是其自身不懂中国音乐的全部特征，只听过中国葬礼上的凄凉乐调，或是中国节日里的吵吵闹闹。这些人没有迷上多少世纪以来中国诗人和情人表达思想、倾吐爱慕的沙哑、震颤的曲调，既绵绵诱人，又咄咄逼人。震耳欲聋的锣（若非当今让西方人跳个不停的爵士乐），早在三四百年前便已在中国流行。他们是从狂野的鞑靼人和蒙古人那里听到的，听后不予接受，因为太原始、太粗野，比不上他们自己精心选排的乐曲。英国著名作曲家爱默生·维索恩先生是东方音乐权威，上周对伦敦音乐爱好者说：

“‘人们刚刚开始喜欢中国音乐。从现在起，它将很快流传。中国音乐中，没有我们所理解的文学，但是，谁也不能说，那不是最让人沉醉的乐曲。对于具有艺术气质的人，它的吸引力尤其大。知名艺术家、音乐家、画家等，都表示其效果超乎寻常。’”

西方人很不公平地把中国音乐描绘成“胡乱碰撞的钗，吱吱作响的琴，粗粗的哨子，尖尖的笛子，外国人听了，耳朵裂，脑袋痛”。这种笼统的贬毁实属可悲的无知。这样写的人，显然从未参加过纪念孔夫子的正式仪式。清朝一直每两年举行一次这样的纪念仪式，每次均在凌晨三时举行。这样庄重的场合，使用的是“石钟”，这是镶在框子里，声音洪亮，而音调不一的乐器，专门用于这种场合，其旋律令人回味。我相信，中国是唯一一个用石头产生音乐的国家。听闻中国音乐在伦敦风行起来，很快又将在纽约上演，自然让我欣慰。西方人需要些许时间，来学会欣赏我们的曲子；它总是保持和谐，一个调子，一个乐章，第一次听上去，正如同我听帕蒂夫人复杂的旋律一样，单调烦人。不过，西方人理解中国音乐后，会发现生活中又增添了新的乐趣。

我们中国人的戏不分喜剧和悲剧。中国戏台上常有不少幽默，但没有同西方流行的歌舞喜剧相似的戏。歌舞喜剧无非是一连串歌舞表演，前后由一个勉强凑成的情节贯穿。戏中主要的看点是流行歌曲、漂亮的舞蹈，还有逗趣的对话。这才是剧作家编出任何情节的主要目的。所以，剧作家不大注重剧情是否合乎逻辑，甚至是否合乎情理。我觉得，看戏的观众更不关心这些。他们去看戏，为的就是听歌，看舞蹈，给对话逗得大笑，享受一场轻浮的娱乐。那么，还要情节，还要寓意何为？中国的歌舞剧中，是巧妙的杂技戏法，依我之见，胜于西方注重感官、稀奇古怪、自我暴露的舞蹈。

歌舞喜剧，更确切地说，歌舞闹剧，正在欧洲和美国越来越走红，但也相应地越来越俗气。在许多剧院，它上演的次数同严肃的正剧一样多，而一些剧院则只上演这种闹剧。剧院经理发现，这类剧比其他种类更吸引人，观众更多，在大都市里，一演便是一年；可我却认为，这种戏剧实属舞台乱象。它缺少文化内涵，有时既怪异，又离奇。我不反对在精湛的剧目中以滑稽的念词、机灵的对白，从喜剧的角度来揭示生活；也不贬斥讽刺荒唐事情的轻喜剧。这类娱乐会使紧张忙碌一天、身负重大责任的人们放松下来。但是，让观众看完回家时，谈不到艺术、音乐或机智，只谈“穿着黑色小织网的小女孩”的演出，是要给予大力鞭挞的。这类演出，即便对那些把思考当作浪费时间、把看戏比作“哄笑一番”的人们来说，都无裨益。我从伦敦一份月刊《戏剧画报》抄下的一首歌，就一定会败坏哪怕头脑最简单的人的口味。

“能不能朝我望一望，
我俩心欢畅，
你的两眼全看透，
可一人不成双，
乐趣在何方？“

下面是对唱：

“能不能买张赛马票，
听我讲一讲，
要是想要中奖号，
一点也不难，
丘比特的赌注一开摇，
你的脑袋就发烧，
卖马票的女孩子，
今天让你赢个俏。”

显然，这正是只要最轻俗的娱乐的当今美国人所着迷的货料。他们要的，只是纵情于声色，几乎无关于早已超负荷的大脑的娱乐。美国人可不能抱怨说，他们的愿望没能不折不扣地实现。也许我英文水平有限，但这首歌让我觉得傻气十足，还觉得，唱任何“滑稽歌舞剧”都不值得。当然，音乐厅里许多歌曲和戏剧都于健康无害，只是引人欢笑。可也不得不坦言，另有某类演出，体面的家庭不宜带年幼者观看。西方文明的这一侧面我不愿多论，谨引一位英国人的话，以免冒犯：“毫无疑问，所谓‘高档次’舞蹈，同当今滑稽歌舞舞台上流行的那种裸露大腿的风潮，有很大关系。离歌舞喜剧相去最远的，莫过于伊莎贝尔·邓肯和默德·亚伦的艺术了。毫无疑问，若要告诉邓肯小姐，正是她使得裸体在歌舞闹剧中风行起来，她定会怒气冲天。可确实就是如此。这位裸腿的古典舞蹈家现身歌剧院，同交响乐团一起出现在音乐会上时，合唱团里每个女孩都从中有所领会，跃跃欲试要在公众面前宽衣解带。首先，会是萨洛美泛滥成灾。然后，歌舞喜剧制作人习惯于狂热地回避任何有创见的东西，也开始把滑稽舞女和风骚女角派上舞台，腿上不着长袜，仅涂些脂粉（有时连脂粉也忘记涂，令人不忍目睹）。圣洁的人体，如不体面打扮，颇有魔鬼的魔力，鲜少例外。再过大约二十年，戏院经理将发现公众几个月前已经发现的事情：合唱团女孩光着大腿，不如穿上得体的服饰好看。”

第十六章

美国魔术与马戏

我讲完中国艺人的地位之后，读者不难猜到我关于不应鼓励魔术表演的说法。受人蒙骗有何乐趣？把水变成酒，看上去把人头砍掉，把剑吞下，解脱手铐，以及柜子里的各种戏法，这些都是手法极为灵巧的表现。但是，灵巧并不能改变事实：这毕竟是一种骗局，其编排表演如此隐秘，竟能躲过人的视线。称其为“戏法”和“魔术”，许多人认为没有错，但也正是这一点，使骗人的牌手能够蒙骗受害者，因为其手之快，眼睛无法识破。我们应该鼓励这种机巧？历史上不乏人们因魔幻和魔术而深陷迷信的事例；如果认为，为了逗趣而骗人无伤大雅，那为宗教而骗人，何以有错？有人用骗术使人信教，认为施以小计也比不信教要强。我则以为，人们去看魔术表演毫无益处，反而更容易萌生想法，觉得施行骗术是一种可称颂的技巧。奇怪的是，许多人花钱买票让人欺骗。如今，人们实际上乐滋滋地受人所骗，甚至胜过以往。如果把戏拙劣，容易识破，便不会吸引人；而把戏越是聪明，越是让人眼花缭乱，人们也就越是蜂拥而至。

基督教传教士和讲道的人本可以过问此事，劝导人们不要常去观看这种把戏。自然界无疑有许多法则尚未发现，少数人也无疑拥有非同寻常的能力。所以，纵容人们迷上把戏，也就更危险，更使人看不到事情的真实一面，使江湖骗子更容易找到受害者，让人们把真正的魔术师当成耍把戏的。《新约》里讲的，正是耶稣基督遇见的这类故事。耶稣的神迹之所以未能让人们信服，是因为长久以来人们一直喜爱那些能巧妙蒙骗他们的人。人们对他说，“你身上附了魔鬼。”他死后，有人警告说，“那个骗子还活着的时候说，‘三日之后，我将复活。’”若引导人们对奇异的事情感到惊奇，而且对其虚假无动于衷，那就失去了分辨是非的能力，很容易把真当作假，把实当作虚。

我认为，若要花一个晚上，看健康的表演，马戏团可说是最佳去处。那里的空气不像剧院那样沉闷，舒舒服服坐上两三个小时也不会吸入有毒空气。有意思的是，马戏团也许是古代娱乐中唯一保留下简朴风格的形式。今日马戏团如同古罗马一样，场子呈圆形，分层次。在大型马戏团，场地仍是椭圆形的，在其纵轴处断开，用作马匹和演员的进出口。但是当代的马戏团在这方面可比不上古罗马时的大马戏团。按照普林尼的说法，古罗马的大马戏团曾吸引了二十五万名观众。不过，古罗马马戏团是在永久建筑物内表演，而现代马戏团则大多行走四方，在临时搭起的棚子里表演，有点奇特。在某些方面，随时间推移，表演内容也有下降，我们今天就看不到古罗马时人们喜好的、精彩的双轮马车竞赛。在寻找新鲜刺激的今天，不知为何无人重建古时的氛围，再现古罗马的双轮马车竞赛。这与西方最新娱乐项目开汽车打马球相比同样有趣，同样引人，而且肯定风险更小。目前的赛马有技术，很惊险，也好看，是当代唯一可与罗马人彪悍赛事相比的娱乐。

如今在任何马戏团都能够看到年轻艺人娴熟的马术、杂技技巧、绳索上跳舞、高空翻转，还有其他险象环生的杂技表演，这很有意思，但非新事。古罗马有许多走绳索的聪明杂耍艺人。我觉得，他们不用像后来的表演者那样拿着两端有重物的杆来保持平衡。日本杂耍艺人受人欢迎，有些杂耍很巧妙，但我认为西方公众会发现，中国杂技同样令人赏心悦目。看起来，在筋骨柔软的年少年月，自行加以锻炼，没有任何事情人体不能办到。有时，简直像是没有筋骨；艺人经过练习，能够运用四肢，做灵巧动作，着实让肢体不太柔软的普通人惊叹。

高空荡秋千是力量和灵巧相结合的表演，杂技艺人像是从一个横杠，飞到另一个横杠。看到此景，我不禁自问，“人如能这样，为何不能飞翔？”兴许，人总有一天能够像鸟类一样在空中飞翔，这不过是把高空荡秋千的“技能”延伸即可。乘空中飞艇或飞机旅行，同携带人造翅膀或不携带人造翅膀的模仿鸟类的飞行相比，只是一种毫无刺激的运动。

空中旅行具有许多好处，其中之一是空气清新，这在火车车厢或轮船舱室内是得不到的；其次是有机会俯瞰地面，视野广阔，地上行人形同蚁虫。有此特殊的经历，一定能够拓展人的精神视野，能够看到人们通常对事务的看法是多么不全面、不正常。不过，这也会给自私险恶之徒以可乘之机。恶人可能投掷炸弹，或做什么坏事；如同有人透过表面，看清事情本质，可能动用其渊博知识，自己牟利，损害他人。好了，提到高空秋千和飞翔表演艺人，却让我偏离了主题。

依我所见，提到马戏团，就必须提到丑角。这些人的先辈，在娱乐项目很少，也很粗俗的艰难时日里，似乎是社会上不可缺少的专业滑稽艺人。中国人从未觉得这种专业逗笑的角色有其必要，我也说不上敬佩马戏团的丑角；可我对马、狗等动物经过精心培训后表现出的聪明兴趣十足。近来访问上海费利斯马戏团时，就有此观感。费利斯先生拥有一匹马，多年来一直扮演一个江洋大盗的坐骑。盗匪为逃避敌手，策马扬鞭，至其力竭。最后，濒死的马匹给抬走，骑手悲痛欲绝。在上海表演这个节目时，叫“黑贝斯”的这匹马病了。为使它振作起来，乐队奏起了总是伴它进入场地，扮演盗匪坐骑的欢快曲子。这匹可怜的马挣扎着要站起来，可却不能，就像它常扮演的濒死的那幕场景。显然，这聪明的生灵得到了同样的暗示。它倒在地上，放松下来，真的准备去死。几个帮手根本不晓得这匹马为何这样对自己听之任之，非要拖它起来，结果它的肠子破裂，“黑贝斯”就这样最后一次谢幕。

第十七章

美国体育运动

中国人同西方朋友在娱乐方面最不同的，也许在于体育运动。中国人从不会想聚集上千人去看一场比赛。我们尚未时髦到花上半天时间去观看别人游戏。我们干活累了的话，喜欢自己玩乐。全民族的游戏是踢毽子，用鞋子较平的侧面把毽子踢过肩膀，踢给别人；按照游戏规矩，有时用脚内侧踢，有时用脚外侧踢。这和风筝一样，是男子和男孩的一大乐趣。

我们没有网球和西方其他球类那样的游戏，也没有女性参加的游戏。射箭本是一项健身运动，可现代战争概念出现后，我们再也不摸弓箭了；同样受其所害，有益健康的老式负重操练这一项，也遭丢弃。我在远洋轮船上见过年轻人互掷沙袋，消磨时间。这虽是很好的锻炼，但不及我们古人带弓或负重的锻炼。西方运动已经引进到中国一些教会学校和其他学校，但我怀疑其是否真正会为我民族所喜爱。从东方角度看，这些运动过于激烈，不够体面。海外华人如从事西方体育运动，能与所有赛手平起平坐；马尼拉奥林匹克运动会上中国选手的表现便是证明，再如夏威夷群岛华人大学篮球队访问美国时名声显赫。然而，普通中国人要是得知，西方许多人每日买报纸，只为看一些赛事结果，体育新闻十分兴旺，整份报纸用于报道体育新闻，他会把这种说法本身也看作是种游戏。依我管见，谈及体育运动，我们有不少可从西方学习。运动肯定增进心力和体力，仅凭此一个原因，便值得支持。中国青年从未受到团队培训，令中国因此受害。如果我们从小就学会参加团队竞技比赛，每个参赛者都尽力而为，不注重比赛输赢，只注重运动锻炼，我们就会更加团结。我所敬佩的西方的男子气概，一定源自为运动而热爱运动的天性。认真公平的游戏，会培养荣誉、坦诚和骑士精神，美国不乏这种精神的样板。赛事中，一方失败，胜者并不朝失败方欢呼雀跃，而是把胜利归于偶然。我见过划船比赛中，失败的船手鼓掌祝贺取胜的对手。我希望我国同胞也能有如此气度，赛事失败后，向胜方道贺。

我崇尚自然、健康、热情的生活，所以想在《大英百科全书》①中查到素食者赢得体育竞赛的次数。结果，素食者赢得了柏林至德累斯顿 125 英里的竞走赛，“考华金杯”（100 英里）和“迪布尔盾牌”（六小时）自行车赛（1901 年～1902 年），英国网球业余锦标赛（连续四年，1899 年～1902 年）和网拍锦标赛（1902 年），印度自行车锦标赛（三年），苏格兰半英里竞赛（1896 年），世界四小时至十三小时业余自行车竞赛全部记录（1902 年），约克郡 100 英里公路俱乐部锦标赛（1899 年、1901 年），网球金奖（五次）。我手头虽没有这方面的最新记录，但我清楚，巴黎的萨邦天主教基金会里的高迪艾教授所言，素食者“精力缺，意志弱”，再谬误不过了。以上的事实已经作了证明，驳斥了这位教授。在此，我要举著名医生、美国密执安州疆场小溪疗养院主管凯洛格博士为例。多年来，他严格坚持素食，现已六十有余，却同四十岁者一样硬朗、活泼。他告诉我说，他每日工作十六小时，毫无倦意。神知协会会长安妮·贝桑夫人也是例证。我确切得知，她食素至

① 《大英百科全书》第九版，第 33 卷，第 649 页。

少三十五年，可六十五岁以上的食肉者谁也无法比得上她的精力。食素者可能缺少什么，但绝不缺少耐力。

无需赘言，称作“运动”的狩猎，同我的诸事要妥当得体的看法完全相反。我不理解的是，射击“泥鸽子”为何不如射杀活鸟那样有趣，飞行的目标为何不如奔跑的动物那样可心。无疑，“追逐的快乐”令人兴奋。但所谓的快乐，无非是我们仍在野蛮洪荒时代，猎杀取食时留存下来的记忆；想起这一点，谁也不会为拥有这种品味感到自豪。要是说当今的猎手猎杀动物只为糊口，每个真正的运动员都会愤然驳斥。有时赛后猎物给吃掉，纯属碰巧。外出狩猎是种极好的户外运动，但其他方式也同样好，而且不会给受捕猎的动物以任何惊吓和痛苦。在人类如今所处的阶段，连人们尊为道德典范的皇室之家也从不错过狩猎机会，实在让人伤心。人有了执着的爱好，便看不到其恶劣一面，尽管在其他方面，可能慈悲心善。结果是，高度文明、心地仁慈的人要在狩猎、攻击野生动物中展示骁勇，不仅在自己国家，还要到其他国家，这正是其可悲之处。很遗憾，这种人美国并非寡见。

自远古以来，人们就进行狩猎，古埃及人、亚述人、巴比伦人都沉迷于这一消遣，但这并不能说明今人更适于狩猎。狩猎需要良好的性情、巨大的耐心，这些，其他体育运动同样也可培养。我知道，一支良好的狩猎队每年消耗多达一万美元（两千英镑）。能够担负这样大价钱的人，当然能在游船和类似娱乐中找到更雅致的乐趣。我想，在中等风速中娴熟驾驶游船，也比稳坐在驯服坐骑的马鞍上，射杀惊恐的动物，更具冒险精神，更令人振奋，更需要展现勇敢无畏；狩猎野兽也不具备同风浪搏斗中所需的真正的竞赛精神。原因是，动物受了伤，只是偶尔作一番争斗，即便如此，猎人手中也有猎枪保护；可无论驾驶游船，还是游泳，运动员都要自始至终，不弃不舍。我猜想，人们是因袭传统习俗，而非认定其优越无比，才使狩猎运动得其名声。记录显示，四千年前，中国古代皇帝开始定期出行狩猎，以解脱日常生活的单调乏味。英国斯图亚特王朝期间，皇室成员在形同儿戏，甚至有悖道德的表演里寻得乐趣。当然，在荒蛮国家，野蛮人都靠打猎吃食。对其而言，打猎是经济上的必需之法。说现代的打猎是野蛮洪荒的残留，并不为过。时至20世纪，这一残酷习俗仍未停止，继续存在，实在令我惊讶。毋庸置疑，狩猎意味着射杀毫无防备的动物，意味着把灾难和死亡带给无助的动物；即使承认射杀凶猛危险的动物有其道理，为何追捕射杀狐狸、小鹿、野兔、水獭等动物仍津津乐道？吹嘘自己勇气无畏的猎人为了显示自己的勇猛和精准的枪法而到野外甚至国外继续他们的“运动”。我敬佩其大胆勇气，但不得不说，这样的行动与心怀慈悲的绅士身份不符。

练习射击则更无理由。我们任意射杀空中无害更无助的飞鸟，权力何在？曾有一次，我在一个有名的饮水之地看到射杀鸽子。人们把这些可怜的鸽子从笼子里放出来，只是为了残忍地将它们射杀取乐。这纯属野蛮人的恣意施暴，令人生厌，给予最强烈的斥责也不为过。我出使美国期间，未见过这类残酷行为，令我言之欣然。我希望，美国无此恶习，而且法律也禁止。即便文明程度最低的国家，也不应允许这类事情。我们的后代人如果得知，自称文明的人钟情于这种大规模、无缘故的暴行，会大吃一惊。若允许人们为了运动谋杀动物——的确是谋杀——便不应惊诧于罪犯出于自以为充足有利的理由而杀人。动物如人，自有其生命权利。两者都可能为更大的群体，为更大的公益，而去牺牲性命，但是，为杀而杀的理由何在？人拥有至高的心计和智力，是否就可据此而射杀动物取乐？如果是这样，那么比人类更优越的物种出现在地球上时，人便毫无理由抱怨其仅为取乐而杀害人类。印度曾出现过称作“刺客”的“组织严密的职业杀手帮”，他们按照“严格规定的方式”，出于宗教原因而杀人，以祭祀“喀丽”女神。英国人到印度掌权后，自然大力灭除这些刺客。但若超越我们自身，从更高的角度看，普通猎人同疯狂的刺客之间，毕竟又有何区别？若真有区别，也是刺客略占上风，因为他们至少以宗教为原由，而猎人除嗜好射杀之外，别无其他理由。我不理解，像“防止虐待动物协会”这样的慈善社团，何以对此行径默然处之。常说中国人对动物残酷，但我认为，身居玻璃房子里的人，不宜朝他人投掷石块。

在此方面，我的感言是，人们不仅为取乐和食肉而射杀鸟类，有时还为取其羽毛。帽子上装饰羽毛的女人，也在间接助长射杀无辜的鸟类。香港曾有一华人因虐待老鼠而遭警察逮捕。原来是，老鼠在其家中大肆偷吃食物，糟蹋东西。此人最后终于把鼠抓住，将其四脚钉在木板上，以警示其他鼠类。为此，他给带到法庭，英国法官判其罚款十元。他很惊讶，辩解说，该鼠在其家中大肆毁物，该死。法官告之，他应该当即杀死老鼠，而不应施以虐待。该人交付了罚款，但仍不解，嘟囔道，英国法院不准其惩罚老鼠，而允许在华外国人随意射杀无辜鸟类，其公道何在。必须承认，人并非总是言行一致。

“和平协会”应该处理此一问题，因为，狩猎是模仿战争，是演练战争。在世界任何伟大宗教中，定不会为其找到任何理由；连尚武的英国人或德国人，也不会仅仅因某人为猎人，而长久纪念他。无论从何种角度看此问题，称狩猎为野蛮时代遗留之习，当无可辩驳。

Chapter 1

The Importance of Names

"What's in a name? That which we call a rose by any other name would smell as sweet."

Notwithstanding these lines, I maintain that the selection of names is important. They should always be carefully chosen. They are apt to influence friendships or to excite prejudices according to their significance. We Chinese are very particular in this matter. When a son is born the father or the grandfather chooses a name for the infant boy which, according to his horoscope, is likely to insure him success, or a name is selected which indicates the wish of the family for the new-born child. Hence such names as "happiness", "prosperity", "longevity", "success", and others, with like propitious import, are common in China. With regard to girls their names are generally selected from flowers, fruits, or trees. Particular care is taken not to use a name which has a bad meaning. In Washington I once met a man in an elevator whose name was "Coffin". Was I to be blamed for wondering if the elevator would be my coffin? On another occasion I met a man whose name was "Death", and as soon as I heard his name

I felt inclined to run away, for I did not wish to die. I am not superstitious. I have frequently taken dinner with thirteen persons at the table, and I do not hesitate to start on a journey on a Friday. I often do things which would not be done by superstitious persons in China. But to meet a man calling himself "Coffin" or "Death" was too much for me, and with all my disbelief in superstition I could not help showing some repugnance to those who bore such names.

Equally important, if not more so, is the selection of a name for a state or a nation. When the several states of America became independent they called themselves the "United States of America" a very happy idea. The Union was originally composed of thirteen states, covering about 300,000 square miles; it is now composed of forty-eight states and three territories, which in area amount to 3,571,492 square miles, practically as large in extent as China, the oldest nation in the world. It should be noted that the name is most comprehensive: it might comprise the entire continent of North and South America. It is safe to say that the founders of the nation did not choose such a name without consideration, and doubtless the designation "United States of America" conceals a deep motive. I once asked a gentleman who said he was an American whether he had come from South or North America, or whether he was a Mexican, a Peruvian or a native of any of the countries in Central America. He replied with emphasis that he was an American citizen of the United States. I said it might be the United States of Mexico, or Argentina, or other United States, but he answered that when he called himself a citizen it could not mean any other than that of the United States of America. I have asked many other Americans similar questions and they all have given me replies in the same way. We Chinese call our nation "The Middle Kingdom"; it was supposed to be in the center of the earth. I give credit to the founders of the United States for a better knowledge of geography than that possessed by my countrymen of ancient times and do not assume that the newly formed nation was supposed to comprise the whole continent of North and South America, yet the name chosen is so comprehensive as to lead one naturally to suspect that it was intended to include the entire continent. However, from my observation of their national conduct, I believe their purpose was just and humane; it was to set a noble example to the sister nations in the Western Hemisphere, and to knit more closely all the nations on that continent through the bonds of mutual justice, goodwill and friendship. The American nation is, indeed, itself a pleasing and unique example of the principle of democracy. Its government is ideal, with a liberal constitution, which in effect declares that all men are created equal, and that the government is "of the people, for the people, and by the people." Anyone with ordinary intelligence and with open eyes, who should visit any city, town or village in America, could not but be impressed with the orderly and unostentatious way in which it is governed by the local authorities, or help being struck by the plain and democratic character of the people. Even in the elementary schools, democracy is taught and practised. I remember visiting a public school for children in Philadelphia, which I shall never forget. There were about three or four hundred children, boys and girls, between seven and sixteen years of age. They elected one of their students as mayor, another as judge, another as police commissioner, and in fact they elected for the control of their school community almost all the officials who usually govern a city. There were a few Chinese children among the students, and one of them was pointed out to me as the police superintendent. This not only eloquently spoke of his popularity, but showed goodwill and harmony among the several hundred children, and the entire absence of race feeling. The principals and teachers told me that they had no difficulty whatever with the students. If one of them did anything wrong, which was not often, he would be taken by the student policeman before the judge, who would try the case, and decide it on its merits, and punish or discharge his fellow student as justice demanded. I was assured by the school authorities that this system of self-government worked admirably; it not only relieved the teachers of the burden of constantly looking after the several hundred pupils, but each of them felt a moral responsibility to behave well, for the sake of preserving the peace and good name of the school. Thus early imbued with the idea of self-government, and entrusted with the responsibilities of its administration, these children when grown up, take a deep interest in federal and municipal affairs, and, when elected for office, invariably perform their duties efficiently and with credit to themselves.

It cannot be disputed that the United States with its democratic system of government has exercised a great influence over the states and nations in Central and South America. The following data showing the different nations of America, with the dates at which they turned their respective governments from Monarchies into Republics, all subsequent to the independence of the United States, are very significant.

Mexico became a Republic in 1823, Honduras in 1839, Salvador in 1839, Nicaragua in 1821, Costa Rica in 1821, Panama in 1903, Colombia in 1819, Venezuela in 1830, Ecuador in 1810, Brazil in 1889, Peru in 1821, Bolivia in 1825, Paraguay in 1811, Chile in 1810,

Argentina in 1824, and Uruguay in 1828.

These Republics have been closely modelled upon the republican form of government of the United States; thus, nearly all the nations or states on the continent of America have become Republics. Canada still belongs to Great Britain. The fair and generous policy pursued by the Imperial Government of Great Britain accounts for the Canadians' satisfaction with their political position, and for the fact that they do not wish a change. It must be noted, however, that a section of the American people would like to see Canada incorporated with the United States. I remember that at a public meeting held in Washington, at which Sir Wilfrid Laurier, then Premier of Canada, was present, an eminent judge of the Federal Supreme Court jocularly expressed a wish that Canada should be annexed to the United States.

Later, Mr. Champ Clark, a leader of the Democratic party in the House of Representatives, addressed the House urging the annexation of Canada. Even if these statements are not taken seriously they at least show the feelings of some people, and he would be a bold man who would prophesy the political status of Canada in the future. There is, however, no present indication of any change being desired by the Canadians, and it may be safely presumed that the existing conditions will continue for many years to come. This is not to be wondered at, for Canada though nominally a British colony practically enjoys almost all the privileges of an independent state. She possesses a constitution similar to that of the United Kingdom, with a parliament of two houses, called the "Senate", and the "House of Commons". The Sovereign of Great Britain appoints only the Governor General who acts in his name, but the Dominion is governed by a responsible Ministry, and all domestic affairs are managed by local officials, without interference from the Home Government. Canadians enjoy as many rights as the inhabitants of England, with the additional advantage that they do not have to bear the burden of maintaining an army and navy. Some years ago, if I remember rightly, in consequence of some agitation or discussion for independence, the late Lord Derby, then Secretary of State for the Colonies, stated that if the Canadians really wished for independence, the Home Government would not oppose, but that they should consider if they would gain anything by the change, seeing that they already had self-government, enjoyed all the benefits of a free people, and that the only right the Home Government reserved was the appointment of the Governor-General, although it assumed the responsibility of protecting every inch of their territory from encroachment. Since this sensible advice from the Colonial Secretary, I have heard nothing more of the agitation for independence.

From a commercial point of view, and for the welfare of the people, there is not much to choose to-day between a Limited Monarchy and a Republic. Let us, for instance, compare England with the United States. The people of England are as free and independent as the people of the United States, and though subjects, they enjoy as much freedom as Americans. There are, however, some advantages in favor of a Republic. Americans until recently paid their President a salary of only $50,000 a year; it is now $75,000 with an additional allowance of $25,000 for travelling expenses. This is small indeed compared with the Civil List of the King or Emperor of any great nation. There are more chances in a Republic for ambitious men to distinguish themselves; for instance, a citizen can become a president, and practically assume the functions of a king or an emperor. In fact the President of the United States appoints his own cabinet officials, ambassadors, ministers, etc. It is generally stated that every new president has the privilege of making more than ten thousand appointments. With regard to the administration and executive functions he has in practice more power than is usually exercised by a king or an emperor of a Constitutional Monarchy. On the other hand, in some matters, the executive of a Republic cannot do what a king or an emperor can do; for example, a president cannot declare war against a foreign nation without first obtaining the consent of Congress. In a monarchical government the king or the cabinet officials assume enormous responsibilities. Lord Beaconsfield (then Mr. D'Israeli), while he was Prime Minister of England, purchased in 1875 from the Khedive of Egypt 176,602 Suez Canal shares for the sum of 3,976,582 Pounds on his own responsibility, and without consulting the Imperial Parliament. When Parliament or Congress has to be consulted about everything, great national opportunities to do some profitable business must undoubtedly be sometimes lost. No such bold national investment as that made by Lord Beaconsfield could have been undertaken by any American president on his own responsibility. Mr. Cleveland, when president of the United States, said that "the public affairs of the United States are transacted in a glass house."

Washington, in his farewell address, advised his compatriots that on account of the detached and distant situation of their country they should, in extending their commercial relations with foreign nations, have as little political connection with them as possible; and he asked this pertinent and pregnant question, "Why, by interweaving our destiny with that of any part of Europe, entangle our peace and prosperity in the toils of European ambition, rivalship, interest, humor, or caprice?" In 1823, twenty-seven years after Washington's celebrated address, President Monroe in his annual message to Congress warned the European Powers not to plant any new colonies on any portion of the American hemisphere, as any attempt on their part to extend their system in that part of the world would be considered as dangerous to the peace and safety of the United States. This "Monroe Doctrine", as it has since been called, practically protects every state and country on the American continent from attack or interference by any foreign power, and it cannot be denied that it has been and is now the chief factor in preserving the integrity of all the countries on that continent. Thus the United States is assuming the role of guardian over the other American nations. In the city of Washington there is an International Bureau of the American Republics, in which all the Republics of Central and South America are represented. It is housed in a magnificent palace made possible by the beneficence of Mr. Andrew Carnegie, the American multi-millionaire and philanthropist, and the contributions of the different governments. It cost 750,000 gold dollars, and Mr. John Barrett, the capable and popular director of the Bureau, has well called it "a temple of friendship and commerce and a meeting place for the American Republics." The Bureau is supported by the joint contributions of the twenty-one American Republics, and its affairs are controlled by a governing board composed of their diplomatic representatives in Washington, with the American Secretary of State as chairman ex officio. This institution no doubt strengthens the position of the United States and is calculated to draw the American Republics into closer friendship.

Chapter 2

American Prosperity

One of the main causes of the prosperity of the great American Republic is its natural resources. It possesses coal, oil, silver, gold, copper, and all the other mineral ores. Nature seems, indeed, to have provided almost everything that man needs. The soil is rich; wheat and every kind of fruit can be grown; but favorable as these native conditions are they could not be turned to any great advantage without the skill and industry of enterprising men. Many countries in Africa and Asia possess equal advantages, but they are not equally prosperous. This leads me to the consideration of another reason for America's growth. The men who have migrated to the United States have not been rich people. They went there to make a living. They were prepared to work, their purpose was to improve their condition, and they were willing to undertake any manual or mental labor to accomplish their object. They were hardy and strong and could bear a heavy strain. Their children inherited their good qualities, and so an American is generally more hard working and enterprising than most of the people in Europe and elsewhere.

Another reason for America's success is the great freedom which each citizen enjoys. Every man considers himself the equal of every other, and a young man who is ambitious will not rest until he reaches the top of his profession or trade. Thousands of Americans who were once very poor, have become millionaires or multi-millionaires. Many of them had no college education; they taught themselves, and some of them have become both literary and scholarly. A college or university education does not necessarily make a man learned; it only gives him the opportunity to learn. It is said that some college men have proven themselves to be quite ignorant, or rather that they do not know so much as those who have been self-taught. I do not in any way wish to disparage a college education; no doubt men who have been trained in a university start in life with better prospects and with a greater chance of success, but those men who have not had such advantages have doubtless done much to make their country great and prosperous, and they ought to be recognized as great men.

The general desire of the American people to travel abroad is one of their good traits. People who never leave their homes cannot know much. A person may become well-informed by reading, but his practical knowledge cannot be compared with that of a person who has travelled. We Chinese are great sinners in this regard. A Chinese maxim says, "It is dangerous to ride on horseback or to go on a voyage": hence until very recently we had a horror of going abroad. A person who remains all his life in his own town is generally narrow-minded, self-opinioned, and selfish. The American people are free from these faults. It is not only the rich and the well-to-do who visit foreign countries, but tradesmen and workmen when they have saved a little money also often cross the Atlantic. Some years ago a

Senator in Washington told me that he crossed the Atlantic Ocean every summer and spent several months in Europe, and that the next trip would be his twenty-eighth voyage. I found, however, that he had never gone beyond Europe. I ventured to suggest that he should extend his next annual journey a little farther and visit Japan, China, and other places in the Far East which I felt sure he would find both interesting and instructive. I have travelled through many countries in Europe and South America, and wherever I have gone and at whatever hotel I have put up, I have always found some Americans, and on many occasions I have met friends and acquaintances whom I had known in Washington or New York. But it is not only the men who go abroad; in many cases ladies also travel by themselves. On several occasions lady friends from Washington, Philadelphia, and New York have visited me in Peking. This is one of the Americans' strong points. Is it not wiser and much more useful to disburse a few hundred dollars or so in travelling and gaining knowledge, coming in contact with other peoples and enlarging the mind, than to spend large sums of money in gaudy dresses, precious stones, trinkets, and other luxuries?

In a large country like America where a considerable portion of the land still remains practically uncultivated or undeveloped, hardy, industrious, and patient workmen are a necessity. But the almost unchecked influx of immigrants who are not desirable citizens cannot but harm the country. In these days of international trade it is right that ingress and egress from one country to another should be unhampered, but persons who have committed crimes at home, or who are ignorant and illiterate, cannot become desirable citizens anywhere. They should be barred out of the United States of America. It is well known that foreigners take part in the municipal and federal affairs of the country as soon as they become citizens. Now if such persons really worked for the good of their adopted country, there could be no objection to this, but it is no secret that many have no such motives. That being so, it is a question whether steps should not be taken to limit their freedom. On the other hand, as many farms suffer from lack of workmen, people from whatever country who are industrious, patient, and persevering ought to be admitted as laborers. They would be a great boon to the nation. The fear of competition by cheap labor is causeless; regulations might be drawn up for the control of these foreign laborers, and on their arrival they could be drafted to those places where their services might be most urgently needed. So long as honest and steady workmen are excluded for no reason other than that they are Asiatics, while white men are indiscriminately admitted, I fear that the prosperity of the country cannot be considered permanent, for agriculture is the backbone of stable wealth. Yet at present it is the country's wealth which is one of the important factors of America's greatness. In the United States there are thousands of individuals whose fortunes are counted by seven or eight figures in gold dollars. And much of this money has been used to build railways, or to develop manufactories and other useful industries. The country has grown great through useful work, and not on account of the army and navy. In 1881 America's army numbered only 26,622 men, and her navy consisted of only 24 iron-clads, 2 torpedo-boats, and 25 tugs, but in 1910 the peace strength of her army was 96,628 and the navy boasted 33 battleships and 120 armored cruisers of different sizes.

Within the last few years it has been the policy of many nations to increase the army and to build as many Dreadnaughts and super-dreadnaughts as possible. Many statesmen have been infected by this Dreadnaught fever. Their policy seems to be based on the idea that the safety of a nation depends on the number of its battleships. Even peaceful and moderate men are carried away by this hobby, and support it. It is forgotten that great changes have taken place during the last twenty or thirty years; that a nation can now be attacked by means quite beyond the reach of Dreadnaughts. The enormous sums spent on these frightful monsters, if applied to more worthy objects, would have a greater effect in preserving the nations' heritages than anything these monstrosities can do.

The nation which has a large army and a strong navy may be called powerful, but it cannot be considered great without other good requisites. I consider a nation as great when she is peacefully, justly, and humanely governed, and when she possesses a large number of benevolent and good men who have a voice in the administration. The greater the number of good men that a nation possesses the greater she becomes. America is known to have a large number of such men and women, men and women who devote their time and money to preaching peace among the nations. Mr. Andrew Carnegie is worth a hundred Dreadnaughts. He and others like him are the chief factors in safeguarding the interests and welfare of America. The territory of the United States is separated from Europe and other countries by vast oceans; so that it would be difficult, if not impossible, for a foe to successfully attack any portion of that country. But who wishes to attack her? She has scarcely an enemy. No country is invaded by another without cause, and as the United States is in friendly relations with all the Powers, there is no reason to fear foreign invasion. Even should a foreign power successfully attack her and usurp a portion of her territories, a supposition which is most improbable, would the enemy be able to hold what he seized? History shows that no conquered country has ever been successfully and permanently kept without the people's consent, and there is not the least chance that the Americans will ever consent to the rule of a foreign government.

It is to be hoped that the United States will not follow the example of other nations and unduly increase her armaments, but that she will take the lead in the universal peace movement and show the world that a great power can exist and maintain her position without force of arms. I am aware that general disarmament is not popular among statesmen, that it has been denounced by an eminent authority as a "will-o'-the-wisp", that arbitration has been styled a "Jack-o'-lantern", but this is not the first time a good and workable scheme has been branded with opprobrious names. The abolition of slavery was at one time considered to be an insane man's dream; now all people believe in it. Will the twentieth century witness the collapse of our present civilization?

Why are the world's armaments constantly increasing? To my mind it is due to two causes, one of which is mistrust. One nation begins to build Dreadnaughts, another does the same through fear and mistrust. The second cause is that it is the fashion of some nations to follow the example of others that they may preserve their position as great naval powers. But it is unnecessary for the United States to show such mistrust or to follow such fashion. She should rather, as becomes a great and powerful nation, take an independent course of her own. If she sets the example other nations in due time will follow her. The peace of the world will be more surely guarded, and America will win the approbation, the respect, and the gratitude of all peace-loving people.

Chapter 3

American Government

Democratic principles were enunciated by Chinese philosophers as long ago as 4,500 years, and from time to time various emperors and statesmen have endeavored to apply them to the government of China, but these principles in all their minute details have been exemplified only by the wisdom of the statesmen in the West. In the United States they are in full swing. As China has now become a Republic, not in name only but in fact, it will be well for her statesmen and politicians to examine the American constitution, and to study its workings. To do this at close range it will be necessary for the student to visit Washington, the Capital of the United States of America. Here he will find the President, or the chief of the nation. With the co-operation of his Cabinet and a large staff of assistants, the President administers the affairs of the Federal Government. He may be a new man and have had no previous training in diplomacy, and little administrative experience, but in all probability he is a man of resource and adaptability, who has mastered every detail of his high office. All important matters are referred to him, so that his daily work taxes his whole strength and energy. Another part of his function is to see the Congressmen, Senators, or Representatives, and others who call to see him on business, and this takes up a great part of his time. In fact, he is expected to be, and generally is, "Suaviter in modo, fortiter in re".

In Washington the National Congress, which is composed of the Senate and the House of Representatives, holds its sittings in the Capitol, and passes bills subject to the approval of the President. If he signs a bill it becomes law, and binds the nation. The basic principle of democracy is the sovereignty of the people, but as the people cannot of themselves govern the country, they must delegate their power to agents who act for them. Thus they elect the Chief Magistrate to govern the country, and legislators to make the laws. The powers given to these agents are irrevocable during their respective terms of office. The electors are absolutely bound by their actions. Whatever laws Congress may pass, the people must strictly obey; thus the servants of the people really become their masters. There is no fear, however, that their masters pro tempore will betray their trust, as any neglect of duty on their part, or disregard of the wishes of their constituents, would most likely destroy their chances of re-election.

According to the terms of the Constitution, the senators and representatives must be residents of the states for which they are chosen. This is an excellent provision, insuring that the people's delegates possess local knowledge and know how to safeguard the interests and welfare of the states which sent them to Washington. On the other hand, as each state, irrespective of its size, is entitled to elect only two Senators, and to send only a limited number of

Representatives to the House, proportionally to its population, unfortunately it frequently happens that eminent, capable, and well-known public men, of large experience, are deprived of an opportunity to serve their country. In England, and in some other lands, the electors may choose as their representative a resident of any city, borough, or county as they please, and it only occasionally happens that the member of Parliament actually lives in the district which he represents. Is it advisable to adopt a similar system in the United States? It could not be done without amending the Constitution, and this would not be easy; but every nation, as well as each individual, should be prepared, at all times, to receive fresh light, and be willing to change old customs to suit new conditions, and so I make the suggestion.

The fixing of four years as the term of office for the President was an excellent idea, intended no doubt to prevent an unpopular or bad President from remaining too long in power. It is, however, gradually dawning on the minds of intelligent people that this limited term, though excellent in theory, is very inconvenient in practice. However intelligent and capable a new President may be, several months must elapse before he can thoroughly understand all the details incidental to his exalted position, involving, in addition to unavoidable social functions, the daily reception of callers, and many other multifarious duties. By the time he has become familiar with these matters, and the work of the office is running smoothly, half of his term has gone; and should he aspire to a second term, which is quite natural, he must devote a great deal of time and attention to electioneering. Four years is plainly too short a period to give any President a chance to do justice either to himself or to the nation which entrusted him with his heavy responsibilities. Presidential elections are national necessities, but the less frequently they occur the better for the general welfare of the country. Those who have been in the United States during campaign years, and have seen the complicated working of the political machinery, and all its serious consequences, will, I feel convinced, agree with what I say. During the greater part of the year in which a President has to be elected the entire nation is absorbed in the event, all the people, both high and low, being more or less keenly interested in the issue, and the preparations leading up to it. They seem to put everything else in the shade, and to give more attention to this than to anything else. Politicians and officials who have a personal interest in the result, will devote their whole time and energy to the work. Others who are less active, still, directly or indirectly, take their share in the electioneering. Campaign funds have to be raised and large sums of money are disbursed in many directions. All this sadly interrupts business; it not only takes many business men from their more legitimate duties, but it prevents merchants and large corporations from embarking in new enterprises, and so incidentally limits the demand for labor. In short, the whole nation is practically hurled into a state of bustle and excitement, and the general trade of the country is seriously affected. A young man in Washington, who was engaged to be married, once told me that he was too busy to think of marriage until the election was over.

If the French system were followed, and the President were elected by a majority of the combined votes of the Senate and the House of Representatives, the inconveniences, the excitements and expense above enumerated might be avoided, but I think the people of

America would rather endure these evils than be deprived of the pleasure of electing their President themselves. The alternate remedy, so far as I can see, is to extend the presidential term to, say, six or seven years, without any chance of a re-election. If this proposal were adopted, the President would be more free and independent, he would not be haunted by the bugbear of losing his position by temporarily displeasing his political friends, he could give his undivided attention, as he cannot do now, to federal affairs, and work without bias or fear, and without interruption, for the welfare of his nation. He would have more chance of really doing something for his country which was worthwhile. A further advantage is that the country would not be so frequently troubled with the turmoil and excitement arising from the presidential election. If I were allowed to prophecy, I should say that the young Republic of China, profiting by the experiences of France and America, will most likely adopt the French system of electing its President, or develop a system somewhat similar to it.

One of the defects in the American way of government is the spoils system, in accordance with the maxim, "To the victor belongs the spoils." The new President has the right of dismissing a large number of the holders of Federal Offices, and to appoint in their places his friends, or men of his party who have rendered it services, or who have otherwise been instrumental in getting him elected. I am told that thousands of officials are turned out in this way every four years. President Jackson introduced the practice, and almost every succeeding President has continued it. This spoils system has been adopted by almost every state and municipality; it forms indeed the corner-stone of practical politics in the United States. In every country, all over the world, there are cases where positions and places of emolument have been obtained through influential friends, but to dismiss public servants who are doing useful work, for no better reason than simply to make room for others, is very bad for the civil service, and for the country it serves. Attempts to remedy these evils have been made within recent years by the introduction of what is called "Civil Service Reform", by which a candidate is appointed to a post after an examination, and the term of his service is fixed. If this is to be strictly adhered to in all cases, the President will be, to a great extent, deprived of the means of rewarding his political friends. In that case I doubt if the professional politicians and wire pullers will be so active and arduous as they have hitherto been, as the chief aim in securing the election of the nominee will have been taken away. Great credit is due to President Taft for his courage and impartiality, in that after assuming the duties of the high office to which he was elected, he gave appointments to men according to their ability, irrespective of party claims, and even went so far as to invite one or two gentlemen of known ability, who belonged to the opposite party, to become members of his Cabinet.

In America men are not anxious for official offices. Men possessing talent and ability, with business acumen, are in great demand, and can distinguish themselves in their several professions in various ways; they can easily attain a position of wealth and influence, and so such men keep out of politics. It must not, however, be inferred from this that the government officials in America are incompetent. On the contrary I gladly testify from my personal experience that the work done by them is not only efficient, but that, taken as a whole, they compare most favorably with any other body of government officials in Europe. Still, on account of the small salaries paid, it is not to be wondered at that exceptionally good men cannot be induced to accept official positions. I have known several Cabinet Ministers who, after holding their offices for two or three years, were obliged to resign and resume their former business, and a President has been known to experience great difficulty in getting good and competent men to succeed them.

These remarks do not apply to the President, not because the President's salary is large, for compared with what European Kings and Emperors receive it is very small, but because the position is, far and above any other, the largest gift the people can bestow. No one has ever been known to refuse a presidential nomination. I believe anyone to whom it was offered would always gladly accept it. I have conversed with some in America who told me that they were heirs apparent to the White House, and so they are, for they are just as eligible candidates for the position, as is the Crown Prince to succeed to a throne in any European country. Even a lady was once nominated as a presidential candidate, although she did not obtain many votes.

One of the things which arouses my admiration is the due observance by the people of the existing laws and the Constitution. Every one obeys them, from the President to the pedler, without any exception. Sometimes, however, by a too strict and technical interpretation of the law, it works a hardship. Let me quote a case. According to Article 1, Section 6, of the Constitution, "no Senator or Representative shall, during the time for which he was elected, be appointed to any civil office under the authority of the United States, which shall have been created, or the emoluments whereof shall have been increased, during such time." A certain Senator was appointed by the President to a Cabinet office, but it happened that the salary attached to that office had been raised during the time he was in the Senate, and so it was held that he could draw only the salary which was allowed before he became a Senator, and that he was not entitled to the increase which was sanctioned by Congress while he was in the Senate, although at the time he had not the slightest notion that the increase would ever affect his own pocket.

The relation of the states to the Federal Government is peculiar and unique. I will illustrate my point by correcting a mistake often made by foreigners in regard to the different provinces of China. It is generally assumed by Western writers that each province in China is self-governed, and that the provincial authorities act independently and in defiance of the injunctions of the Peking Government. The facts, however, are that until the establishment of the Republic, all the officials in the Provinces were appointed or sanctioned by the Peking Government, and that by an Imperial decree even a Viceroy or Governor could, at any moment, be changed or dismissed, and that no important matter could be transacted without the Imperial sanction. How does this compare with the states in America? Every American boasts that his state is independent of the Federal Government. All officials, from the Governor downward, are, in every state, elected by the people. Each state is provided with a Legislature consisting of a Senate and a House of Representatives, also elected by the popular vote. The state has very large, and almost absolute, legislative and executive powers, and is competent to deal with all matters not reserved by the Constitution for the Federal Government. Each state is also independent of every other state. The criminal and civil laws, including all matters pertaining to the transfer of and the succession to property, as well as marriage, divorce and fiscal laws, are within the scope of the state administrations. The authorities of each state naturally do their best to make their own state as populous and prosperous as possible. Thus in some states the laws concerning divorce, corporations, and landed property, are more favorable than in other states. A person, for example, unable to obtain a divorce in his own state, can, without difficulty, attain his object in another state. What is expressly prohibited by statute in one state may be perfectly legitimate in the neighboring state. It is the same with the local taxes; fees and taxes are not uniform; in one state they are heavy, while in another they are comparatively light. A stranger would naturally be surprised to find such a condition of things in a great nation like America, and would wonder how the machinery of such a government can work so well. Nevertheless he will find that everything goes on smoothly. This can be explained only by the fact that the inhabitants of one state often remove to other states, and by commercial and other dealings and social associations they mix together, so that, notwithstanding the dissimilarity of conditions in different states, the people easily adapt themselves to the local surroundings, and, so far as I can find, no friction or quarrel has ever arisen between two states. However, would it not be better for all the states to appoint an interstate committee to revise and codify their laws with a view to making them uniform?

Foreigners living in America sometimes find themselves at a disadvantage, owing to the state being independent of the control of the Federal Government. This point can be better illustrated by a case which happened some years ago in one of the states. A foreigner, who was the subject of a European country, was attacked by a mob, and his property destroyed. He laid his complaint before the local authorities, but it appeared that he could not obtain the redress he sought. His consul did all he could for him by appealing to the local authorities, but without success; finally the matter was reported to his ambassador in Washington, who immediately interested himself in the affair and brought it before the Secretary of State. The Secretary, after going into the facts of the case, said that all he could do was to write to the Governor of that state and request him to take the matter up, but the Governor, for some reason or other, did not take any such action as would have given satisfactory redress to the foreigner. His ambassador made frequent appeals to the Secretary of State, but the Secretary was powerless, as the Constitution does not empower the Federal Government to interfere in state matters. This seems a blemish in the administration of foreign affairs in the United States of America. Suppose a foreigner should be ill-treated or murdered in a state, and no proper redress be given, the Federal Government cannot send its officers to arrest the culprit. All it can do is to ask the Governor of that state to take action, and if he fails to do so there is no remedy. Fortunately such a case rarely happens, but for the more efficient carrying on of their state affairs, is it not better in special cases to invest the Federal Government with larger powers than those at present possessed by it? I am aware that this opens up a serious question; that Congress will be very reluctant to confer on the Federal Government any power to interfere in the state affairs, knowing that the states would not tolerate such an interference; but as there is a large and ever increasing number of aliens residing in the United States, it naturally follows that riots, and charges of ill treatment of foreigners now and then do occur. Now state officials can, as a rule, be trusted to deal with these matters fairly, but where local prejudice against a class of aliens runs high, is it not advisable to leave to the Federal officials, who are disinterested, the settlement of such cases? For the sake of cordial foreign relations, and to avoid international complications, this point, I venture to suggest, should be seriously considered by the Federal and the State Governments.

The question as to what form of government should be adopted by any country is not easy to decide. The people of America would no doubt claim that their system is the best, while the people of the monarchial governments in Europe would maintain that theirs is preferable. This is mostly a matter of education, and people who have been accustomed to their own form of government naturally like it best. There are communities who have been long accustomed to the old system of monarchial government, with their ancient traditions and usages. There are other communities, with a different political atmosphere, where all the people share in the public affairs of State. It would be manifestly improper to introduce a democratic government among the former. It would not suit their tastes nor fit in with their ideas. What is good for one nation is not necessarily good for another. Each system of government has its good points, provided that it is faithfully and justly carried out. The aim to secure the happiness and comfort of the people and to promote the peace and prosperity of the nation should always be kept in view. As long as these objects can be secured it does not matter much whether the government is monarchial, republican, or something else.

It may pertinently be asked why China has become a Republic, since from time immemorial she has had a monarchial form of government. The answer is that the conditions and circumstances in China are peculiar, and are different from those prevailing in Japan and other countries. In Japan it is claimed that the Empire was founded by the first Emperor, Jummu Tenno, 660 B.C. and that the dynasty founded by him has continued ever since. It is well known that the Chinese Imperial family is of Manchu origin. The Ching dynasty was founded in 1644 by conquest, not by succession. Upon the recent overthrow of the Manchu dynasty it was found very difficult to find a Chinese, however popular and able, who possessed the legal right of succeeding to the throne. Jealousy and provincial feelings placed this suggestion absolutely beyond discussion. Disagreements, frictions, and constant civil war would have ensued if any attempt had been made to establish a Chinese dynasty. Another fact is that a large majority of the intelligent people of China were disgusted with the system of monarchial government. Thus it will be seen that for the sake of the peace and welfare of the nation there was no other course for the people but to take a long jump and to establish the present Republic. The law of evolution has been very actively at work in China, and no doubt it will be for her ultimate good, and therefore for the benefit of all mankind. China is now an infant republic, but she will grow into a healthy and strong youth. Her people have the kindest feeling for the people of the elder republic across the Pacific. There are excellent reasons why the two republics should be in closer friendship. It is well known that there are great potentialities for the expansion of trade in China, and as the Philippine Islands are close to our shores, and the completion of the

Panama Canal will open a new avenue for the enlargement of trade from America, it will be to the interest of both nations to stretch out their hands across the Pacific in the clasp of good fellowship and brotherhood. When this is done, not only will international commerce greatly increase, but peace, at least in the Eastern Hemisphere, will be better secured than by a fleet of Dreadnaughts.

Chapter 4

America and China

America has performed great service for the Orient and especially for China. If, however, the people of the latter country were asked to express their candid opinion on the matter, the verdict would not be altogether pleasant, but would be given with mixed feelings of gratitude and regret. Since the formal opening of China to foreign trade and commerce, people of all nationalities have come here, some to trade, some for pleasure, some to preach Christianity, and others for other purposes. Considering that the Chinese have a civilization of their own, and that their modes of thoughts, ideas, and habits are, in many respects, different from those of the western people, it is not surprising that frictions and disputes have occasionally occurred and that even foreign wars have been waged between China and the Occident, but it is gratifying to observe that no force has ever been resorted to against China by the United States of America. Now and then troublesome questions have arisen, but they have always been settled amicably. Indeed the just and friendly attitude taken by the American officials in China had so won the esteem and confidence of the Chinese Government that in 1867, on the termination of Mr. Anson Burlingame's term as American Minister to Peking, he was appointed by the Manchu Government as Chief of a special mission to America and Europe. In that capacity he performed valuable services for China, although his work was unfortunately cut short by his untimely death. The liberal and generous treatment accorded to the Chinese students in America is another source of satisfaction. They have been admitted freely to all educational institutions, and welcomed into American families. In whatever school or college they enter they are taught in the same way as the American boys and girls, and enjoy equal opportunities of learning all that the American students learn.①

That America has no desire for territorial acquisition in China is well known. During the Boxer movement the American Government took the lead in initiating the policy of maintaining the open door, and preserving the integrity of China, a policy to which the other great powers readily consented. It was well known at the time, and it is no breach of confidence to mention the fact here, that Mr. John Hay, American Secretary of State, with the permission of President McKinley, was quite willing that America's indemnity demanded from China as her share of the compensation for losses sustained during the Boxer upheaval, should be reduced by one-half, provided the other powers would consent to similar reductions. Unfortunately, Mr. Hay's proposal could not be carried out for want of unanimity. However, to show the good faith, and the humane and just policy of

① I need hardly say that our students are also well treated in England, France, Germany, Japan, and other countries in Europe, but I am dealing in this chapter with America.

America, she has since voluntarily refunded to China a considerable portion of her indemnity, being the surplus due to her after payment of the actual expenses incurred. This is the second occasion on which she has done this, although in the previous case the refund was smaller. These are some of the instances for which the people of China have good reasons to be grateful to America and her people.

There is, however, another side to the picture; the Chinese students in America, who may be roughly calculated by the thousands, and whose number is annually increasing, have been taught democratic principles of government. These could not but be detrimental to the welfare of the late Manchu Government. They have read the history of how the American people gained their independence, and naturally they have been imbued with the idea of inaugurating a similar policy in China. Chinese merchants, traders, and others who have been residing in America, seeing the free and independent manner in which the American people carry on their government, learned, of course, a similar lesson. These people have been an important factor in the recent overthrow of the Manchu dynasty. Added to this, the fact that America has afforded a safe refuge for political offenders was another cause of dissatisfaction to the Manchus. Thus it will be seen that the Manchu Government, from their point of view, have had many reasons for entertaining unfavorable sentiments toward America.

This view I need hardly say is not shared by the large majority of Chinese. Persons who have committed political offenses in their own country find protection not only in America but in all countries in Europe, Japan, and other civilized lands. It is an irony of fate that since the establishment of the Chinese Republic, Manchu and other officials under the old regime, now find secure asylums in Hongkong, and Tsingtao, while hundreds of ex-Manchu officials have fled to the foreign settlements of Shanghai, Tientsin, and other treaty ports, so reluctantly granted by the late Manchu Government. Thus the edge of their complaint against America's policy in harboring political refugees has been turned against themselves, and the liberality against which they protested has become their protection.

The more substantial cause for dissatisfaction with the United States is, I grieve to say, her Chinese exclusion policy. As long as her discriminating laws against the Chinese remain in force a blot must remain on her otherwise good name, and her relations with China, though cordial, cannot be perfect. It is beyond the scope of this chapter to deal with this subject exhaustively, but in order to enable my readers to understand the exact situation it is necessary to supply a short historical summary. In 1868, on account of the pressing need of good laborers for the construction of railways and other public works in America, the Governments of China and the United States concluded a treaty which provided that "Chinese subjects visiting or residing in the United States shall enjoy the same privileges, immunities, and exemptions in respect to travel or residence as may be enjoyed by the citizens or subjects of the most favored nation." It was a treaty negotiated by that great American statesman, Secretary Seward, and announced by the President of the United States to Congress as a "liberal and auspicious treaty". It was welcomed by the United States as a great advance in their international relations. It had also the double significance of having been negotiated by a Chinese special embassy, of which a distinguished American diplomat, Mr. Anson Burlingame, who was familiar with the wishes and interests of the American people, was the head.

But within a few years the labor unions on the Pacific coast began to object to the competition of Chinese laborers. Soon afterward the Chinese Government, to its intense surprise, was informed that the President of the United States had delegated a commission to come to Peking to solicit an abrogation of the treaty clause to which reference has been made. The Chinese Government was naturally unwilling to abrogate a treaty which had been urged on her by the United States with so much zeal, and which had so lately been entered upon on both sides with such high hopes. Long and tedious negotiations ensued, and finally a short treaty was concluded, the first and second Articles of which are as follows:

Article I

"Whenever in the opinion of the Government of the United States, the coming of Chinese laborers to the United States, or their residence therein, affects or threatens to affect the interests of that country, or to endanger the good order of the said country or of any locality within the territory thereof, the Government of China agrees that the Government of the United States may regulate, limit, or suspend such coming or residence, but may not absolutely prohibit it. The limitation or suspension shall be reasonable and shall apply only to Chinese who may go to the United States as laborers, other classes not being included in the limitations. Legislation taken in regard to Chinese laborers will be of such a character only as is necessary to enforce the regulation, limitation, or suspension of immigration, and immigrants shall not be subject to personal maltreatment or abuse."

Article II

"Chinese subjects, whether proceeding to the United States as teachers, students, merchants, or from curiosity, together with their body and household servants, and Chinese laborers who are now in the United States shall be allowed to go and come of their own free will and accord, and shall be accorded all the rights, privileges, immunities, and exceptions which are accorded to the citizens and subjects of the most favored nations."

It would seem reasonable to expect that in yielding so fully to the wishes of the United States in this second negotiation the Chinese Government would not be called upon to make any further concessions in the interests or at the demand of the labor unions on the Pacific coast, but in this China was disappointed. Within a period of less than ten years an urgent application was made by the American Secretary of State for a new treaty amended so as to enable the Congress of the United States to still further restrict the privileges of Chinese laborers who had come to the United States. And when the Chinese Government hesitated to consent to the withdrawal of rights which the United States granted to the subjects of other Governments, Congress passed the Scott Act of 1888 prohibiting any Chinese person from entering the United States except Chinese officials, teachers, students, merchants or travellers for pleasure or curiosity and forbidding also Chinese laborers in the United States, after having left, from returning thereto. This, in the words of Hon. J. W. Foster, ex-Secretary of State and a distinguished international lawyer, "was a deliberate violation of the Treaty of 1880 and was so declared by the Supreme Court of the United States." In order to save the Executive of the United States from embarrassment, the Chinese Government, contrary to its own sense of justice, and of international comity, for a third time yielded to the wishes of the United States, and concluded the amended treaty of 1894 which gave Congress additional power of legislation respecting Chinese laborers. By Article I of this treaty it was agreed that for a term of ten years the coming of Chinese laborers to the United States should be absolutely prohibited. Article III distinctly provided that "the provisions of this convention shall not affect the right at present enjoyed of Chinese subjects, being officials, teachers, students, merchants, or travellers for curiosity or pleasure, but not laborers, of coming to the United States and residing therein." Thus it is clear that the prohibition affects only laborers, and not the other classes of Chinese. For a few years after the signing of this convention this was the view adopted and acted upon by the immigration officials, but afterward they changed their attitude, and the foregoing Article has since been interpreted to mean that only the above-mentioned five classes can be admitted into the United States, and that all the other classes of Chinese, however respectable and honorable, must be refused admission. Will my readers believe that a Chinese banker, physician, lawyer, broker, commercial agent, scholar or professor could all be barred out of the United States of America under the provisions of this convention? In the face of the plain language of the text it seems too absurd and unreasonable to be contemplated, and yet it is a fact.

This convention was proclaimed in December, 1894. According to its provisions, it was to remain in force only for a period of ten years, but that if six months before the end of that period neither Power should give notice of denunciation it should be extended for a similar period. Such notice was, however, given by China to the United States and accordingly the convention expired in December, 1904, and is now no longer in force. No serious attempt has since been made by the United States Government to negotiate a new treaty regarding Chinese laborers, so the customs and immigration officials continue to prohibit Chinese laborers from coming to America by virtue of the law passed by Congress. It will be seen that by the treaty of 1868, known as the "Burlingame Treaty", the United States Government formally agreed that Chinese subjects, visiting or residing in the United States, should enjoy the same privileges and immunities as were enjoyed by the citizens or subjects of the most favored nation; that being so, and as the convention of 1894 has expired, according to the legal opinion of Mr. John W. Foster, and other eminent lawyers, the continuation of the exclusion of Chinese laborers and the restrictions placed upon Chinese merchants and others seeking admission to the United States are not only without international authority but in violation of treaty stipulations.

The enforcement of the exclusion laws against Chinese in the Hawaiian and Philippine Islands is still more inexcusable. The complaint in America against the immigration of Chinese laborers was that such immigration was detrimental to white labor, but in those Islands there has been no such complaint; on the contrary the enforcement of the law against the Chinese in Hawaii has been, and is, contrary to the unanimous wish of the local Government and the people. Free intercourse and immigration between those Islands and China have been maintained for centuries. What is most objectionable and unfair is that the Chinese should be singled out for discrimination, while all other Asiatics such as Japanese, Siamese, and Malays are allowed to enter America and her colonies without restraint. It is my belief that the gross injustice that has been inflicted upon the Chinese people by the harsh working of the exclusion law is not known to the large majority of the American people, for I am sure they would not allow the continuation of such hardships to be suffered by those who are their sincere friends. China does not wish special treatment, she only asks that her people shall be treated in the same way as the citizens or subjects of other countries. Will the great American nation still refuse to consent to this?

To solve the problem of immigration in a manner that would be satisfactory to all parties is not an easy task, as so many conflicting interests are involved. But it is not impossible. If persons interested in this question are really desirous of seeing it settled and are willing to listen to reasonable proposals, I believe that a way may be found for its solution. There is good reason for my optimistic opinion. Even the Labor Unions, unless I am mistaken, would welcome an amicable settlement of this complicated question. In 1902, while at Washington, I was agreeably surprised to receive a deputation of the leaders of the Central Labor Union of Binghamton, New York, inviting me to pay a visit there and to deliver an address. As I did not wish to disappoint them I accepted their invitation. During my short stay there, I was very cordially and warmly received, and most kindly treated not only by the local authorities and inhabitants, but by the members of the Labor Union and the working men also. I found that the Union leaders and the working men were most reasonable, their platform being, as far as I could learn, to have no cheap labor competition but not necessarily discrimination against any race. If the United States Government would appoint a commission composed of members representing the Labor Unions, manufacturers and merchants, to treat with a similar commission nominated by the Chinese Government, the whole question in all its bearings could be discussed, and I feel certain that after free and candid exchange of views, the joint Commissioners would be able to arrive at a scheme which would put at rest once for all the conflicting claims, and settle the matter satisfactorily to both China and the United States.

When this disagreeable difference has been removed, the friendly relations between the two Republics, cordial even while one was yet an Empire, will leave nothing to be desired and cannot but help to largely affect the trade between the two countries and to contribute to the peace of the Far East.

Chapter 5

American Education

Out of a total population of 91,972,266 in the United States there were, in 1910, 17,506,175 pupils enrolled. Few nations can show such a high percentage of school students. The total number of teachers was 506,040. Educational efficiency on such a scale can be maintained only by a large expenditure of money, and from the statistics of education I find that the sum received from tuition fees was $14,687,192 gold, from productive funds $11,592,113 gold, and from the United States Government $4,607,298 gold, making a total of $70,667,865 gold.[①]

In every state there are very many schools, both public and private. There are public schools in every town, and even the smallest village has its school, while in some agricultural states, such as Wyoming, where the population is very scattered, teachers are provided by the government to teach in the farmers' homes wherever

---

① I question whether any other nation can produce such an excellent example in the cause of education.

three or four children can be gathered together. The public schools are free and open to all, but in some towns in the Southern States special schools are provided for the colored people. Having such facilities for gaining knowledge, it naturally follows that the Americans, as a whole, are an educated people. By this I mean the native American, not the recent immigrants and negroes, but even as regards the latter a reservation should be made, for some of the negroes, such as Booker T. Washington and others, have become eminent through their learning and educational work.

The distinguishing feature of the school system is that it is cheap and comprehensive. In the primary and high schools the boys and girls, whether they come from the wealthy or aristocratic families, or from more straitened homes, are all studying together in the same class-room, and it is known that a President sent his son to study in a public school. There is, therefore, no excuse for even the poorest man in America being an illiterate. If he wishes he can obtain a degree in a university without difficulty. Many of the state universities admit the children of citizens of the state free, while their tuition fees for outsiders are exceptionally low, so that it is within the power of the man of the most moderate means to give his son a university education. Many of the college or university students, in order to enable them to go through their courses of study, do outside jobs after their lecture hours, and perform manual, or even menial work, during the vacations. I frequently met such students in summer resorts acting as hotel waiters and found them clean, attentive, and reliable. During a visit to Harvard University, President Eliot took me to see the dining-hall. Many students were taking their lunch at the time. I noticed that the waiters were an unusually clean set of young men, and upon inquiry was informed that they were students of the University, and that when a waiter was wanted many students applied, as the poorer students were glad to avail themselves of the opportunity to earn some money.

Honest labor, though menial, is not considered degrading, and no American of education and refinement is above doing it. In some of the states in the East, owing to the scarcity of servants, families do their own cooking and other household work. Some few years ago I was on a visit to Ashburnham, Massachusetts, and was surprised to find that my hostess not only did the cooking but also cleaned my room. I was invited to a formal luncheon by a professor, and to my astonishment his two daughters waited at the table. This is not unlike what occurs in some parts of China in the interior. The members of families, although in good circumstances, do their own household work. In some towns, not far from Canton, wealthy farmers and country gentlemen hire out their sons as menials, so that these youngsters, when they have grown up, shall know the value of money and not squander the family wealth. I cite a typical case of a millionaire who had only one son. In order to make him appreciate the worth of money he took his boy to Canton, and allowed him to be hired out as an ordinary servant. The boy was ordered by his master to look after a certain part of the house, and also to take care of a little garden. One day he carelessly broke a valuable gold-fish jar much prized by the family. His master naturally became enraged and reproached him for his negligence. The young man coolly told him that if he would come to his father's house he could replace the broken vessel by making his own selection from his father's collection of gold-fish jars. This irritated the master, who thought that the lad was adding insult to injury. However, ultimately, his master was persuaded to go with him to his father's house, and to his great astonishment he found there many gold-fish jars which were more precious than that which the lad had broken. Household work, however mean it may be, is not considered degrading in China, but the difference between China and America is that in America the people are compelled to do it from necessity, while in China it is resorted to as a matter of policy to make the young men realize the value of money, and not spend it wastefully.

The curriculum prescribed in the schools covers a wide range of subjects, and the graduates are well equipped to face the battle of life. Not only are drawing, sketching and other fine arts taught, but also carpentry and other trades. I was once shown a fairly made box which was the product of a very small boy. I did not at first perceive the use of teaching a boy to do such work in school, but I learned that its object was to instruct the pupil how to think and arrange his materials systematically.

With the exception of those schools established by Christian societies, or endowed by religious sects, all educational institutions, especially those established by the state authorities, are secular. Religion is not taught. Neither the Bible nor any other religious work is used in the schoolroom. The presidents, professors, and tutors may be strict churchmen, or very religious people, but, as a rule, they are not permitted to inculcate their religious views on the students. The minds of the young are most susceptible, and if no moral principles are impressed upon them at school or college they are apt to go astray. It should be remembered that men of education without moral principles are like a ship without an anchor. Ignorant and illiterate people infringe the law because they do not know any better, and their acts of depredation are clumsy and can be easily found out, but when men of education commit crimes these are so skilfully planned and executed that it is difficult for the police to unravel and detect them. It has been known that frauds and forgeries perpetrated by such unscrupulous persons were so cleverly designed that they bore the evidence of superior education, and almost of genius. The more a man is educated the more it is necessary, for the welfare of the state, to instruct him how to make a proper use of his talents: Education is like a double-edged sword. It may be turned to dangerous usages if it is not properly handled. As there is no established church in the United States, and in view of the numberless different sects, it is not advisable to permit any particular phase of religion to be taught. But why not consent to allow the cardinal principles of morality to be taught in every school? The following may serve as examples:

(1) Honesty is the best policy.

(2) Honor thy father and thy mother.

(3) Universal brotherhood.

(4) Love of mankind.

(5) Charity to all.

(6) Purity in thought and action.

(7) Pure food makes a pure body.

(8) Happiness consists of health and a pure conscience.

(9) Live and let live.

(10) Respect a man for his virtues, not for his money or position.

(11) "Fiat justitia, ruat coelum" (Let justice be done, though the Heavens should fall).

(12) Bear no malice against anyone.

(13) Be equitable and just to all men.

(14) Liberty and freedom but not license.

(15) Do not unto others what ye would not that others should do unto you.

I have jotted down the above just as they occurred to me while writing. They can easily be amplified, and be made the basis of an ethical instruction in all the schools. In any case, every nation should aim at the highest standard of morals.

Co-education in the United States is not so unpopular as in some other countries, and it is increasing in favor. In all the primary schools, and in most of the high schools, boys and girls study in the same class-room, and girls are admitted as students even in some colleges and universities. This principle of admitting the fair sex to equal educational privileges is slowly but surely being recognized everywhere. In some universities the authorities have gone half-way; lectures are given to the girl students in separate rooms, or separate buildings, or halls, are provided for the girl students. With regard to the teaching staff, in the primary schools nearly all the teachers are women, and in the high schools their number is at least half, if not more. In some of the universities there are lady professors or tutors. It goes without saying that girls have the natural talent for learning everything that boys can learn. The objections raised by the opponents of co-education seem to rest chiefly upon the danger of the intellectual or physical overstrain of girls during adolescence, and upon the unequal rate of development of boys and girls during the secondary school period. It is further alleged that in mixed schools the curriculum is so prescribed that the girls' course of study is more or less adapted to that of the boys, with the result that it cannot have the artistic and domestic character which is suitable for the majority of girls; but why should not the curriculum be arranged in such a way as to suit both sexes? Is it not good for both to learn the same subjects? That which is good for a boy to learn is it not equally advisable for a girl to know, and vice versa? Will not such a policy create mutual sympathy between the sexes? The opponents of the co-education policy assert that it makes the girls masculine, and that it has a tendency to make the boys a little feminine. It cannot, however, be doubted that the system reduces the cost of education, such as the duplication of the teaching staff, laboratories, libraries, and other equipment.

It is objected that the system has done more than anything else to rob marriage of its attractions, by divesting man of most of his old-time glamour and romance. It is claimed that this early contact with the other sex, on a footing of equality, and the manner in which the majority of the girl students more than maintain their intellectual standing with the boys, has tended to produce that contempt of the much-vaunted superiority of man, that, as a rule, is reserved for those post-nuptial discoveries which make marriage such an interesting venture. But they forget that marriages are frequently contracted in places where girls and boys are taught together, and where they have had ample opportunities for knowing each other intimately, and that experience proves that such marriages are happy and lasting unions. It is interesting to observe, however, that as the number of educational institutions has increased, the number of unmarried women has been correspondingly augmented. It is easy to explain this by the fact that a large number of women earn their own livelihood by going into business and the professions. As they become more educated, and are allowed to participate in many of the same privileges as men, it is only natural that they should show their independence by remaining single. The same thing would occur in any country, and we may expect a like state of things in China as greater facilities for instruction are afforded to women. I do not feel alarmed at the prospect; indeed, I would welcome it if I could see my country-women acting as independently and as orderly as their American sisters.

The games and sports sanctioned and encouraged in schools and universities are useful, in that they afford diversion of the pupils' minds from their school work. They should not, however, be indulged in in such a way as to interfere with their studies. Take, as an example, boat racing; several months of preparation are necessary before the event takes place, and during a great portion of this time the students do not think much of their studies; they are all mad with excitement. The contest between the two rival parties is very keen; they have but one thought, and that is to win the race. In this way, at least so it seems to me, the main object of recreation is entirely lost sight of; it becomes no longer an amusement, but labor and work. I am told that the coxswain and the other members of the boat race generally have to take a long rest when the race is over, which clearly shows that they have been overworking. I favor all innocent games and sports which mean recreation and diversion, but if it be thought that without a contest games would lose their relish and their fun, then I would suggest that the aim should be the exhibition of a perfect body and absolute health. Let the students, when they come to the recreation ground, indulge in any sport they please, but make them feel that it is "bad form" to overstrain, or do anything which, even temporarily, mars the perfect working of their physical organisms. Let each student so train himself as to become healthy and strong both physically and mentally, and the one who, through reasonable and wholesome exercises, is able to present himself in the most perfect health should be awarded the highest prize.

Chapter 6

American Business Methods

If I should be asked what is most essential for the successful carrying on of business in America I would say advertising. A business man in America who intends to succeed must advertise in the daily, weekly, and monthly papers, and also have big posters in the streets. I do not believe any up-to-date merchant in America fails to do this. Every book and magazine contains many advertisements; sometimes fully half of a big magazine is covered with notices or pictures of articles for sale. Wherever you go the inevitable poster confronts you; and even when you look out of the window of the train you see large sign-boards announcing some article of trade. The newer the brand the bigger the picture. If when you get into a street-car you look around you will see nothing but advertisements of all kinds and sorts, and if you answer an advertisement you will keep on receiving notices of the matter about which you inquired. Even now I receive letters urging me to buy something or other about which I sent a letter of inquiry when I was in America. At night, if you stroll round the town you will be amazed by the ingenious and clever signs which the alert minds of the trades people have invented, such as revolving electric lights forming the name of the advertiser with different colors, or a figure or shape of some sort illustrating his wares. But even this is not thought sufficient. Circulars are often sent to everyone, making special offers, setting forth forceful reasons why the commodity advertised is indispensable. Certain stores make it a point to announce cheap sales once or twice a year, with from 10 to 25 per cent reduction. It should be noted that no tradesman voluntarily sells his goods at a loss, so that if during a sale he can give as much as 25 per cent discount we can easily calculate the percentage of profit he generally makes. There are cases where men who started as petty dealers have, after a few years, become millionaires.

To show the importance of advertising I cite the well-known sanitary drink which is a substitute for tea and coffee, and which by extensive advertising in almost every paper published in every country has now become a favorite beverage. The proprietor is now a multi-millionaire and I am told that he spends more than a million dollars a year in advertising.

Another thing inseparable from American business is the telephone. A telephone is a part of every well-appointed house, every partner's desk is provided with a telephone, through which he talks to his clients and transacts business with them. In all official departments in Washington scores of telephones are provided; even the secretary of the department and the chief of the bureau give orders by telephone. It goes without saying that this means of communication is also found in the home of almost every well-to-do family. The invention of a telephone is a great blessing to mankind; it enables friends to talk to each other at a distance without the trouble of calling.[1] However, one is subjected to frequent annoyances from wrong connections at the Central Office, and sometimes grave errors are made. Once, through a serious blunder, or a mischievous joke, I lost a dinner in my Legation in Washington. My valet received a telephone message from a lady friend inviting me to dine at her house. I gladly accepted the invitation, and at the appointed time drove to her home, only to find that there was no dinner-party on, and that I should have to go hungry.

With some trades, in order to create a new market, commercial travellers or "drummers" give their goods away for nothing. Experience has proved that what they lose at the start they recover in the course of time, receiving in addition triple or tenfold more business than the cost of the original outlay. These commercial agents travel through all sections of the country to solicit business; they call upon those who can give them orders; they look up those who are engaged in similar businesses to their own, and, if they are retailers, they invite their orders, or ask them to become sub-agents. These gentlemen practically live on the trains: they eat, sleep, and do their business while travelling. One of them told me that in one month he had covered 38,000 miles, and that he had not been back to his firm for three months.

There is no doubt that the American people are active, strenuous workers. They will willingly go any distance, and undertake any journey, however arduous, if it promises business; they seem to be always on the go, and they are prepared to start anywhere at a

① Sweethearts can exchange their sweet nothings, and even proposals of marriage have been made and accepted through the telephone.

moment's notice. An American who called on me a short time ago in Shanghai told me that when he left his house one morning at New York, he had not the slightest notion he was going to undertake a long journey that day; but that when he got to his office his boss asked him if he would go to China on a certain commission. He accepted the responsibility at once and telephoned to his wife to pack up his things. Two hours later he was on a train bound for San Francisco where he boarded a steamer for China. The same gentleman told me that this trip was his second visit to China within a few months.

American salesmen are clever and capable, and well know how to recommend whatever they have to sell. You walk into a store just to look around; there may be nothing that you want, but the adroit manner in which the salesman talks, and the way in which he explains the good points of every article at which you look, makes it extremely difficult for you to leave the store without making some purchases. Salesmen and commercial travellers in the United States have certainly learned the art of speaking. I once, however, met a remarkable exception to this rule in the person of an American gentleman who was singularly lacking in tact; he was in China with the intention of obtaining a concession, and he had nearly accomplished his object when he spoilt everything by his blunt speech. He said he had not come to China for any philanthropic purposes, but that he was in the country to make money. We all know that the average business man is neither a Peabody nor a Carnegie, but it was quite unnecessary for this gentleman to announce that his sole object was to make money out of the Chinese.

Up to a few years ago business men in America, especially capitalists, had scarcely any idea of transacting business in China. I well remember the difficulty I had in raising a railway loan in America. It was in 1897. I had received positive instructions from my government to obtain a big loan for the purpose of constructing the proposed railway from Hankow to Canton. I endeavored to interest well-known bankers and capitalists in New York City but none of them would consider the proposals. They invariably said that their money could be just as easily, and just as profitably, invested in their own country, and with better security, than was obtainable in China. It was only after nearly twelve months of hard work, of careful explanation and much persuasion, that I succeeded in finding a capitalist who was prepared to discuss the matter and make the loan. Conditions have now changed. American bankers and others have found that investments in China are quite safe. They have sent agents to China to represent them in the matter of a big international loan, and they are now just as ready to lend money in China as in Europe, and on the same terms. In conjunction with the representatives of some large European capitalists they even formed a powerful syndicate in China, for the purpose of arranging loans to responsible Chinese investors. In the spring of 1913, however, they withdrew from the syndicate.

The opportunities to make money in America are great and a young man with only fair ability, but an honest purpose, will always get something to do; and if he is industrious and ready for hard work, if he possesses courage and perseverance, he will most surely go forward and probably in time become independent. There are hundreds of millionaires and multi-millionaires in America who, in their younger days, were as poor as sparrows in a snowstorm, but through perseverance, combined with industrious and economical habits they have prospered far beyond their own expectations. The clever methods they adopt in the carrying on of their business cannot but arouse our admiration, and Chinese merchants would do well to send some of their sons to America to study the various systems practised there. But no nation or any class of people is perfect, and there is one money-making device which seems to me not quite sound in principle. To increase the capital of a corporation new shares are sometimes issued, without a corresponding increase in the actual capital. These new shares may represent half, or as much of the actual capital as has been already subscribed. Such a course is usually defended by the claim that as the property and franchises have increased in value since the formation of the corporation the increase of the stock is necessary in order to fairly represent the existing capital. It is said that some railway stock has been "watered" in this way to an alarming extent, so that a great deal of it is fictitious, yet though it exists only on paper it ranks as the equal of the genuine stock when the dividends are paid. Whether or not such an action really is justifiable, or even moral, I leave to the Christian clergy and their followers to decide. The promoters and directors of such concerns have at least hit upon a very clever method for becoming rich, and if the securities of the original shareholders are not injured, and the holders of the genuine and the watered stock can share equally without endangering the interests of all, perhaps such an action may be less blamable, but it is a new kind of proceeding to Orientals.

I must not omit to mention, however, the confidence which is placed in the honesty of the people in general; for example, you enter an omnibus, you will find the driver, but no conductor to collect the fare. "It is up to you" to put the fare into a box, and if you do not pay no one will ask for it. Yet every fare is paid. I have never seen a dishonest man who omitted to pay. This is a remarkable fact which I have noticed nowhere but in America. I suppose it is because the people are not poor, and as they are always able to pay the fare they do so. They are too honest to cheat. It is certainly a good way to encourage people to be honest, to put them on their honor and then rely on their own sense of uprightness.

The most curious sight I have ever seen was the Stock Exchange in New York. It is used as a market for the purchase and sale of various articles, but there were no goods exposed for sale. I saw a good many people running about talking, yelling and howling, and had I not been informed beforehand what to expect I should have thought that the men were getting ready, in their excitement, for a general all-round fight. However, I did not see any exchange of blows, and I did not hear that any blood was shed.

Another remarkable feature of the scene was that I did not see a single woman there; she was conspicuous by her absence. Whether or not the rules of the Exchange allow her to become a member I do not know; that is a question for the woman suffragists to investigate, but I learned that it is a wealthy association consisting of 1,100 members, and that to become a member one must be a citizen of the United States of 21 years of age or more. The number of members is limited. Persons obtain membership by election, or by the transfer of the membership of a member who has resigned or died. A new member who is admitted by transfer pays an initiation fee of 2,000 gold dollars, in addition to a large fee to the transferrer, for his "seat in the House". A member may transfer his seat to his son, if the Committee of the Exchange approves, without charging for it; but in all cases the transferree pays the above-mentioned initiation fee of 2,000 gold dollars.

The prices for these seats vary, the fluctuations being due to the upward or downward trend of the stock market. Within recent years the price has risen considerably, and as much as 95,000 gold dollars has been paid to the transferrer. This is much higher than the price usually paid by new members in Stock Exchanges in Europe, yet when a seat becomes vacant there is no lack of purchasers. It is clear that a seat in the "House" is very valuable to the holder. In the building each member has a stall allotted to him where he has a telephone for his exclusive use; this enables him to communicate every transaction done in the Exchange to his business house, and to keep up connections with his constituents in other cities. When one of his constituents, say in Washington, D.C., desires to buy a certain security the order is conveyed to him direct, and executed without delay. I have seen a transaction of this kind executed in ten minutes, though there was a distance of several hundred miles between client and broker. The amount of business transacted in the "House" every day is enormous, aggregating many millions of dollars. New York also has other Exchanges, where different articles of merchandise are purchased and sold, such as corn, coffee, cotton, etc., and the volume of business transacted daily in that "Empire City" must be immense, and almost beyond calculation.

Of course there are Exchanges in Chicago, Boston, Cincinnati, St. Louis, Philadelphia, Baltimore, Washington and other cities, all conducted on similar lines, but the prices are always governed by the quotations from New York. This skilful and systematic way of doing business is remarkable, and I am inclined to believe that New York is ahead of many cities in South America and in Europe. No wonder that the services of Americans are required by other countries in industrial and technical concerns. Some years ago, when I was in Madrid, I noticed that the street tram-car was running according to the American system, and upon inquiry I was told it was controlled by an American syndicate.

The pursuit of wealth in America is intense; it is apparent everywhere and seems to be the chief aim of the American people. Because of their eagerness to become rich as soon as possible they are all in a constant hurry. You may see people in the streets almost running to their offices, at luncheon they do not masticate their food, they bolt it, and in less than ten minutes are on their way back to their office again. Everyone is urged on by this spirit of haste, and you frequently hear of sudden deaths which doctors attribute to heart failure, or some other malady, but which I suspect are caused by the continual restless hurry and worry. People who are so unnaturally eager to get rich naturally suffer for it.

It is the general belief that Americans do not live as long as Europeans. They make money easily and their expectations are high. I have known many Americans who, in my opinion, were wealthy people, but they themselves did not think so; in fact, they said they were poor. Once I asked a gentleman, who was known to be worth half a million of gold dollars, whether it was time for him to retire. He pooh-poohed the idea and said that he could not afford to give up his work. In reply to my inquiries he informed me that he would not call a man wealthy unless he should be possessed of one or two millions of dollars.

With such extravagant ideas, it is no wonder that Americans

work so hard. I grant that a man's mission in this world is to attain happiness. According to Webster, happiness is "that state of being which is attended with enjoyment," but it is curious to observe what different notions people have as to what happiness is. I know an Englishman in China who by his skilful business management, combined with good luck, has amassed immense wealth; in fact, he is considered the richest man in the port where he resides. He is a bachelor, over seventy years old, and leads a very simple life. But he still goes to his office every day, and toils as if he had to work for a living. Being told that he should discontinue his drudgery, as at his death he would have to leave his large fortune to relatives who would probably squander it, he gave an answer which is characteristic of the man. "I love," he said, "accumulating dollars and bank notes, and my enjoyment is in counting them; if my relatives who will inherit my fortune, take as much pleasure in spending it as I have had in making it, they will be quite welcome to their joy." Not many people, I fancy, will agree with the old bachelor's view of life. I once suggested to a multi-millionaire of New York that it was time for him to retire from active work, leaving his sons to carry on his business. He told me that he would be unhappy without work and that he enjoyed the demands his business made on him each day.

Many a man's life has been shortened by his retiring from business. It is the mind rather than the body that lives, and apart from their business these men have no thoughts and therefore no life. A man's idea of happiness is greatly governed by his personal tastes, and is influenced by his environment, his education and the climate. The form which it is to assume may vary with persons of different tastes and positions, but it should not be carried out for his own benefit solely and it should not be injurious to his health or to his intellectual and spiritual improvement, nor should it be detrimental to the interests of other people.

Chapter 7

American Freedom and Equality

When an Oriental, who, throughout his life, has lived in his own country where the will of his Sovereign is supreme, and the personal liberty of the subject unknown, first sets foot on the soil of the United States, he breathes an atmosphere unlike anything he has ever known, and experiences curious sensations which are absolutely new. For the first time in his life he feels that he can do whatever he pleases without restraint, and that he can talk freely to people without fear. When he takes up a newspaper and reads statements about different persons in high positions which are not at all creditable to them, and learns that no serious consequences happen to the writers, he is lost in wonderment. After a little time he begins to understand that this is the "land of the free and the home of the brave", and that in America everybody is on an equality. The President, the highest official in the United States, is neither more nor less than a citizen; and should he, which is very unlikely, commit an offense, or do anything in contravention of the law, he would be tried in a Court of Justice in the same manner as the lowest and the poorest citizen. Naturally the new visitor thinks this the happiest people on earth, and wishes that his own country could be governed as happily. Until that lucky day arrives he feels that he would rather stay in free America than return to his native land.

One of the first lessons which is learned by the American child in school, and which is deeply impressed on its mind by its teacher, is that according to the Constitution all persons are born equal, and that no distinction is made between sections, classes, or sects.

No slaves, or persons under bonds, have been allowed in the United States since the abolition of slavery by President Lincoln. The moment a slave, or anyone in bonds, steps on the shores of the United States he is free, and no one, not even his former master, can deprive him of his liberty. America also affords an asylum for oppressed people and for political offenders; people who have been persecuted in their own land, on account of their religion, or for political offenses, find a safe refuge in this country. Every year large numbers of Jews, and other foreigners, emigrate to America for the sake of enjoying religious freedom. Perfect religious liberty is guaranteed to everyone in the United States. There is equal religious liberty in England, but the King is compelled to belong to a particular section of the Christian Church, whereas in the United States no restriction is placed on the religious belief of the President; thus one President was a Baptist, another a Unitarian, and a third a Congregationalist; and, if elected, a Jew, a Mohammedan, or a Confucianist could become the President. Several Jews have held high Federal offices; they have even been Cabinet Ministers. Article VI of the Constitution of the United States says: "No religious test shall ever be required as a qualification to any office or public trust under the United States."

So ingrained in the minds of the American people is this principle of liberty and freedom of action that I do not believe they would resign it for any consideration whatsoever. Once an English Duke was asked whether he would accept the throne of China on the sole condition that he must reside in the Palace of Peking, and act as the Chinese Emperors have always been accustomed to act. He replied that such an exalted position of power and responsibility would be very great and tempting, but that he would on no account accept such an honor on such terms, as it would practically make him a prisoner. Though a subject under a monarchial form of government, he would not forfeit his right of freedom of action; and much less would a democratic American give up his birthright for any price. I knew an eminent and learned Judge of the Supreme Court in Washington, who used to say that he would never bend his knees to any human being, and that to the Almighty God alone would he ever do homage. He no doubt acted up to his principles, but I much doubt if all Americans observe so lofty an ideal. A young lover in proposing to his sweetheart would not mind kneeling down to support his prayer. I have seen penitent husbands bending their knees to ask the forgiveness of their offended wives. This, however, can be explained by the fact that the act of kneeling is not, in such cases, a sign of inferiority, but the act of one equal asking a favor from another; still it is the bending of the knee which was so solemnly abjured by the learned Judge.

The dislike of distinction of classes which arises from the principle of equality is apparent wherever you go in the States. The railroad cars are not marked first, second, or third, as they are in Europe. It is true that there are Pullman cars, and palace cars, with superior and superb accommodation, and for which the occupant has to pay an extra fare; but the outside of the car simply bears the name "Pullman" without indicating its class, and anyone who is willing to pay the fare may share its luxuries. I should mention that in some of the Southern states negroes are compelled to ride on separate cars. On one occasion, arriving at the railroad station in one of those states, I noticed there were two waiting-rooms, one labelled "For the White", and the other "For the Colored". The railway porter took my portmanteau to the room for the white, but my conscience soon whispered I had come to the wrong place, as neither of the two rooms was intended for people of my complexion. The street-cars are more democratic; there is no division of classes; all people, high or low, sit in the same car without distinction of race, color or sex. It is a common thing to see a workman, dressed in shabby clothes full of dirt, sitting next to a millionaire or a fashionable lady gorgeously clothed. Cabinet officers and their wives do not think it beneath their dignity to sit beside a laborer, or a coolie, as he is called in China.

Foreign Ministers and Ambassadors coming to Washington soon learn to follow these local customs. In a European country they ride in coronated carriages, with two liverymen; but in Washington they usually go about on foot, or travel by the street-cars. I frequently saw the late Lord Pauncefote, the celebrated British Ambassador to Washington, ride to the State Department in the street-car. My adoption of this democratic way of travelling during the time I was in America was the cause of a complaint being made against me at Peking. The complainants were certain Chinese high officials who had had occasion to visit the States; one of them had had a foreign education, and ought to have known better than to have joined in the accusation that my unpretentious manner of living was not becoming the dignity of a representative of China. They forgot that when in Rome you must do as the Romans do, and that to ride in a sumptuous carriage, with uniformed footmen, is in America not only an unnecessary expense, but a habit which, among such a democratic people as the Americans, would detract from, rather than add to, one's dignity. An envoy residing in a foreign country should be in touch with the people among whom he is sojourning. If he puts on unnecessary airs, there will be a coldness and lack of cordiality between him and the community; his sphere of usefulness will be curtailed, and his knowledge of the people and their country limited. Of course, in a European Capital, where every diplomat drives in a carriage, I should follow the example of my colleagues. But even in England, I frequently met high statesmen, such, for example, as Lord Salisbury, walking in the streets. This unrestrained liberty and equality is remarkably conspicuous in the United States; for instance, at the White House official receptions or balls in Washington, I have seen ladies in ordinary dress, while on one occasion a woman appeared in the dress of a man. This was Doctor Mary Walker.

In a democratic country, such as the United States, one would naturally suppose that the people enjoyed a greater degree of freedom than is possible in monarchial countries. But, so far from this being so, in some respects, they appear to be in a worse position. On my return journey from South America, some years ago, our steamer had to stay for four hours outside of New York harbor. We had first to wait for the doctor to come on board to make his inspection of all the passengers, then the Customs officials appeared and examined the luggage and boxes of all the passengers, and then, last but not the least, we had to wait for the immigration officers. All this necessarily took time, and it was not until all these inspections were completed that the steamer was allowed to enter the harbor, and to tie up alongside the dock. And this occurred in the land of freedom and liberty! I spoke to some of my American fellow passengers about the inconvenience and delay, and though they all murmured they quietly submitted. Customs and sanitary inspection should be so conducted as to cause as little delay as possible. I have visited many countries in Europe, in South America, and in Asia, but I have never known of a ship having to stay outside the harbor of the port of her destination for so long a time.

Take another case; some months since, I wished, in compliance with the request of a lady in America, to send her a chow-dog. A mutual friend was willing to take it to her, but, upon making inquiries at the American Consulate as to the Customs regulations, he was informed that it would be impossible for him to undertake the commission, as the Customs officers at San Francisco, besides imposing a heavy duty on the dog, would keep the ship in quarantine because the dog was on board. I could scarcely believe this, but inquiries confirmed the truth of my friend's statement. Customs and immigration laws and sanitary regulations must, of course, be observed, but they should be enforced in such a way as not to work hardship on the people. Officers entrusted with the performance of such duties, while faithfully and conscientiously performing their work, should yet exercise their power with discretion and tact. They are the servants of the people, and ought to look after their interests and convenience as well as after the interests of the State. I would be the last one to encourage smuggling, but would the national interests really suffer if the Custom House officers were to be a little more ready to accept a traveller's word, and if they were less ready to suspect everyone of making false declarations when entering the country? Smuggling must be repressed, but at the same time is it not true that the more imports enter the country the better it is for the State and for the people?

There are no peers in the United States, as the Government has no power to create them; and although America is nominally a free country, yet if a foreign government should confer a decoration on an American citizen for services rendered, he cannot accept it without the consent of Congress, just as under a monarchy a subject must obtain his sovereign's permission to wear a foreign decoration. It is true that there are some such titled persons in America, but they are not treated with any greater respect or distinction than other citizens; yet you frequently find people in America who not only would not disdain, but are actually anxious, to receive decorations from foreign governments. Once, at least, an American high official, just before leaving the country to which he had been accredited, accepted, without permission, a decoration, knowing, that if he had asked for the consent of Congress, he would not have been allowed to receive it.

It is human nature to love change and variety, and for every person to be designated "Mister" is too tame and flat for the go-ahead Americans. Hence many of the people whom you meet daily have some prefix to their names, such as General, Colonel, Major, President, Judge, etc. You will not be far wrong to call a man "Judge" when he is a lawyer; or "General" or "Colonel" if he has served in the army; or "Admiral" or "Captain" if he has been in the navy. Though neither the Federal nor the State Government has power to confer titles, the magnates do so. They see that dukes and other peers are created in Europe, and that the partners in the big, wealthy firms over there, are called "merchant princes", and so to outdo them, they arrogate to themselves a still higher title. Hence there are railroad kings, copper kings, tobacco kings, etc. It is, however, manifestly improper and incongruous that the people should possess a higher title than their President, who is the head of the nation. To make it even, I would suggest that the title "President" be changed to "Emperor", for the following reasons: First, it would not only do away with the impropriety of the chief magistrate of the nation assuming a name below that of some of his people, but it would place him on a level with the highest ruler of any nation on the face of the earth. I have often heard the remark that the President of the United States is no more than a common citizen, elected for four years, and that on the expiration of his term he reverts to his former humble status of a private citizen; that he has nothing in common with the dignified majesty of an Emperor; but were the highest official of the United States to be in future officially known as Emperor, all these depreciatory remarks would fall to the ground. There is no reason whatever why he should not be so styled, as, by virtue of his high office, he possesses almost as much power as the most aristocratic ruler of any nation. Secondly, it would clearly demonstrate the sovereign power of the people; a people who could make and unmake an Emperor, would certainly be highly respected. Thirdly, the United States sends ambassadors to Germany, Austria, Russia, etc. According to international law, ambassadors have what is called the representative character, that is, they represent their sovereign by whom they are delegated, and are entitled to the same honors to which their constituent would be entitled were he personally present. In a

Republic where the head of the State is only a citizen and the sovereign is the people, it is only by a stretch of imagination that its ambassador can be said to represent the person of his sovereign. Now it would be much more in consonance with the dignified character of an American ambassador to be the representative of an Emperor than of a simple President. The name of Emperor may be distasteful to some, but may not a new meaning be given to it? A word usually has several definitions. Now, if Congress were to pass a law authorizing the chief magistrate of the United States of America to be styled Emperor, such designation to mean nothing more than the word "President", the title would soon be understood in that sense. There is no reason in history or philology why the word "Emperor" should never mean anything other than a hereditary ruler. I make this suggestion seriously, and hope it will be adopted.

Marriage laws in the United States, as I understand them, are more elastic than those in Europe. In England, until a few years ago, a man could not contract a legal marriage with his deceased wife's sister, although he could marry the betrothed wife of his deceased brother. It is curious to compare the Chinese view of these two cases. Marriage with a deceased wife's sister is, in China, not only lawful, but quite common, while to marry a dead brother's betrothed is strictly prohibited. Doubtless in the United States both are recognized as legal. I was not, however, prepared to hear, and when I did hear it, I could not at first believe that a man is permitted to marry his deceased son's wife. Let me quote from the *China Press* which has special facilities for obtaining news from America. "Boston, March 24. The engagement of Mrs. Katherine M. B., widow of Charles A. B., and daughter of George C. F., chairman of the ..., Board of ..., to her father-in-law, Frank A. B., of …, became known to-day. Charles A. B. was killed at the … Road crossing in … on March 29, 1910, by a locomotive which struck a carriage in which he was driving to the First Congregational Church, to serve as best man at the wedding of Miss H. R. F., another daughter of S. F., to L. G. B. of … His wife, who was in the carriage with him and was to have been matron at the wedding, was severely injured. Her mother-in-law, Mrs. Frank A. B., died some months later."① I suppose the marriage has since been consummated. If a father is permitted to marry his deceased son's wife, in fairness a son should be allowed to marry his deceased father's wife. I presume that there is a law in the United States or in some of the states against marriages within the prohibited degrees of consanguinity and affinity, but I confess that the more I study the subject the more I am confused as to what is or what is not within the prohibited degrees.

In China the law on this subject is extremely rigid, and consequently its infraction is exceedingly rare; I have, as a matter of fact, never heard of the marriage laws in China being broken. In *Liao Chai*, a famous collection of Chinese tales, it is recorded that a young widow married her son and moved to another part of the country, so that their identity and relationship should be concealed. They seemed to have lived very happily together. After many years, when they had had children and grandchildren, their true relationship was accidentally discovered. A complaint was laid before the local authorities. After a long deliberation and careful review of the case, and to eradicate such "unnatural offspring", as they were termed, it

① The names of the parties and places were given in full in the *China Press*.

was decided that the two offenders, and all their children and grandchildren should be burned to death, which sentence was duly carried out. I doubt if the story is authentic. It was probably fabricated by the author that it might serve as a warning. The sentence, if true, was too severe; the offspring who were innocent contributories to the crime deserved pity rather than punishment; the judgment passed on the real offenders was also unduly harsh. My object in citing this unsavory tale is to show the different views held in regard to incestuous marriage in China with its serious consequences.

It is commonly supposed that all men are born equal, and that the United States is the land of perfect equality. Now let us see if this is really so. There are men born into high stations of life, or into wealthy families, with "silver spoons" in their mouths; while there are others ushered into this world by parents who are paupers and who cannot support them. Then there are people born with wit and wisdom, while others are perfect fools. Again there are some who are brought to this life with strong and healthy constitutions, while others are weak and sickly. Thus it is plain that men are not born equal, either physically, intellectually, or socially. I do not know how my American friends account for this undoubted fact, but the Chinese doctrine of previous lives, of which the present are but the continuation, seems to afford a satisfactory explanation.

However, this doctrine of equality and independence has done immense good. It has, as a rule, caused men to think independently, and not to servilely follow the thoughts and ideas of others, who may be quite wrong. It has encouraged invention, and new discoveries in science and art. It has enabled men to develop industries and to expand trade. New York and Chicago, for example, could not have become such huge and prosperous cities within comparatively short periods, but for their free and wise institutions. In countries where personal liberty is unknown, and the rights of person and property are curtailed, people do not exert themselves to improve their environments, but are content to remain quiet and inactive.

By the constitution of the State of California it is declared that "all men are free and independent". It must be conceded that the American people enjoy a greater amount of freedom and independence than other people. But are they perfectly free, and are they really independent? Are they not swayed in politics by their "bosses", and do not many of them act and vote as their bosses dictate? In society are they not bound by conventionalities and, dare they infringe the strict rules laid down by the society leaders? In the matter of dress also are they not slaves, abjectly following new-fangled fashions imported from Paris? In domestic circles are not many husbands hen-pecked by their wives, because they, and not the men, rule the roost? Are not many women practically governed by their husbands, whose word is their law? The eager hunger for "the almighty dollar" leads most Americans to sacrifice their time, health, and liberty in the acquisition of wealth, and, alas, when they have acquired it, they find that their health is broken, and that they themselves are almost ready for the grave. Ought a free and independent people to live after this fashion?

In every well organized community it is essential that people should obey all laws and regulations which are enacted for the greatest good of the greatest number. In domestic circles they should willingly subordinate their own wishes to the wishes of others, for the sake of peace, concord and happiness. Happy that people whose laws and conditions are such that they can enjoy the greatest amount of freedom in regard to person and property, compatible with the general peace and good order of the community, and if I should be asked my opinion, notwithstanding all that I have above said concerning the United States, I should have to acknowledge that I believe that America is one of the few nations which have fairly well approximated the high ideal of a well-governed country.

Chapter 8

American Manners

Much has been written and more said about American manners, or rather the American lack of manners. Americans have frequently been criticized for their bad breeding, and many sarcastic references to American deportment have been made in my presence. I have even been told, I do not know how true it is, that European diplomats dislike being stationed in America, because of their aversion to the American way of doing things.

Much too has been written and said about Chinese manners, not only by foreigners but also by Chinese. One of the classics, which our youth have to know by heart, is practically devoted entirely to manners. There has also been much adverse criticism of our manners or our excess of manners, though I have never heard that any diplomats have, on this account, objected to being sent to China. We Chinese are therefore in the same boat as the Americans. In regard to manners neither of us find much favor with foreigners, though for diametrically opposite reasons: the Americans are accused of observing too few formalities, and we of being too formal.

The Americans are direct and straight-forward. They will tell you to your face that they like you, and occasionally they also have very little hesitation in telling you that they do not like you. They say frankly just what they think. It is immaterial to them that their remarks are personal, complimentary or otherwise. I have had members of my own family complimented on their good looks as if they were children. In this respect Americans differ greatly from the English. The English adhere with meticulous care to the rule of avoiding everything personal. They are very much afraid of rudeness on the one hand, and of insincerity or flattery on the other. Even in the matter of such a harmless affair as a compliment to a foreigner on his knowledge of English, they will precede it with a request for pardon, and speak in a half-apologetic manner, as if complimenting were something personal. The English and the Americans are closely related, they have much in common, but they also differ widely, and in nothing is the difference more conspicuous than in their conduct. I have noticed curiously enough that English Colonials, especially in such particulars as speech and manners, follow their quondam sister colony, rather than the mother country. And this, not only in Canada, where the phenomenon might be explained by climatic, geographic, and historic reasons, but also in such antipodean places as Australia and South Africa, which are so far away as to apparently have very little in common either with America or with each other. Nevertheless, whatever the reason, the transplanted Englishman, whether in the arctics or the tropics, whether in the Northern or the Southern Hemisphere, seems to develop a type quite different from the original stock, yet always resembling his fellow emigrants.

The directness of Americans is seen not only in what they say but in the way they say it. They come directly to the point, without much preface or introduction, much less is there any circumlocution or "beating about the bush". When they come to see you they say their say and then take their departure, moreover they say it in the most terse, concise and unambiguous manner. In this respect what a contrast they are to us! We always approach each other with preliminary greetings. Then we talk of the weather, of politics or friends, of anything, in fact, which is as far as possible from the object of the visit. Only after this introduction do we broach the subject uppermost in our minds, and throughout the conversation polite courtesies are exchanged whenever the opportunity arises. These elaborate preludes and interludes may, to the strenuous ever-in-a-hurry American, seem useless and superfluous, but they serve a good purpose. Like the common courtesies and civilities of life they pave the way for the speakers, especially if they are strangers; they improve their tempers, and place them generally on terms of mutual understanding. It is said that some years ago a Foreign Consul in China, having a serious complaint to make on behalf of his national, called on the Taotai, the highest local authority in the port. He found the Chinese official so genial and polite that after half an hour's conversation, he advised the complainant to settle the matter amicably without troubling the Chinese officials about the matter. A good deal may be said in behalf of both systems. The American practice has at least the merit of saving time, an all important object with the American people. When we recall that this remarkable nation will spend millions of dollars to build a tunnel under a river, or to shorten a curve in a railroad, merely that they may save two or three minutes, we are not surprised at the abruptness of their speech. I, as a matter of fact, when thinking of their time-saving and abrupt manner of address, have been somewhat puzzled to account for that peculiar drawl of theirs. Very slowly and deliberately they enunciate each word and syllable with long-drawn emphasis, punctuating their sentences with pauses, some short and some long. It is almost an effort to follow a story of any length—the beginning often becomes cold before the end is reached. It seems to me that if Americans would speed up their speech after the fashion of their English cousins, who speak two or three times as quickly, they would save many minutes every day, and would find the habit not only more efficacious, but much more economical than many of their time-saving machines and tunnels. I offer this suggestion to the great American nation for what it is worth, and I know they will receive it in the spirit in which it is made, for they have the saving sense of humor.

Some people are ridiculously sensitive. Some years ago, at a certain place, a big dinner was given in honor of a notable who was passing through the district. A Chinese, prominent in local affairs, who had received an invitation, discovered that though he would sit among the honored guests he would be placed below one or two whom he thought he ought to be above, and who, he therefore considered, would be usurping his rightful position. In disgust he refused to attend the dinner, which, excepting for what he imagined was a breach of manners, he would have been very pleased to have attended. Americans are much more sensible. They are not a bit sensitive, especially in small matters. Either they are broad-minded enough to rise above unworthy trifles, or else their good Americanism prevents their squabbling over questions of precedence, at the dinner table or elsewhere.

Americans act up to their Declaration of Independence, especially the principle it enunciates concerning the equality of man. They lay so much importance on this that they do not confine its application to legal rights, but extend it even to social intercourse. In fact, I think this doctrine is the basis of the so-called American manners. All men are deemed socially equal, whether as friend and friend, as President and citizen, as employer and employee, as master and servant, or as parent and child. Their relationship may be such that one is entitled to demand, and the other to render, certain acts of obedience, and a certain amount of respect, but outside that they are on the same level. This is doubtless a rebellion against all the social ideas and prejudices of the old world, but it is perhaps only what might be looked for in a new country, full of robust and ambitious manhood, disdainful of all traditions which in the least savor of monarchy or hierarchy, and eager to blaze as new a path for itself in the social as it has succeeded in accomplishing in the political world. Combined with this is the American characteristic of saving time. Time is precious to all of us, but to Americans it is particularly so. We all wish to save time, but the Americans care much more about it than the rest of us. Then there are different notions about this question of saving time, different notions of what wastes time and what does not, and much which the old world regards as politeness and good manners Americans consider as sheer waste of time. Time is, they think, far too precious to be occupied with ceremonies which appear empty and meaningless. It can, they say, be much more profitably filled with other and more useful occupations. In any discussion of American manners it would be unfair to leave out of consideration their indifference to ceremony and their highly developed sense of the value of time, but in saying this I do not forget that many Americans are devout ritualists, and that these find both comfort and pleasure in ceremony, which suggests that after all there is something to be said for the Chinese who have raised correct deportment almost to the rank of a religion.

The youth of America have not unnaturally caught the spirit of their elders, so that even children consider themselves as almost on a par with their parents, as almost on the same plane of equality; but the parents, on the other hand, also treat them as if they were equals, and allow them the utmost freedom. While a Chinese child renders unquestioning obedience to his parents' orders, such obedience as a soldier yields to his superior officer, the American child must have the whys and the wherefores duly explained to him, and the reason for his obedience made clear. It is not his parent that he obeys, but expediency and the dictates of reason. Here we see the clear-headed, sound, common-sense business man in the making. The early training of the boy has laid the foundation for the future man. The child too has no compunction in correcting a parent even before strangers, and what is stranger still the parent accepts the correction in good part, and sometimes even with thanks. A parent is often interrupted in the course of a narrative, or discussion, by a small piping voice, setting right, or what it believes to be right, some date, place, or fact, and the parent, after a word of encouragement or thanks, proceeds. How different is our rule that a child is not to speak until spoken to! In Chinese official life under the old regime it was not etiquette for one official to contradict another, especially when they were unequal in rank. When a high official expressed views which his subordinates did not endorse, they could not candidly give their opinion, but had to remain silent. I remember that some years ago some of my colleagues and I had an audience with a very high official, and when I expressed my dissent from some of the views of that high functionary, he rebuked me severely. Afterward he called me to him privately, and spoke to me somewhat as follows: "What you said just now was quite correct. I was wrong, and I will adopt your views, but you must not contradict me in the presence of other people. Do not do it again." There is of course much to be said for and against each system, and perhaps a blend of the two would give good results. Anyhow, we can trace in American customs that spirit of equality which pervades the whole of American society, and observe the germs of self-reliance and independence so characteristic of Americans, whether men, women, or children.

Even the domestic servant does not lose this precious American heritage of equality. I have nothing to say against that worthy individual, the American servant (if one can be found); on the contrary, none is more faithful or more efficient. But in some respects he is unique among the servants of the world. He does not see that there is any inequality between him and his master. His master, or should I say, his employer, pays him certain wages to do certain work, and he does it, but outside the bounds of this contract, they are still man and man, citizen and citizen. It is all beautifully, delightfully legal. The washerwoman is the "wash-lady", and is just as much a lady as her mistress. The word "servant" is not applied to domestics, "help" is used instead, very much in the same way that Canada and Australia are no longer English "colonies", but "self-governing dominions".

We of the old world are accustomed to regard domestic service as a profession in which the members work for advancement, without much thought of ever changing their position. A few clever persons may ultimately adopt another profession, and, according to our antiquated conservative ways of thinking, rise higher in the social scale, but, for the large majority, the dignity of a butler, or a housekeeper is the height of ambition, the crowning point in their career. Not so the American servant. Strictly speaking there are no servants in America. The man, or the woman as the case may be, who happens for the moment to be your servant, is only servant for the time being. He has no intention of making domestic service his profession, of being a servant for the whole of his life. To have to be subject to the will of others, even to the small extent to which American servants are subordinate, is offensive to an American's pride of citizenship, it is contrary to his conception of American equality. He is a servant only for the time, and until he finds something better to do. He accepts a menial position only as a stepping stone to some more independent employment. Is it to be wondered at that American servants have different manners from their brethren in other countries? When foreigners find that American servants are not like servants in their own country, they should not resent their behavior: it does not denote disrespect, it is only the outcrop of their natural independence and aspirations.

All titles of nobility are by the Constitution expressly forbidden. Even titles of honor or courtesy are but rarely used. "Honorable" is used to designate members of Congress; and for a few Americans, such as the President and the Ambassadors, the title "Excellency" is permitted. Yet, whether it is because the persons entitled to be so addressed do not think that even these mild titles are consistent with American democracy, or because the American public feels awkward in employing such stilted terms of address, they are not often used. I remember that on one occasion a much respected Chief Executive, on my proposing, in accordance with diplomatic usage and precedent, to address him as "Your Excellency", begged me to substitute instead "Mr. President". The plain democratic "Mr." suits the democratic American taste much better than any other title, and is applied equally to the President of the Republic and to his coachman. Indeed the plain name John Smith, without even "Mr.", not only gives no offense, where some higher title might be employed, but fits just as well, and is in fact often used. Even prominent and distinguished men do not resent nicknames; for example, the celebrated person whose name is so intimately connected with that delight of American children and grown-ups—the "Teddy Bear". This characteristic, like so many other American characteristics, is due not only to the love of equality and independence, but also to the dislike of any waste of time.

In countries where there are elaborate rules of etiquette concerning titles and forms of address, none but a Master of Ceremonies can hope to be thoroughly familiar with them, or to be able to address the distinguished people without withholding from them their due share of high-sounding titles and epithets; and, be it whispered, these same distinguished people, however broad-minded and magnanimous they may be in other respects, are sometimes extremely sensitive in this respect. And even after one has mastered all the rules and forms, and can appreciate and distinguish the various nice shades which exist between "His Serene Highness", "His Highness", "His Royal Highness", and "His Imperial Highness", or between "Rt. Rev." and "Most Rev.", one has yet to learn what titles a particular person has, and with what particular form of address he should be approached, an impossible task even for a Master of Ceremonies, unless he always has in his pocket a Burke's Peerage to tell him who's who. What a waste of time, what an inconvenience, and what an unnecessary amount of irritation and annoyance all this causes. How much better to be able to address any person you meet simply as Mr. So-and-So, without unwittingly treading on somebody's sensitive corns! Americans have shown their common sense in doing away with titles altogether, an example which the sister Republic of China is following. An illustrious name loses nothing for having to stand by itself without prefixes and suffixes, handles and tails. Mr. Gladstone was no less himself for not prefixing his name with Earl, and the other titles to which it would have entitled him, as he could have done had he not declined the so-called honor. Indeed, like the "Great Commoner", he, if that were possible, endeared himself the more to his countrymen because of his refusal. A name, which is great without resorting to the borrowed light of titles and honors, is greater than any possible suffix or affix which could be appended to it.

In conclusion, American manners are but an instance or result of the two predominant American characteristics to which I have already referred, and which reappear in so many other things American. A love of independence and of equality, early inculcated, and a keen abhorrence of waste of time, engendered by the conditions and circumstances of a new country, serve to explain practically all the manners and mannerisms of Americans. Even the familiar spectacle of men walking with their hands deep in their trousers' pockets, or sitting with their legs crossed needs no other explanation, and to suggest that, because Americans have some habits which are peculiarly their own, they are either inferior or unmanly, would be to do them a grave injustice.

Few people are more warm-hearted, genial, and sociable than the Americans. I do not dwell on this, because it is quite unnecessary. The fact is perfectly familiar to all who have the slightest knowledge of them. Their kindness and warmth to strangers are particularly pleasant, and are much appreciated by their visitors. In some other countries, the people, though not unsociable, surround themselves with so much reserve that strangers are at first chilled and repulsed, although there are no pleasanter or more hospitable persons anywhere to be found when once you have broken the ice, and learned to know them; but it is the stranger who must make the first advances, for they themselves will make no effort to become acquainted, and their manner is such as to discourage any efforts on the part of the visitor. You may travel with them for hours in the same car, sit opposite to them, and all the while they will shelter themselves behind a newspaper, the broad sheets of which effectively prohibit any attempts at closer acquaintance. The following instance, culled from a personal experience, is an illustration. I was a law student at Lincoln's Inn, London, where there is a splendid law library for the use of the students and members of the Inn. I used to go there almost every day to pursue my legal studies, and generally sat in the same quiet corner. The seat on the opposite side of the table was usually occupied by another law student. For months we sat opposite each other without exchanging a word. I thought I was too formal and reserved, so I endeavored to improve matters by occasionally looking up at him as if about to address him, but every time I did so he looked down as though he did not wish to see me. Finally I gave up the attempt. This is the general habit with English gentlemen. They will not speak to a stranger without a proper introduction; but in the case I have mentioned surely the rule would have been more honored by a breach than by the observance. Seeing that we were fellow students, it might have been presumed that we were gentlemen and on an equal footing. How different are the manners of the American! You can hardly take a walk, or go for any distance in a train, without being addressed by a stranger, and not infrequently making a friend. In some countries the fact that you are a foreigner only thickens the ice, in America it thaws it. This delightful trait in the American character is also traceable to the same cause as that which has helped us to explain the other peculiarities which have been mentioned. To good Americans, not only are the citizens of America born equal, but the citizens of the world are also born equal.

Chapter 9

American Women

It is rather bold on my part to take up this subject. It is a path where "fools rush in where angels fear to tread". No matter what I say it is sure to provoke criticism, but having frequently been asked by my lady friends to give my opinion of American women, and having given my solemn promise that if I ever should write my impressions of America I would do so, it would be a serious "breach of promise" if I should now break my word.

In general there are three classes of women: first, those who wish to be praised; secondly, those who wish to be adversely criticized and condemned; and thirdly, those who are simply curious to hear what others think of them. American women do not as a rule belong to either the first or the second class, but a large majority of them may be ranged under class three. They wish to know what other people honestly think of them and to hear their candid views. They are progressive people who desire to improve their defects whenever they are pointed out to them. That being the case I must not swerve from my duty of sitting in a high court of justice to pass judgment on them.

To begin with, the American women are in some respects dissimilar to the women of other nations. I find them sprightly, talkative and well informed. They can converse on any subject with ease and resource, showing that they have a good all-round education. Often have I derived considerable information from them. The persistence with which they stick to their opinions is remarkable. Once, when I had a lady visitor at my Legation in Washington, after several matters had been discussed we commenced talking about women's rights. I was in favor of giving women more rights than they are enjoying, but on some points I did not go so far as my lady friend; after arguing with me for several hours, she, seeing that I did not coincide with all her views, threatened that she would not leave my house until I had fully digested all her points, and had become converted to her views.

I have observed that many American women marry foreigners, but that an American rarely has a foreign wife. It may be said that foreigners marry American girls for their money, while American women marry distinguished foreigners for their titles. This may have been true in some cases, but other causes than such sordid motives must be looked for. It is the attractiveness and the beauty of the American girls which enable them to capture so many foreign husbands. Their pleasant manners and winsome nature predispose a person in their favor, and with their well-grounded education and ready fund of knowledge, they easily win any gentleman with marital propensities. Had I been single when I first visited America I too might have been a victim—no wonder then that American men prefer American wives. Once I was an involuntary match-maker. Some years ago, during my first mission in Washington, I was invited to attend the wedding of the daughter of the Chief Justice of the Supreme Court. When I entered the breakfast room, I saw the bridesmaids and a number of young men. Going up to one of the bridesmaids whom I had previously met, and who was the daughter of a Senator, I asked her when it would be her turn to become a bride. She modestly said that she did not know, as she had not yet had an offer. Turning to the group of young men who were in the room, I jocularly remarked to one of them, "This is a beautiful lady, would you not like to marry her?" He replied, "I shall be most delighted to." Then I said to the young lady, "Will you accept his offer?" She seemed slightly embarrassed and said something to the effect that as she did not know the gentleman she could not give a definite answer. After a few days I met the young lady at an "At Home" party when she scolded me for being so blunt with her before the young men. I told her I was actuated by the best of motives, and a few months later I received an invitation from the young lady's parents inviting me to be present at their daughter's marriage. I thought I would go and find out whether the bridegroom was the young man whom I had introduced to the young lady, and as soon as I entered the house, the mother of the bride, to my agreeable surprise, informed me that it was I who had first brought the young couple together, and both the bride and bridegroom heartily thanked me for my good offices.

One very conspicuous feature in the character of American women is their self-control and independence. As soon as a girl grows up she is allowed to do what she pleases, without the control of her parents. It is a common occurrence to see a young lady travelling alone without either a companion or a chaperon. Travelling on one occasion from San Francisco to Washington I met a young lady on the train who was still in her teens. She told me that she was going to New York to embark on a steamer for Germany, with the intention of entering a German college. She was undertaking this long journey alone. Such an incident would be impossible in China; even in England, or indeed in any European country, I hardly believe that a respectable young girl would be allowed to take such a journey without some trusty friend to look after her. But in America this is a common occurrence, and it is a credit to the administration, and speaks volumes for the good government of the country, that for sensible wide-awake American girls such undertakings are perfectly safe.

This notion of independence and freedom has modified the relation of children to their parents. Instead of children being required to show respect and filial obedience, the obligation of mutual love and esteem is cultivated. Parents would not think of ordering a girl or a boy to do anything, however reasonable; in all matters they treat them as their equals and friends; nor would a girl submit to an arbitrary order from her mother, for she does not regard her as a superior, but as her friend and companion. I find it is a common practice among American girls to engage themselves in marriage without consulting their parents. Once I had a serious talk on this subject with a young couple who were betrothed. I asked them if they had the consent of their parents. They both answered emphatically that it was not necessary, and that it was their business and not their parents'. I told them that although it was their business, they might have shown some respect to their parents by consulting them before committing themselves to this important transaction. They answered that they did not agree with me, and as it concerned their own happiness alone, they had a perfect right to decide the matter for themselves. This shows the extreme limit to which the Americans carry their theory of independence. Unless I am greatly mistaken, I fear this is a typical and not an isolated case. I believe that in many cases, after they had made up their minds to marry, the young people would inform their respective parents of their engagement, but I question if they would subordinate their own wishes to the will of their parents, or ask their consent to their engagement.

Now let us see how all this is managed in China. Here the parties most interested have no voice in the matter. The parents, through their friends, or sometimes through the professional match-makers, arrange the marriage, but only after the most strict and diligent inquiries as to the character, position, and suitability of temper and disposition of the persons for whom the marriage contract is being prepared. This is sometimes done with the knowledge of the interested parties, but very often they are not consulted. After an engagement is thus made it cannot be broken off, not even by the young people themselves, even though he or she may plead that the arrangement was made without his or her knowledge or consent. The engagement is considered by all parties as a solemn compact. On the wedding day, in nine cases out of ten, the bride and bridegroom meet each other for the first time, and yet they live contentedly, and quite often even happily together. Divorces in China are exceedingly rare. This is accounted for by the fact that through the wise control of their parents the children are properly mated. In saying this I do not wish to be supposed to be advocating the introduction of the Chinese system into America. I would, however, point out that the independent and thoughtless way in which the American young people take on themselves the marriage vow does not as a rule result in suitable companionships. When a girl falls in love with a young man she is unable to perceive his shortcomings and vices, and when, after living together for a few months, she begins to find them out, it is alas too late. If, previous to her engagement, she had taken her mother into her confidence, and asked her to use her good offices to find out the character of the young man whom she favored, a fatal and unhappy mistake might have been avoided. Without interfering, in the least, with the liberty or free choice, I should think it would be a good policy if all young Americans, before definitely committing themselves to a promise of marriage, would at least consult their mothers, and ask them to make private and confidential inquiries as to the disposition, as well as to the moral and physical fitness of the young man or lady whom they contemplate marrying. Mothers are naturally concerned about the welfare and happiness of their offspring, and could be trusted in most cases to make careful, impartial and conscientious inquiries as to whether the girl or man was really a worthy and suitable life partner for their children. If this step were generally taken many an unfortunate union would be avoided. It was after this fashion that I reasoned with the young people mentioned above, but they did not agree with me, and I had to conclude that love is blind.

Before leaving this subject I would add that the system of marriage which has been in vogue in China for so many centuries has been somewhat changed within the last few years. This is due to the new spirit which has been gradually growing. Young people begin to exert their rights, and will not allow parents to choose their life partners without their consent. Instances of girls choosing their own husbands have come to my knowledge, and they did not occur during leap-year. But I sincerely hope that our Chinese youth will not go to the same lengths as the young people of America.

The manner in which a son treats his parents in the United States is diametrically opposed to our Chinese doctrine, handed down to us from time immemorial. "Honor thy father and thy mother" is an injunction of Moses which all Christians profess to observe, but which, or so it appears to a Confucianist, all equally forget. The Confucian creed lays it down as the essential duty of children that they shall not only honor and obey their fathers and their mothers, but that they are in duty bound to support them. The reason is that as their parents brought them into the world, reared and educated them, the children should make them some return for their trouble and care. The view of this question which is taken in America seems to be very strange to me. Once I heard a young American argue in this way. He said, gravely and seriously, that as he was brought into this world by his parents without his consent, it was their duty to rear him in a proper way, but that it was no part of his duty to support them. I was very much astounded at this statement. In China such a son would be despised, and if he neglected to maintain his parents he would be punished. I do not believe that the extreme views of this young man are universally accepted in America, but I am inclined to think that the duties of children toward their parents are somewhat ill-defined. American parents do not apparently expect their children to support them, because, as a rule they are, if not rich, at least in comfortable circumstances; and even if they are not, they would rather work for their livelihood than burden their children and hinder their success by relying on them for pecuniary aid. It may have escaped my observation, but, so far as I know, it is not the custom for young people to provide for their parents. There was, however, one exceptional case which came to my knowledge. Some years ago a young Senator in Washington, who was famous for his eloquence, had his father living with him. His father was eighty years of age, and though in robust health was a cripple, and so had to depend on him for support. I was informed that he and his wife were very kind to him. Many young men treat their parents kindly and affectionately, but they do it more as a favor than as a duty; in fact, as between equals.

In connection with this subject I may mention that as soon as a son marries, however young and inexperienced he may be, he leaves his parents' roof. He and his bride will set up a separate establishment so that they can do as they please without the supervision of their parents. The latter do not object, as it gives the young folk an opportunity to gain experience in keeping house. Young wives have a horror of having their mothers-in-law reside with them; if it be necessary to have an elderly lady as a companion they always endeavor to get their own mothers.

American women are ambitious and versatile, and can readily apply themselves to any task with ease. They are not only employed in stores and mercantile houses but are engaged in different professions. There is scarcely any store in America where there are not some women employed as typists, clerks, or accountants. I am told that they are more steady than men. Even in the learned professions they successfully compete with the men. Some years ago the Attorney-Generalship of one of the states became vacant. Two candidates appeared; one was a gentleman and the other a young lady lawyer. They both sought election; the gentleman secured a small majority, but in the end the lady lawyer conquered, for she soon became the wife of the Attorney-General, her former opponent during the election campaign, and after her marriage she practically carried on the work of her husband. Some years later her husband retired from practice in order to farm, and she continued to carry on the law practice. Does not this indicate that the intellect of the American woman is equal, if not superior, to that of the men? American women are good conversationalists, and many of them are eloquent and endowed with "the gift of the gab". One of the cleverest and wittiest speeches I have ever heard was from a woman who spoke at a public meeting on a public question. They are also good writers. Such women as Mrs. Ella Wheeler Wilcox, Mrs. Mary N. Foote Henderson, Mrs. Elizabeth Towne and many others, are a great credit to their sex. The writings of such women show their profound insight and wide culture. Naturally such women cannot be expected to play second fiddle. They exercise great influence, and when married "they rule the roost". It should be mentioned that their husbands submit willingly to their tactful rule, and gladly obey their commands without feeling that they are servants. I would advise any married woman who complains of her husband being unruly and unpleasant to take a lesson from the ladies of America. They are vivacious, bright, loquacious and less reserved than European ladies. In social functions they can be easily recognized. If, however, an American lady marries a foreigner and lives abroad, she soon loses her national characteristics. Once on board a steamer I had an American lady as a fellow passenger; from her reserved manner I mistook her for an English lady, and it was only after some days that I discovered she was born in America, but that she had been living in England for many years with her English husband.

There is one fault I find with American women, if it can be so called, and that is their inquisitiveness; I know that this is a common fault with all women, but it is most conspicuous in the Americans. They have the knack of finding out things without your being aware of it, and if they should want to know your history they will learn all about it after a few minutes' conversation. They are good detectives, and I think they should be employed in that line more than they are.

A nation's reputation depends upon the general character of its women, for they form at least half, if not more, of the population. In this respect America stands high, for the American woman is lively, open-hearted and ingenuous; she is also fearless, independent, and is almost without restraint. She is easily accessible to high and low, and friendly to all, but woe to the man who should misunderstand the pure and high character of an American girl, and attempt to take liberties with her. To a stranger, and especially to an Oriental, she is a puzzle. Some years ago I had to disabuse a false notion of a countryman of mine respecting a lady's behavior toward him. The keen observer will find that the American girl, having been educated in schools and colleges with boys, naturally acts more freely than her sisters in other countries, where great restraint is imposed upon them. Her actions may be considered as perilously near to the border of masculinity, yet she is as far from either coarseness or low thoughts as is the North from the South Pole. The Chinese lady is as pure as her American sister, but she is brought up in a different way; her exclusion keeps her indoors, and she has practically no opportunity of associating with male friends. A bird which has been confined in a cage for a long time, will, when the door is opened, fly far away and perhaps never return, but if it has been tamed and allowed to go in and out of its cage as it pleases it will not go far, but will always come back in the evening. When my countrywomen are allowed more freedom they will not abuse it, but it will take some little time to educate them up to the American standards.

Chapter 10

American Costumes

Fashion is the work of the devil. When he made up his mind to enslave mankind he found in fashion his most effective weapon. Fashion enthralls man, it deprives him of his freedom; it is the most autocratic dictator, its mandate being obeyed by all classes, high and low, without exception. Every season it issues new decrees, and no matter how ludicrous they are, everyone submits forthwith. The fashions of this season are changed in the next. Look, for example, at women's hats; some years ago the "merry widow" which was about two or three feet in diameter, was all the rage, and the larger it became the more fashionable it was. Sometimes the wearer could hardly go through a doorway. Then came the hat crowned with birds' feathers, some ladies even placing the complete bird on their hats—a most ridiculous exhibition of bad taste. The Society for the Prevention of Cruelty to Animals should take up the question of the destruction of birds for their plumage, and agitate until the law makes it illegal to wear a bird on a hat. Some may say that if people kill animals and birds for food they might just as well wear a dead bird on their hats, if they wish to be so silly, although the large majority of America's population, I am sorry to find, sincerely believe meat to be a necessary article of diet; yet who will claim that a dead bird on a hat is an indispensable article of wearing apparel? Why do we dress at all? First, I suppose, for protection against cold and heat; secondly, for comfort; thirdly, for decency; and, fourthly, for ornament. Now does the dress of Americans meet these requirements?

First, as regards the weather, does woman's dress protect her from the cold? The fact that a large number of persons daily suffer from colds arouses the suspicion that their dress is at fault. The body is neither equally nor evenly covered, the upper portion being as a rule nearly bare, or very thinly clad, so that the slightest exposure to a draught, or a sudden change of temperature, subjects the wearer to the unpleasant experience of catching cold, unless she is so physically robust and healthy that she can resist all the dangers to which her clothing, or rather her lack of clothing, subjects her. Indeed ladies' dress, instead of affording protection sometimes endangers their lives. The following extract from the *London Times*—and the facts cannot be doubted—is a warning to the fair sex. "The strong gale which swept over Bradford resulted in an extraordinary accident by which a girl lost her life. Mary Bailey, aged 16, the daughter of an electrician, who is a pupil at the Hanson Secondary School, was in the school yard when she was suddenly lifted up into the air by a violent gust of wind which got under her clothes converting them into a sort of parachute. After being carried to a height estimated by spectators at 20 feet, she turned over in the air and fell to the ground striking the concreted floor of the yard with great force. She was terribly injured and died half an hour later." Had the poor girl been wearing Chinese clothing this terrible occurrence could not have happened; her life would not have been sacrificed to fashion.

As to the second point, comfort, I do not believe that the wearer of a fashionable costume is either comfortable or contented. I will say nothing of the unnecessary garments which the average woman affects, but let us see what can be said for the tight corset binding the waist. So far from being comfortable it must be most inconvenient, a sort of perpetual penance and it is certainly injurious to the health. I feel confident that physicians will support me in my belief that the death-rate among American women would be less if corset and other tight lacing were abolished. I have known of instances where tight lacing for the ballroom has caused the death of enceinte women.

As to the third object, decency, I am not convinced that the American dress fulfils this object. When I say American dress, I include also the clothing worn by Europeans for both are practically the same. It may be a matter of education, but from the Oriental point of view we would prefer that ladies' dresses should be worn more loosely, so that the figure should be less prominent. I am aware that this is a view which my American friends do not share. It is very curious that what is considered as indecent in one country is thought to be quite proper in another. During the hot summers in the Province of Kiangsu the working women avoid the inconveniences and chills of perspiration by going about their work with nothing on the upper part of their bodies, except a chest protector to cover the breasts; in Western countries women would never think of doing this, even during a season of extreme heat; yet they do not object, even in the depth of winter, to uncovering their shoulders as low as possible when attending a dinner-party, a ball, or the theater. I remember the case of a Chinese rice-pounder who was arrested and taken to the Police Court on a charge of indecency. To enable him to do his work better he had dispensed with all his clothing excepting a loin cloth; for this he was sentenced to pay a fine of $2, or, in default of payment to be imprisoned for a week. The English Magistrate, in imposing the fine, lectured him severely, remarking that in a civilized community such primitive manners could not be tolerated, as they were both barbarous and indecent. When he said this did he think of the way the women of his country dress when they go to a ball?

It must be remembered that modesty is wholly a matter of conventionality and custom. Competent observers have testified that savages who have been accustomed to nudity all their lives are covered with shame when made to put on clothing for the first time. They exhibit as much confusion as a civilized person would if compelled to strip naked in public. In the words of a competent authority on this subject: "The facts appear to prove that the feeling of shame, far from being the cause of man's covering his body is, on the contrary, a result of this custom; and that the covering, if not used as a protection from the climate, owes its origin, at least in many cases, to the desire of men and women to make themselves attractive." Strange as it may seem, it is nevertheless true, that a figure partially clad appears more indecent than one that is perfectly nude.

The fourth object of clothes is ornament, but ornaments should be harmless, not only to the wearer, but also to other people; yet from the following paragraph, copied from one of the daily newspapers, it does not appear that they are.

"London, May 7. The death of a girl from blood-poisoning caused by a hatpin penetrating her nose was inquired into at Stockport,

Cheshire, yesterday. The deceased was Mary Elizabeth Thornton, aged twenty-four, daughter of a Stockport tradesman. The father said that on Saturday evening, April 20, his daughter was speaking to a friend, Mrs. Pickford, outside the shop. On the following Monday she complained of her nose being sore. Next day she again complained and said, 'It must be the hatpin.' While talking to Mrs. Pickford, she explained, Mrs. Pickford's baby stumbled on the footpath. They both stooped to pick it up, and a hatpin in Mrs. Pickford's hat caught her in the nostril. His daughter gradually got worse and died on Saturday last. Mrs. Pickford, wife of a paper merchant, said that some minutes after the deceased had picked up the child she said, 'Do you know, I scratched my nose on your hatpin?' Mrs. Pickford was wearing the hatpin in court. It projected two inches from the hat and was about twelve inches in length. Dr. Howie Smith said that septic inflammation was set up as a result of the wound, and travelling to the brain caused meningitis. The coroner said that not many cases came before coroners in which death was directly traceable to the hatpin but there must be a very large number of cases in which the hatpin caused injury, in some cases loss of sight. It was no uncommon sight to see these deadly weapons protruding three or four inches from the hat. In Hamburg women were compelled by statute to put shields or protectors on the points of hatpins. In England nothing had been done, but this case showed that it was high time something was done. If women insisted on wearing hatpins they should take precaution of wearing also a shield or protector which would prevent them inflicting injury on other people. The jury returned a verdict of accidental death, and expressed their opinion that long hatpins ought to be done away with or their points protected."

To wear jewels, necklaces of brilliants, precious stones and pearls, or ribbons with brilliants round the hair is a pleasing custom and a pretty sight. But to see a lady wearing a long gown trailing on the ground does not impress me as being elegant, though I understand the ladies in Europe and America think otherwise. It would almost seem as if their conceptions of beauty depended on the length of their skirts. In a ballroom one sometimes finds it very difficult not to tread on the ladies' skirts, and on ceremonial occasions each lady has two page boys to hold up the train of her dress. It is impossible to teach an Oriental to appreciate this sort of thing. Certainly skirts which are not made either for utility or comfort, and which fashion changes, add nothing to the wearer's beauty; especially does this remark apply to the "hobble skirt", with its impediment to free movement of the legs. The ungainly "hobble skirt" compels the wearer to walk carefully and with short steps, and when she dances she has to lift up her dress. Now the latest fashion seems to be the "slashed skirt" which, however, has the advantage of keeping the lower hem of the skirt clean. Doubtless this, in turn, will give place to other novelties. A Chinese lady, Doctor Ya Mei-kin, who has been educated in America, adopted while there the American attire, but as soon as she returned to China she resumed her own native dress. Let us hear what she has to say on this subject. Speaking of Western civilization she said: "If we keep our own mode of life it is not for the sake of blind conservatism. We are more logical in our ways than the average European imagines. I wear for instance this 'ao' dress as you see, cut in one piece and allowing the limbs free play—because it is manifestly a more rational and comfortable attire than your fashionable skirt from Paris. On the other hand we are ready to assimilate such notions from the West as will really prove beneficial to us." Beauty is a matter of education: when you have become accustomed to anything, however quaint or queer, you will not think it so after a while. When I first went abroad and saw young girls going about in the streets with their hair falling loose over their shoulders, I was a little shocked. I thought how careless their parents must be to allow their girls to go out in that untidy state. Later, finding that it was the fashion, I changed my mind, until by degrees I came to think that it looked quite nice; thus do conventionality and custom change one's opinions. But it should be remembered that no custom or conventionality which sanctions the distorting of nature, or which interferes with the free exercise of any member of the body, can ever be called beautiful. It has always been a great wonder to me that American and European ladies who are by no means slow to help forward any movement for reform, have taken no active steps to improve the uncouth and injurious style of their own clothes. How can they expect to be granted the privileges of men until they show their superiority by freeing themselves from the enthrallment of the conventionalities of fashion?

Men's dress is by no means superior to the women's. It is so tight that it causes the wearer to suffer from the heat much more than is necessary, and I am certain that many cases of sunstroke have been chiefly due to tight clothing. I must admire the courage of Dr. Mary Walker, an American lady, who has adopted man's costume, but I wonder that, with her singular independence and ingenuity she has not introduced a better form of dress, instead of slavishly adopting the garb of the men. I speak from experience. When I was a law student in England, in deference to the opinion of my English friends, I discarded Chinese clothes in favor of the European dress, but I soon found it very uncomfortable. In the winter it was not warm enough, but in summer it was too warm because it was so tight. Then I had trouble with the shoes. They gave me the most distressing corns. When, on returning to China, I resumed my own national costume my corns disappeared, and I had no more colds. I do not contend that the Chinese dress is perfect, but I have no hesitation in affirming that it is more comfortable and, according to my views, very much prettier than the American fashions. It is superior to any other kind of dress that I have known. To appreciate the benefits to be derived from comfortable clothing, you have to wear it for a while. Dress should not restrain the free movement of every part of the body, neither should it be so tight as to hinder in any way the free circulation of the blood, or to interfere with the process of evaporation through the skin. I cannot understand why Americans, who are correct and cautious about most things, are so very careless of their own personal comfort in the matter of clothing. Is anything more important than that which concerns their health and comfort? Why should they continue wearing clothes which retard their movements, and which are so inconvenient that they expose the wearers to constant risk and danger? How can they consistently call themselves independent while they servilely follow the mandates of the dressmakers who periodically make money by inventing new fashions necessitating new clothes? Brave Americans, wake up! Assert your freedom!

It would be very bold, and indeed impertinent, on my part to suggest to my American friends that they should adopt the Chinese costume. It has much to recommend it, but I must candidly confess that it might be improved. Why not convene an international congress to decide as to the best form of dress for men and women? Male and female delegates from all over the world might be invited, and samples of all kinds of costumes exhibited. Out of them all let those which are considered the best for men and most suitable for women be recommended, with such improvements as the congress may deem necessary. The advantages of a universal uniformity of costumes would be far-reaching. There would be no further occasion for any one to look askance at another, as has frequently happened when some stranger has been seen wearing what was considered an uncomely or unsuitable garb; universal uniformity of costume would also tend to draw people closer together, and to make them more friendly. Uniforms and badges promote brotherhood. I have enough faith in the American people to believe that my humble suggestion will receive their favorable consideration and that in due time it will be carried into effect.

Chapter 11

American Civilization versus Chinese Civilization (I)

This is a big subject. Its exhaustive treatment would require a large volume. In a little chapter such as this I have no intention of doing more than to cast a glance at its cuff buttons and some of the frills on its shirt. Those who want a thesis must look elsewhere.

Now what is Civilization? According to Webster it is "the act of civilizing or the state of being civilized; national culture; refinement." "Civilization began with the domestication of animals," says Alfred Russell Wallace, but whether for the animal that was domesticated or for the man domesticating it is not clear. In a way the remark probably applies to both, for the commencement of culture, or the beginning of civilization, was our reclamation from a savage state. Burke says: "Our manners, our civilization, and all the good things connected with manners and civilization have in this European world of ours depended for ages upon two principles—the spirit of a gentleman, and the spirit of religion." We often hear people, especially Westerners, calling themselves "highly civilized", and to some extent they have good grounds for their claim, but do they really manifest the qualifications mentioned by Burke? Are they indeed so "highly civilized" as to be in all respects worthy paragons to the so-called semi-civilized nations? Have not some of their policies been such as can be characterized only as crooked and selfish actions which less civilized peoples would not have thought of? I believe that every disinterested reader will be able to supply confirmatory illustrations for himself, but I will enforce the point by giving a few Chinese ideals of a truly civilized man:

"He guards his body as if holding jade"; i.e., he will not contaminate himself with mental or moral filth.

"He does not gratify his appetite, nor in his dwelling place does he seek ease"; i.e., he uses the physical without being submerged by it.

"Without weapons he will not attack a tiger, nor will he dare to cross a river without a boat"; in other words he will never ruin himself and his family by purely speculative practices.

He will "send charcoal in a snowstorm, but he will not add flowers to embroidery", meaning that he renders timely assistance when necessary, but does not curry favor by presents to those who do not need them.

Our most honored heroes are said to have made their virtue "brilliant" and one of them engraved on his bath-tub the axiom— "If you can renovate yourself one day, do so from day to day. Let there be daily renovation." Our ideal for the ruler is that the regulation of the state must commence with his regulation of himself.

It is too often forgotten that civilization, like religion, originally came from the East. Long before Europe and America were civilized, yea while they were still in a state of barbarism, there were nations in the East, including China, superior to them in manners, in education, and in government; possessed of a literature equal to any, and of arts and sciences totally unknown in the West. Self-preservation and self-interest make all men restless, and so Eastern peoples gradually moved to the West taking their knowledge with them; Western people who came into close contact with them learned their civilization. This fusion of East and West was the beginning of Western civilization.

A Chinese proverb compares a pupil who excels his teacher to the color green, which originates with blue but is superior to it. This may aptly be applied to Westerners, for they originally learned literature, science, and other arts from the East; but they have proven apt pupils and have excelled their old masters. I wish I could find an apothegm concerning a former master who went back to school and surpassed his clever pupil. The non-existence of such a maxim probably indicates that no such case has as yet occurred, but that by no means proves that it never will.

Coming now to particulars I would say that one of the distinguishing features in the American people which I much admire is their earnestness and perseverance. When they decide to take up anything, whether it be an invention or the investigation of a difficult problem, they display indomitable perseverance and patience. Mr. Edison, for example, sleeps, it is said, in his factory and is inaccessible for days when he has a problem to solve, frequently even forgetting food and sleep. I can only compare him to our sage Confucius, who, hearing a charming piece of music which he wanted to study, became so engrossed in it that for many days he forgot to eat.

The dauntless courage of the aviators, not only in America, but in Europe also, is a wonderful thing. "The toll of the air", in the shape of fatal accidents from aviation, mounts into the hundreds, and yet men are undeterred in the pursuit of their investigations. With such intrepidity, perseverance, and genius, it is merely a question of time, and I hope it will not be long, when the art of flying, either by aeroplanes or airships, will be perfectly safe. When that time arrives I mean to make an air trip to America, and I anticipate pleasures from the novel experience such as I do not get from travelling by land or sea.

The remarkable genius for organization observable anywhere in America arouses the visitor's enthusiastic admiration. One visits a mercantile office where a number of men are working at different desks in a large room, and marvels at the quiet and systematic manner in which they perform their tasks; or one goes to a big bank and is amazed at the large number of customers ever going in and coming out. It is difficult to calculate the enormous amount of business transacted every hour, yet all is done with perfect organization and a proper division of labor, so that any information required is furnished by the manager or by a clerk, at a moment's notice. I have often been in these places, and the calm, quiet, earnest way in which the employees performed their tasks was beyond praise. It showed that the heads who organized and were directing the institutions had a firm grasp of multiplex details.

We Chinese have a reputation for being good business men. When in business on our own account, or in partnership with a few friends, we succeed marvelously well; but we have yet much to learn regarding large concerns such as corporations or joint stock companies. This is not to be wondered at, for joint stock companies and corporations as conducted in the West were unknown in China before the advent of foreign merchants in our midst. Since then a few joint stock companies have been started in Hongkong, Shanghai, and other ports; these have been carried on by Chinese exclusively, but the managers have not as yet mastered the systematic Western methods of conducting such concerns. Even unpractised and inexpert eyes can see great room for improvement in the management of these businesses. Here, I must admit, the Japanese are ahead of us. Take, for instance, the Yokohama Specie Bank: it has a paid-up capital of Yen 30,000,000 and has branches and agencies not only in all the important towns in Japan, but also in different ports in China, London, New York, San Francisco, Honolulu, Bombay, Calcutta and other places. It is conducted in the latest and most approved scientific fashion; its reports and accounts, published half-yearly, reveal the exact state of the concern's financial position and incidentally show that it makes enormous profits. True, several Chinese banks of a private or official nature have been established, and some of them have been doing a fair business, but candor compels me to say that they are not conducted as scientifically as is the Yokohama Specie Bank, or most American banks. Corporations and joint stock companies are still in their infancy in China; but Chinese merchants and bankers, profiting by the mistakes of the past, will doubtless gradually improve their systems, so that in the future there will be less and less cause to find fault with them.

One system which has been in vogue within the last ten or twenty years in America, and which has lately figured much in the limelight, is that of "Trusts". Here, again, it is only the ingenuity of

Americans which could have brought the system to such gigantic proportions as to make it possible for it to wield an immense influence over trade, not only in America but in other countries also. The main object of the Trust seems to be to combine several companies under one direction, so as to economize expenses, regulate production and the price of commodities by destroying competition. Its advocates declare their policy to be productive of good to the world, inasmuch as it secures regular supplies of commodities of the best kind at fair and reasonable prices. On the other hand, its opponents contend that Trusts are injurious to the real interests of the public, as small companies cannot compete with them, and without healthy competition the consumer always suffers. Where experts differ it were perhaps wiser for me not to express an opinion lest I should show no more wisdom than the boy who argued that lobsters were black and not red because he had often seen them swimming about on the seashore, but was confuted by his friend who said he knew they were red and not black for he had seen them on his father's dinner table.

The fact, however, which remains indisputable, is the immense power of wealth. No one boycotts money. It is something no one seems to get enough of. I have never heard that multi-millionaires like Carnegie or Rockefeller ever expressed regrets at not being poor, even though they seem more eager to give money away than to make it. Most people in America are desirous for money, and rush every day to their business with no other thought than to accumulate it quickly. Their love of money leaves them scarcely time to eat, to drink, or to sleep; waking or sleeping they think of nothing else. Wealth is their goal and when they reach it they will probably be still unsatisfied. The Chinese are, of course, not averse to wealth. They can enjoy the jingling coin as much as anyone, but money is not their only thought. They carry on their business calmly and quietly, and they are very patient. I trust they will always retain these habits and never feel any temptation to imitate the Americans in their mad chase after money.

There is, however, one American characteristic my countrymen might learn with profit, and that is the recognition of the fact that punctuality is the soul of business. Americans know this; it is one cause of their success. Make an appointment with an American and you will find him in his office at the appointed time. Everything to be done by him during the course of the day has its fixed hour, and hence he is able to accomplish a greater amount of work in a given time than many others. Chinese, unfortunately, have no adequate conceptions of the value of time. This is due, perhaps, to our mode of reckoning. In the West a day is divided into twenty-four hours, and each hour into sixty minutes, but in China it has been for centuries the custom to divide day and night into twelve (shih) "periods" of two hours each, so that an appointment is not made for a particular minute, as in America, but for one or other of these two-hour periods. This has created ingrained habits of unpunctuality which clocks and watches and contact with foreigners are slow to remove. The time-keeping railway is, however, working a revolution, especially in places where there is only one train a day, and a man who misses that has to wait for the morrow before he can resume his journey.

Some years ago a luncheon— "tiffin" we call it in China—was given in my honor at a Peking restaurant by a couple of friends; the hour was fixed at noon sharp. I arrived on the stroke of twelve, but found that not only were none of the guests there, but that even the hosts themselves were absent. As I had several engagements I did not wait, but I ordered a few dishes and ate what I required. None of the hosts had made their appearance by the time I had finished, so I left with a request to the waiter that he would convey my thanks.

Knowing the unpunctuality of our people, the conveners of a public meeting will often tell the Chinese that it will begin an hour or two before the set time, whereas foreigners are notified of the exact hour. Not being aware of this device I once attended a conference at the appointed time, only to find that I had to wait for over an hour. I protested that in future I should be treated as a foreigner in this regard.

As civilized people have always found it necessary to wear clothes I ought not to omit a reference to them here, but in view of what has already been said in the previous chapter I shall at this juncture content myself with quoting Mrs. M. S. G. Nichols, an English lady who has written on this subject. She characterizes the clothing of men as unbeautiful, but she principally devotes her attention to the dress of women. I quote the following from her book:[①] "The relation of a woman's dress to her health is seldom considered, still less is it contemplated as to its effect upon the health of her children; yet everyone must see that all that concerns the mothers of our race is important. The clothing of woman should be regarded in every aspect if we wish to see its effect upon her health, and consequently upon the health of her offspring. The usual way is to consider the beauty or fashion of dress first, its comfort and healthfulness afterward, if at all. We must reverse this method. First, use, then beauty, flowing from, or in harmony with, use. That is the

① *The Clothes Question Considered in its Relation to Beauty, Comfort and Health,* by Mrs. M. S. G. Nichols. Published in London, 32 Fopstone Road, Earl's Court, S.W.

true law of life" (p. 14). On page 23 she continues: "A great deal more clothing is worn by women in some of fashion's phases than is needed for warmth, and mostly in the form of heavy skirts dragging down upon the hips. The heavy trailing skirts also are burdens upon the spine. Such evils of women's clothes, especially in view of maternity, can hardly be over-estimated. The pains and perils that attend birth are heightened, if not caused, by improper clothing. The nerves of the spine and the maternal system of nerves become diseased together." And on page 32 she writes: "When I first went to an evening party in a fashionable town, I was shocked at seeing ladies with low dresses, and I cannot even now like to see a man, justly called a rake, looking at the half-exposed bosom of a lady. There is no doubt that too much clothing is an evil, as well as too little; but clothing that swelters or leaves us with a cold are both lesser evils than the exposure of esoteric charms to stir the already heated blood of the 'roue'. What we have to do, as far as fashion and the public opinion it forms will allow, is to suit our clothing to our climate, and to be truly modest and healthful in our attire." Mrs. Nichols, speaking from her own experience, has naturally devoted her book largely to a condemnation of woman's dress, but man's dress as worn in the West is just as bad. The dreadful high collar and tight clothes which are donned all the year round, irrespective of the weather, must be very uncomfortable. Men wear nearly the same kind of clothing at all seasons of the year. That might be tolerated in the frigid or temperate zones, but should not the style be changed in the tropical heat of summer common to the Eastern countries? I did not notice that men made much difference in their dress in summer; I have seen them, when the thermometer was ranging between 80 and 90, wearing a singlet shirt, waistcoat and coat.

The coat may not have been as thick as that worn in winter, still it was made of serge, wool or some similarly unsuitable stuff. However hot the weather might be it was seldom that anyone was to be seen on the street without a coat. No wonder we frequently hear of deaths from sunstroke or heat, a fatality almost unknown among the Chinese.①

Chinese dress changes with the seasons, varying from the thickest fur to the lightest gauze. In winter we wear fur or garments lined with cotton wadding; in spring we don a lighter fur or some other thinner garment; in summer we use silk, gauze or grass cloth, according to the weather. Our fashions are set by the weather; not by the arbitrary decrees of dressmakers and tailors from Peking or elsewhere. The number of deaths in America and in Europe every year, resulting from following the fashion must, I fear, be considerable, although of course no doctor would dare in his death certificate to assign unsuitable clothing as the cause of the decease of a patient.

Even in the matter of dressing, and in this twentieth century, "might is right". In the opinion of an impartial observer the dress of man is queer, and that of woman, uncouth; but as all nations in Europe and America are wearing the same kind of dress, mighty Conventionality is extending its influence, so that even some natives of the East have discarded their national dress in favor of the uglier Western attire. If the newly adopted dress were, if no better than, at least equal to, the old one in beauty and comfort, it might be sanctioned for the sake of uniformity, as suggested in the previous chapter; but when it is otherwise why should we imitate? Why should

---

① There have been a few cases of Chinese workmen who through carelessness have exposed themselves by working in the sun; but such cases are rare.

the world assume a depressing monotony of costume? Why should we allow nature's diversities to disappear? Formerly a Chinese student when returning from Europe or America at once resumed his national dress, for if he dared to continue to favor the Western garb he was looked upon as a "half-foreign devil". Since the establishment of the Chinese Republic in 1911, this sentiment has entirely changed, and the inelegant foreign dress is no longer considered fantastic; on the contrary it has become a fashion, not only in cities where foreigners are numerous, but even in interior towns and villages where they are seldom seen.

Chinese ladies, like their Japanese sisters, have not yet, to their credit be it said, become obsessed by this new fashion, which shows that they have more common sense than some men. I have, however, seen a few young and foolish girls imitating the foreign dress of Western women. Indeed this craze for Western fashion has even caught hold of our legislators in Peking, who, having fallen under the spell of clothes, in solemn conclave decided that the frock coat, with the tall-top hat, should in future be the official uniform; and the swallow-tail coat with a white shirt front the evening dress in China. I need hardly say that this action of the Peking Parliament aroused universal surprise and indignation. How could the scholars and gentry of the interior, where foreign tailors are unknown, be expected to dress in frock coats at formal ceremonies, or to attend public entertainments in swallow-tails? Public meetings were held to discuss the subject, and the new style of dress was condemned as unsuitable. At the same time it was thought by many that the present dresses of men and women leave much room for improvement. It should be mentioned that as soon as it was known that the dress uniform was under discussion in Parliament, the silk, hat and other trades guilds, imitating the habits of the wide-world which always everywhere considers self first, fearing that the contemplated change in dress might injuriously affect their respective interests, sent delegates to Peking to "lobby" the members to "go slow" and not to introduce too radical changes. The result was that in addition to the two forms of dress above mentioned, two more patterns were authorized, one for man's ordinary wear and the other for women, both following Chinese styles, but all to be made of home-manufactured material. This was to soothe the ruffled feelings of the manufacturers and traders, for in purchasing a foreign suit some of the materials at least, if not all, must be of foreign origin or foreign make.

During a recent visit to Peking I protested against this novel fashion, and submitted a memorandum to President Yuan with a request that it should be transmitted to Parliament. My suggestion is that the frock-coat and evening-dress regulation should be optional, and that the Chinese dress uniform as sketched by me in my memorandum should be adopted as an alternative. I am in hopes that my suggestion will be favorably considered. The point I have taken is that Chinese diplomats and others who go abroad should, in order to avoid curiosity, and for the sake of uniformity, adopt Western dress, and that those who are at home, if they prefer the ugly change, should be at liberty to adopt it, but that it should not be compulsory on others who object to suffering from cold in winter, or to being liable to sunstroke in summer. I have taken this middle course in order to satisfy both sides; for it would be difficult to induce Parliament to abolish or alter what has been so recently fixed by them. The Chinese dress, as is well known all over the world, is superior to that worn by civilized people in the West, and the recent change favored by the Chinese is deplored by most foreigners in China. The following paragraph, written by a foreign merchant and published in one of the Shanghai papers, expresses the opinion of almost all intelligent foreigners on this subject:

"Some time back the world was jubilant over the news that among the great reforms adopted in China was the discarding of the Chinese tunic, that great typical national costume. 'They are indeed getting civilized,' said the gossip; and one and all admired the energy displayed by the resolute Young China in coming into line with the CIVILIZED world, adopting even our uncomfortable, anti-hygienic and anti-esthetic costume.

"Foreign 'fashioned' tailor shops, hat stores, shoemakers, etc., sprang up all over the country. When I passed through Canton in September last, I could not help noticing also that those typical streets lined with boat-shaped, high-soled shoes, had been replaced by foreign-style boot and shoemakers.

"Undoubtedly the reform was gaining ground and the Chinese would have to be in the future depicted dressed up as a Caucasian.

"In my simplicity I sincerely confess I could not but deplore the passing away of the century-old tunic, so esthetic, so comfortable, so rich, so typical of the race. In my heart I was sorry for the change, as to my conception it was not in the dress where the Chinese had to seek reform…"

I agree with this writer that it is not in the domain of dress that we Chinese should learn from the Western peoples. There are many things in China which could be very well improved but certainly not dress.

Chapter 12

American Civilization versus Chinese Civilization (II)

The question has often been asked "Which are the civilized nations?" And the answer has been, "All Europe and America." To the query, "What about the nations in the East?" the answer has been made that with the exception of Japan, who has now become a great civilized power, the other nations are more or less civilized. When the matter is further pressed and it is asked, "What about China?" the general reply is, "She is semi-civilized," or in other words, not so civilized as the nations in the West.

Before pronouncing such an opinion justifiable, let us consider the plain facts. I take it that civilization inculcates culture, refinement, humane conduct, fair dealing and just treatment. Amiel says, "Civilization is first and foremost a moral thing." There is no doubt that the human race, especially in the West, has improved wonderfully within the last century. Many inventions and discoveries have been made, and men are now able to enjoy comforts which could not have been obtained before.

From a material point of view we have certainly progressed, but do the "civilized" people in the West live longer than the so-called semi-civilized races? Have they succeeded in prolonging their lives? Are they happier than others? I should like to hear their answers. Is it not a fact that Americans are more liable to catch cold than Asiatics; with the least change of air, and with the slightest appearance of an epidemic are they not more easily infected than Asiatics? If so, why? With their genius for invention why have they not discovered means to safeguard themselves so that they can live longer on this earth? Again, can Americans say that they are happier than the Chinese? From personal observation I have formed the opinion that the Chinese are more contented than Americans, and on the whole happier; and certainly one meets more old people in China than in America. Since the United States of America is rich, well governed, and provided with more material comforts than China, Americans, one would think, should be happier than we are, but are they? Are there not many in their midst who are friendless and penurious? In China no man is without friends, or if he is, it is his own fault. "Virtue is never friendless," said Confucius, and, as society is constituted in China, this is literally true. If this is not so in America I fear there is something wrong with that boasted civilization, and that their material triumphs over the physical forces of nature have been paid dearly for by a loss of insight into her profound spiritualities. Perhaps some will understand when I quote Lao Tsz's address to Confucius on "Simplicity". "The chaff from winnowing will blind a man. Mosquitoes will bite a man and keep him awake all night, and so it is with all the talk of yours about charity and duty to one's neighbor, it drives one crazy. Sir, strive to keep the world in its original simplicity —why so much fuss? The wind blows as it listeth, so let virtue establish itself. The swan is white without a daily bath, and the raven is black without dyeing itself. When the pond is dry and the fishes are gasping for breath it is of no use to moisten them with a little water or a little sprinkling. Compared to their original and simple condition in the pond and the rivers it is nothing."

Henry Ward Beecher says, "Wealth may not produce civilization, but civilization produces money," and in my opinion while wealth may be used to promote happiness and health it as often injures both. Happiness is the product of liberality, intelligence and service to others, and the reflex of happiness is health. My contention is that the people who possess these good qualities in the greatest degree are the most civilized. Now civilization, as mentioned in the previous chapter, was born in the East and travelled westward. The law of nature is spiral, and inasmuch as Eastern civilization taught the people of the West, so Western civilization, which is based upon principles native to the East, will return to its original source. No nation can now remain shut up within itself without intercourse with other nations; the East and the West can no longer exist separate and apart. The new facilities for transportation and travel by land and water bring all nations, European, American, Asiatic and African, next door to each other, and when the art of aviation is more advanced and people travel in the air as safely as they now cross oceans, the relationships of nations will become still closer.

What effect will this have on mankind? The first effect will be, I should say, greater stability. As interests become common, destructive combats will vanish. All alike will be interested in peace. It is a gratifying sign that within recent years the people of America have taken a prominent part in peace movements, and have inaugurated peace congresses, the members of which represent different sections of the country. Annual gatherings of this order must do much to prevent war and to perpetuate peace, by turning people's thoughts in the right direction. Take, for instance, the Lake Mohonk Conference on International Arbitration, which was started by a private gentleman, Mr. A. K. Smiley, who was wont every year to invite prominent officials and others to his beautiful summer place at Lake Mohonk for a conference. He has passed away, to the regret of his many friends, but the good movement still continues, and the nineteenth annual conference was held under the auspices of his brother, Mr. Daniel Smiley. Among those present, there were not only eminent Americans, such as Dr. C. W. Eliot, President Emeritus of Harvard University, Ex-American Ambassador C. Tower, Dr. J. Taylor, President of Vassar College, and Dr. Lyman Abbott, but distinguished foreigners such as J. A. Baker, M.P., of England, Herr Heinrich York Steiner, of Vienna, and many others. Among the large number of people who support this kind of movement, and the number is increasing every day, the name of Mr. Andrew Carnegie stands out very prominently. This benevolent gentleman is a most vigorous advocate of International Peace, and has spent most of his time and money for that purpose. He has given ten million dollars (gold) for the purpose of establishing the Carnegie Peace Fund; the first paragraph in his long letter to the trustees is worthy of reproduction, as it expresses his strong convictions:

"I have transferred to you," he says, "as Trustees of the Carnegie Peace Fund, ten million dollars of five per cent. mortgage bonds, the revenue of which is to be administered by you to hasten the abolition of international war, the foulest blot upon our civilization. Although we no longer eat our fellowmen nor torture our prisoners, nor sack cities, killing their inhabitants, we still kill each other in war like barbarians. Only wild beasts are excusable for doing that in this the Twentieth Century of the Christian era, for the crime of war is inherent, since it decides not in favor of the right, but always of the strong. The nation is criminal which refuses arbitration and drives its adversary to a tribunal which knows nothing of righteous judgment."

I am glad to say that I am familiar with many American magazines and journals which are regularly published to advocate peace, and I have no doubt that in every country similar movements are stirring, for the nations are beginning to realize the disastrous effects of war. If I am not mistaken, however, Americans are the most active in this matter. The Permanent Court of Arbitration at The Hague, whose members belong to nearly every nation, is a significant index of the spirit of the times. Yet what an irony of fate that while people are so active in perpetuating peace they cannot preserve it. Look at the recent wars in Europe, first between Italy and Turkey, and afterward in the Balkans, to say nothing of disturbances in China and other parts of the world. It is just like warning a child not to take poison and then allowing him to swallow it and die. Sensible men should consider this question calmly and seriously. We all agree as to the wickedness of war and yet we war with one another; we do not like war yet we cannot help but war. There is surely some hidden defect in the way we have been brought up.

Is not the slogan of nationality, to a great extent, the root of the evil? Every schoolboy and schoolgirl is taught the duty of devotion, or strong attachment, to his or her own country, and every statesman or public man preaches the doctrine of loyalty to one's native land; while the man who dares to render service to another country, the interests of which are opposed to the interests of his own land, is denounced a traitor. In such cases the individual is never allowed an opinion as to the right or wrong of the dispute. He is expected to support his own country and to cry at all times, "Our country, right or wrong." A politician's best chance to secure votes is to gloss over the faults of his own party or nation, to dilate on the wickedness of his neighbors and to exhort his compatriots to be loyal to their national flag. Can it be wondered at that men who are imbued with such doctrines become selfish and narrow-minded and are easily involved in quarrels with other nations?

Patriotism is, of course, the national life. Twenty-four centuries ago, speaking in the Greek Colony of Naxos, Pythagoras described this emotion in the following eloquent passage: "Listen, my children, to what the State should be to the good citizen. It is more than father or mother, it is more than husband or wife, it is more than child or friend. The State is the father and mother of all, is the wife of the husband and the husband of the wife. The family is good, and good is the joy of the man in wife and in son. But greater is the State, which is the protector of all, without which the home would be ravaged and destroyed. Dear to the good man is the honor of the woman who bore him, dear the honor of the wife whose children cling to his knees; but dearer should be the honor of the State that keeps safe the wife and the child. It is the State from which comes all that makes your life prosperous, and gives you beauty and safety. Within the State are built up the arts, which make the difference between the barbarian and the man. If the brave man dies gladly for the hearthstone, far more gladly should he die for the State."

But only when the State seeks the good of the governed, for said Pythagoras on another occasion: "Organized society exists for the happiness and welfare of its members; and where it fails to secure these it stands ipso facto condemned."

But to-day should the State be at war with another, and any citizen or section of citizens believe their own country wrong and the opposing nation wronged, they dare not say so, or if they do they run great risk of being punished for treason. Men and women though no longer bought and sold in the market place are subjected to subtler forms of serfdom. In most European countries they are obliged to fight whether they will or not, and irrespective of their private convictions about the dispute; even though, as is the case in some European countries, they may be citizens from compulsion rather than choice, they are not free to abstain from active participation in the quarrel. Chinese rebellions are said to "live on loot", i.e., on the forcible confiscation of private property, but is that worse than winning battles on the forcible deprivation of personal liberty? This is nationalism gone mad! It fosters the desire for territory grabbing and illustrates a fundamental difference between the Orient and the Occident. With us government is based on the consent of the governed in a way that the Westerner can hardly understand, for his passion to expand is chronic. Small nations which are over-populated want territory for their surplus population; great nations desire territory to extend their trade, and when there are several great powers to divide the spoil they distribute it among themselves and call it "spheres of influence", and all in honor of the god Commerce. In China the fundamentals of our social system are brotherhood and the dignity of labor.

What, I ask, is the advantage of adding to national territory? Let us examine the question calmly. If a town or a province is seized the conqueror has to keep a large army to maintain peace and order, and unless the people are well disposed to the new authority there will be constant trouble and friction. All this, I may say, in passing, is opposed to our Confucian code which bases everything on reason and abhors violence. We would rather argue with a mob and find out, if possible, its point of view, than fire on it. We have yet to be convinced that good results flow from the use of the sword and the cannon. Western nations know no other compulsion.

If, however, the acquisition of new territory arises from a desire to develop the country and to introduce the most modern and improved systems of government, without ulterior intentions, then it is beyond praise, but I fear that such disinterested actions are rare. The nearest approach to such high principle is the purchase of the Philippine Islands by the United States. I call it "purchase" because the United States Government paid a good price for the Islands after having seized the territory. The intentions of the Government were well known at the time. Since her acquisition of those Islands, America has been doing her best to develop their resources and expand their trade. Administrative and judicial reforms have been introduced, liberal education has been given to the natives, who are being trained for self-government. It has been repeatedly and authoritatively declared by the United States that as soon as they are competent to govern themselves without danger of disturbances, and are able to establish a stable government, America will grant independence to those islands. I believe that when the proper time comes she will fulfill her word, and thus set a noble example to the world.

The British in Hongkong afford an illustration of a different order, proving the truth of my contention that, excepting as a sphere for the exercise of altruism, the acquisition of new territories is an illusive gain. When Hongkong was ceded to Great Britain at the conclusion of a war in which China was defeated, it was a bare island containing only a few fishermen's huts. In order to make it a trading port and encourage people to live there, the British Government spent large sums of money year after year for its improvement and development, and through the wise administration of the local Government every facility was afforded for free trade. It is now a prosperous British colony with a population of nearly half a million. But what have been the advantages to Great Britain? Financially she has been a great loser, for the Island which she received at the close of her war with China was for many years a great drain on her national treasury. Now Hongkong is a self-supporting colony, but what benefits do the British enjoy there that do not belong to everyone else? The colony is open to all foreigners, and every right which a British merchant has is equally shared with everyone else. According to the census of 1911, out of a population of 456,739 only 12,075 were non-Chinese, of whom a small portion were British; the rest were Chinese. Thus the prosperity of that colony depends upon the Chinese who, it is needless to say, are in possession of all the privileges that are enjoyed by British residents. It should be noticed that the number of foreign firms and stores (i.e., non-British) have been and are increasing, while big British hongs are less numerous than before. Financially, the British people have certainly not been gainers by the acquisition of that colony. Of course I shall be told that it adds to the prestige of Great Britain, but this is an empty, bumptious boast dearly paid for by the British tax-payer.

From an economic and moral point of view, however, I must admit that a great deal of good has been done by the British Government in Hongkong. It has provided the Chinese with an actual working model of a Western system of government which, notwithstanding many difficulties, has succeeded in transforming a barren island into a prosperous town, which is now the largest shipping port in China. The impartial administration of law and the humane treatment of criminals cannot but excite admiration and gain the confidence of the natives. If the British Government, in acquiring the desert island, had for its purpose the instruction of the natives in a modern system of government, she is to be sincerely congratulated, but it is feared that her motives were less altruistic.

These remarks apply equally, if not with greater force, to the other colonies or possessions in China under the control of European Powers, as well as to the other colonies of the British Empire, such as Australia, New Zealand, Canada, and others which are called "self-governing dominions". The Imperial Government feels very tender toward these colonists, and practically they are allowed to manage their affairs as they like. Since they are so generously treated and enjoy the protection of so great a power, there is no fear that these self-governing dominions will ever become independent of their mother country; but if they ever should do so, it is most improbable that she would declare war against them, as the British people have grown wiser since their experience with the American colonists. British statesmen have been awakened to the necessity of winning the good-will of their colonists, and within recent years have adopted the policy of inviting the Colonial premiers to London to discuss questions affecting Imperial and Colonial interests. Imperial federation seems to be growing popular with the British and it is probable that in the future England, Scotland, Wales, and Ireland will each have its own parliament, with an Imperial Parliament, sitting at Westminster, containing representatives from all parts of the British Empire, but America is the only nation which has added to her responsibilities with the avowed purpose of making semi-civilized tribes independent, self-governing colonies, and America is almost the only great power that has never occupied or held territory in China.

Let me ask again what is the object of nations seeking new possessions. Is it for the purpose of trade? If so, the object can be obtained without acquiring territory. In these days of enlightenment anyone can go to any country and trade without restriction, and in the British colonies the alien is in the same position as the native. He is not hampered by "permits" or other "red-tape" methods. Is it for the purpose of emigration? In Europe, America and all the British colonies, so far as I know, white people, unless they are paupers or undesirables, can emigrate to any country and after a short period become naturalized.

Some statesmen would say that it is necessary for a great power to have naval bases or coaling stations in several parts of the world. This presupposes preparations for war; but if international peace were maintained, such possessions would be useless and the money spent on them wasted. In any case it is unproductive expenditure. It is the fashion for politicians (and I am sorry to find them supported by eminent statesmen) to preach the doctrine of armaments; they allege that in order to preserve peace it is necessary to be prepared for war, that a nation with a large army or navy commands respect, and that her word carries weight. This argument cuts both ways, for a nation occupying such a commanding position may be unreasonable and a terror to weaker nations. If this high-toned doctrine continues where will it end? We shall soon see every nation arming to the teeth for the sake of her national honor and safety, and draining her treasury for the purpose of building dreadnaughts and providing armaments. When such a state of things exists can international peace be perpetuated? Will not occasion be found to test those war implements and to utilize the naval and military men? When you purchase a knife don't you expect to use it? Mr. Lloyd George, the English Chancellor of the Exchequer, in a speech in which he lamented the ever-increasing but unnecessary expenditure on armaments, said in Parliament: "I feel confident that it will end in a great disaster—I won't say to this country, though it is just possible that it may end in a disaster here." A man with a revolver sometimes invites attack, lest what was at first intended only for a defense should become a menace.

When discussing the craze of the Western nations for adding to their territories I said that white people can emigrate to any foreign country that they please, but it is not so with the yellow race. It has been asserted with authority that some countries are reserved exclusively for the white races, and with this object in view laws have been enacted prohibiting the natives of Asia from becoming naturalized citizens, besides imposing very strict and almost prohibitory regulations regarding their admission. Those who support such a policy hold that they, the white people, are superior to the yellow people in intellect, in education, in taste, and in habits, and that the yellow people are unworthy to associate with them. Yet in China we have manners, we have arts, we have morals, and we have managed a fairly large society for thousands of years without the bitter class hatreds, class divisions, and class struggles that have marred the fair progress of the West. We have not enslaved our lives to wealth. We like luxury but we like other things better. We love life more than chasing imitations of life.

Our differences of color, like our differences of speech, are accidental, they are due to climatic and other influences. We came originally from one stock. We all started evenly, Heaven has no favorites. Man alone has made differences between man and man, and the yellow man is no whit inferior to the white people in intelligence. During the Russo-Japan War was it not the yellow race that displayed the superior intelligence? I am sometimes almost tempted to say that Asia will have to civilize the West over again. I am not bitter or sarcastic, but I do contend that there are yet many things that the white races have to learn from their colored brethren. In India, in China, and in Japan there are institutions which have a stability unknown outside Asia. Religion has apparently little influence on Western civilization; it is the corner-stone of society in all Asiatic civilizations. The result is that the colored races place morality in the place assigned by their more practical white confreres to economic propositions. We think, as we contemplate the West, that white people do not understand comfort because they have no leisure to enjoy contentment; THEY measure life by accumulation, WE by morality. Family ties are stronger with the so-called colored races than they are among the more irresponsible white races; consequently the social sense is keener among the former and much individual suffering is avoided. We have our vices, but these are not peculiar to US; and, at least, we have the merit of being easily governed. Wherever there are Chinese colonies the general verdict is: "The Chinese make good citizens."

This is what the late Sir Robert Hart, to whom China owes her Customs organization, said about us:

"They (the Chinese) are well-behaved, law-abiding, intelligent, economical, and industrious; they can learn anything and do anything; they are punctiliously polite, they worship talent, and they believe in right so firmly that they scorn to think it requires to be supported or enforced by might; they delight in literature, and everywhere they have their literary clubs and coteries for learning and discussing each other's essays and verses; they possess and practise an admirable system of ethics, and they are generous, charitable, and fond of good work; they never forget a favor, they make rich return for any kindness, and though they know money will buy service, a man must be more than wealthy to win esteem and respect; they are practical, teachable, and wonderfully gifted with common sense; they are excellent artisans, reliable workmen, and of a good faith that everyone acknowledges and admires in their commercial dealings; in no country that is or was, has the commandment 'Honor thy father and thy mother', been so religiously obeyed, or so fully and without exception given effect to, and it is in fact the keynote of their family, social, official and national life, and because it is so their days are long in the land God has given them."

The cry of "America for the Americans" or "Australia for the Australians" is most illogical, for those people were not the original owners of the soil; with far greater reason we in the far East might shout, “China for the Chinese”, “Japan for the Japanese”. I will quote Mr. T. S. Sutton, English Secretary of the Chinese-American League of Justice, on this point. “The most asinine whine in the world,” he says, “is that of ‘America for the Americans’ or ‘China for the Chinese’, etc. It is the hissing slogan of greed, fear, envy, selfishness, ignorance and prejudice. No man, no human being who calls himself a man, no Christian, no sane or reasonable person, should or could ever be guilty of uttering that despicable wail. God made the world for all men, and if God has any preference, if God is any respecter of persons, He must surely favor the Chinese, for He has made more of them than of any other people on the globe. ‘America for the aboriginal Indians’ was once the cry. Then when the English came over it changed to ‘America for the English’, later ‘America for the Puritans’, and around New Orleans they cried ‘America for the French’. In Pennsylvania the slogan was ‘America for the Dutch’, etc., but the truth remains that God has set aside America as ‘the melting pot’ of the world, the land to which all people may come, and from which there has arisen, and will continue to rise, a great mixed race, a cosmopolitan nation that may, if it is not misled by prejudice and ignorance, yet lead the world.” Although Mr. Sutton’s phraseology is somewhat strong, his arguments are sound and unanswerable.

I now pass to some less controversial aspects of my theme, and note a praiseworthy custom that is practically unknown in the Far East. I refer to the habit of international marriages which are not only common in cosmopolitan America but are of daily occurrence in Europe also, among ordinary people as well as the royal families of Europe, so that nearly all the European courts are related one to the other. This is a good omen for a permanent world-peace. There have been some marriages of Asiatics with Europeans and Americans, and they should be encouraged. Everything that brings the East and West together and helps each to understand the other better, is good. The offspring from such mixed unions inherit the good points of both sides. The head master of the Queen's College in Hongkong, where there are hundreds of boys of different nationalities studying together, once told me that formerly at the yearly examination the prizes were nearly all won by the Chinese students, but that in later years when Eurasian boys were admitted, they beat the Chinese and all the others, and generally came out the best. Not only in school but in business also they have turned out well. It is well known that the richest man in Hongkong is a Eurasian. It is said that the father of Aguinaldo, the well-known Philippine leader, was a Chinese. There is no doubt that mixed marriages of the white with the yellow races will be productive of good to both sides. But do Chinese really make good husbands? My lady friends ask. I will cite the case of an American lady. Some years ago a Chinese called on me at my Legation in Washington accompanied by an American lady and a girl. The lady was introduced to me as his wife and the girl as his daughter; I naturally supposed that the lady was the girl's mother, but she told me that the girl was the daughter of her late intimate friend, and that after her death, knowing that the child's father had been a good and affectionate husband to her friend, she had gladly become his second wife, and adopted his daughter.

Those who believe in reincarnation (and I hope most of my readers do, as it is a clue to many mysteries) understand that when people are reincarnated they are not always born in the same country or continent as that in which they lived in their previous life. I have an impression that in one of my former existences I was born and brought up in the United States. In saying this I do not express the slightest regrets at having now been born in Asia. I only wish to give a hint to those white people who advocate an exclusive policy that in their next life they may be born in Asia or Africa, and that the injury they are now inflicting on the yellow people they may themselves have to suffer in another life.

While admitting that we Chinese have our faults and that in some matters we have much to learn, especially from the Americans, we at least possess one moral quality, magnanimity, while the primal virtues of industry, economy, obedience, and love of peace, combined with a "moderation in all things", are also common among us. Our people have frequently been slighted or ill-treated but we entertain no revengeful spirit, and are willing to forget. We believe that in the end right will conquer might. Innumerable as have been the disputes between Chinese and foreigners it can at least be said, without going into details, that we have not, in the first instance, been the aggressors. Let me supply a local illustration showing how our faults are always exaggerated. Western people are fond of horse-racing. In Shanghai they have secured from the Chinese a large piece of ground where they hold race meetings twice a year, but no Chinese are allowed on the grand-stand during the race days. They are provided with a separate entrance, and a separate enclosure, as though they were the victims of some infectious disease. I have been told that a few years ago a Chinese gentleman took some Chinese ladies into the grand-stand and that they misbehaved; hence this discriminatory treatment of Chinese. It is proper that steps should be taken to preserve order and decency in public places, but is it fair to interdict the people of a nation on account of the misconduct of two or three? Suppose it had been Germans who had misbehaved themselves (which is not likely), would the race club have dared to exclude Germans from sharing with other nations the pleasures of the races?

In contrast with this, let us see what the Chinese have done. Having learned the game of horse-racing from the foreigners in China, and not being allowed to participate, they have formed their own race club, and, with intention, have called it the "International Recreation Club". This Club has purchased a large tract of land at Kiangwan, about five miles from Shanghai, and has turned it into a race-course, considerably larger than that in Shanghai. When a race meeting is held there, IT IS OPEN TO FOREIGNERS AS WELL AS CHINESE, in fact complimentary tickets have even been sent to the members of the foreign race club inviting their attendance. Half of the members of the race committee are foreigners; while foreigners and Chinese act jointly as stewards and judges; the ponies that run are owned by foreigners as well as by Chinese, and Chinese jockeys compete with foreign jockeys in all the events. A most pleasing feature of these races is the very manifest cordial good feeling which prevails throughout the races there. The Chinese have been dubbed "semi-civilized and heathenish", but the "International Recreation Club" and the Kiangwan race-course display an absence of any desire to retaliate and sentiments of international friendship such as it would, perhaps, be difficult to parallel. Should such people be denied admission into Australia, Canada, or the United States? Would not the exclusionists in those countries profit by association with them?

The immigration laws in force in Australia are, I am informed, even more strict and more severe than those in the United States. They amount to almost total prohibition; for they are directed not only against Chinese laborers but are so operated that the Chinese merchant and student are also practically refused admission. In the course of a lecture delivered in England by Mrs. Annie Besant in 1912 on "The citizenship of colored races in the British Empire", while condemning the race prejudices of her own people, she brought out a fact which will be interesting to my readers, especially to the Australians. She says, "In Australia a very curious change is taking place. Color has very much deepened in that clime, and the Australian has become very yellow; so that it becomes a problem whether, after a time, the people would be allowed to live in their own country. The white people are far more colored than are some Indians." In the face of this plain fact is it not time, for their own sake, that the Australians should drop their cry against yellow people and induce their Parliament to abolish, or at least to modify, their immigration laws with regard to the yellow race? Australians are anxious to extend their trade, and they have sent commercial commissioners to Japan and other Eastern countries with the view to developing and expanding commerce. Mr. J. B. Suttor, Special Commissioner of New South Wales, has published the following advertisement:

"NEW SOUTH WALES. The Land of Reward for Capital Commerce and Industry. Specially subsidized steamers now giving direct service between Sydney, THE PREMIER COMMERCIAL CENTER OF AUSTRALIA, AND SHANGHAI. Thus offering special facilities for Commerce and Tourists. NEW SOUTH WALES PRODUCTS ARE STANDARDS OF EXCELLENCE."

Commerce and friendship go together, but how Australians can expect to develop trade in a country whose people are not allowed to come to visit her shores even for the purposes of trade, passes my comprehension. Perhaps, having heard so much of the forgiving and magnanimous spirit of the Chinese, Australians expect the Chinese to greet them with smiles and to trade with them, while being kicked in return.

I believe in the doctrine of the universal brotherhood of men. It is contrary to the law (God) of creation that some people should shut out other people from portions of the earth solely from motives of selfishness and jealousy; the injury caused by such selfish acts will sooner or later react on the doers. "Every man is his own ancestor. We are preparing for the days that come, and we are what we are to-day on account of what has gone before." The dog-in-the-manger policy develops doggish instincts in those who practise it; and, after all, civilization without kindness and justice is not worth having. In conclusion, I will let the English poet, William Wordsworth, state "Nature's case".

Listen to these noble lines from the ninth canto of his "Excursion".

"Alas! what differs more than man from man, And whence that difference? Whence but from himself? For see the universal Race endowed With the same upright form. The sun is fixed And the infinite magnificence of heaven Fixed, within reach of every human eye; The sleepless ocean murmurs for all years; The vernal field infuses fresh delight Into all hearts. Throughout the world of sense, Even as an object is sublime or fair, That object is laid open to the view Without reserve or veil; and as a power Is salutary, or an influence sweet, Are each and all enabled to perceive That power, that influence, by impartial law, Gifts nobler are vouchsafed alike to all;

Reason, and, with that reason, smiles and tears; Imagination, freedom in the will; Conscience to guide and check; and death to be Foretasted, immortality conceived By all—a blissful immortality, To them whose holiness on earth shall make The Spirit capable of heaven, assured.

The smoke ascends To Heaven as lightly from the cottage hearth As from the haughtiest palace. He whose soul Ponders this true equality, may walk The fields of earth with gratitude and hope; Yet, in that meditation, will he find Motive to sadder grief, as we have found; Lamenting ancient virtues overthrown, And for the injustice grieving, that hath made So wide a difference between man and man."

Chapter 13

Dinners and Banquets

Dinner, as we all know, indicates a certain hour and a certain habit whose aim is the nourishment of the body, and a deliverance from hunger; but in our modern civilized life it possesses other purposes also. Man is a gregarious animal, and when he takes his food he likes company; from this peculiarity there has sprung up the custom of dinner parties. In attending dinner parties, however, the guests as a rule do not seek sustenance, they only go to them when they have nothing else to do, and many scarcely touch the food that is laid before them. Their object is to do honor to the host and hostess, not to eat, but to be entertained by pleasant and congenial conversation. Nevertheless, the host, at whose invitation the company has assembled, is expected to provide a great abundance and a large variety of savory dishes, as well as a good supply of choice wines. Flesh and wine are indispensable, even though the entertainers eschew both in their private life, and most of the guests daily consume too much of each. Few have the courage to part with conventional practices when arranging a social function.

American chefs are excellent caterers, and well know how to please the tastes of the American people. They concentrate on the art of providing dainty dishes, and human ingenuity is heavily taxed by them in their efforts to invent new gustatory delicacies. The dishes which they place before each guest are so numerous that even a gourmand must leave some untouched. At a fashionable dinner no one can possibly taste, much less eat, everything that is placed before him, yet the food is all so nicely cooked and served in so appetizing a manner, that it is difficult to resist the temptation at least to sample it; when you have done this, however, you will continue eating until all has been finished, but your stomach will probably be a sad sufferer, groaning grievously on the following day on account of the frolic of your palate. This ill-mated pair, although both are chiefly interested in food, seldom seem to agree. I must not omit to mention however that the number of courses served at an American millionaire's dinner is after all less numerous than those furnished at a Chinese feast. When a Chinese gentleman asks his friends to dine with him the menu may include anywhere from thirty to fifty or a hundred courses; but many of the dishes are only intended for show. The guests are not expected to eat everything on the table, or even to taste every delicacy, unless, indeed, they specially desire to do so. Again, we don't eat so heartily as do the Americans, but content ourselves with one or two mouthfuls from each set of dishes, and allow appreciable intervals to elapse between courses, during which we make merry, smoke, and otherwise enjoy the company. This is a distinct advantage in favor of China.

In Europe and America, dessert forms the last course at dinner; in China this is served first. I do not know which is the better way. Chinese are ever ready to accept the best from every quarter, and so many of us have recently adopted the Western practice regarding dessert, while still retaining the ancient Chinese custom, so that now we eat sweetmeats and fruit at the beginning, during dinner, and at the end. This happy combination of Eastern and Western practices is, I submit, worthy of expansion and extension. If it were to become universal it would help to discourage the present unwholesome habit, for it is nothing more than a habit, of devouring flesh.

One of the dishes indispensable at a fashionable American dinner is the terrapin. Those who eat these things say that their flesh has a most agreeable and delicate flavor, and that their gelatinous skinny necks and fins are delicious, but apparently the most palatable tidbits pall the taste in time, for it is said that about forty years ago terrapins were so abundant and cheap that workmen in their agreement with their employers stipulated that terrapin should not be supplied at their dinner table more than three times a week. Since then terrapins have become so rare that no stylish dinner ever takes place without this dish. Oysters are another Western sine qua non, and are always served raw. I wonder how many ladies and gentlemen who swallow these mollusca with such evident relish know that they are veritable scavengers, which pick up and swallow every dirty thing in the water. A friend of mine after taking a few of them on one occasion, had to leave the table and go home; he was ill afterward for several days. One cannot be too careful as to what one eats. The United States has a Pure Food Department, but I think it might learn a great deal that it does not know if it were to send a commission to China to study life in the Buddhist monasteries, where only sanitary, healthful food is consumed. It is always a surprise to me that people are so indifferent to the kind of food they take. Public health officers are useful officials, but when we have become more civilized each individual will be his own health officer.

Some of the well-known Chinese dishes are very relishable and should not be overlooked by chefs and dinner hostesses. I refer to the sharks' fins, and birds' nest—the Eastern counterpart of the Western piece de resistance—the terrapin. From a hygienic point of view sharks' fins may not be considered as very desirable, seeing they are part of the shark, but they are certainly not worse, and are perhaps better, than what is called the "high and tender" pheasant, and other flesh foods which are constantly found on Western dining tables, and which are so readily eaten by connoisseurs. Birds' nest soup is far superior to turtle soup, and I have the opinion of an American chemist who analyzed it, that it is innocuous and minus the injurious uric acid generated by animal flesh, the cause of rheumatic and similar painful complaints.

The "chop suey" supplied in the Chinese restaurants in New York, Chicago, and other places, seems to be a favorite dish with the American public. It shows the similarity of our tastes, and encourages me to expect that some of my recommendations will be accepted.

Will some one inform me why so many varieties of wines are always served on American tables, and why the sparkling champagne is never avoidable? Wealthy families will spare neither pains nor expense to spread most sumptuous dinners, and it has been reported that the cost of an entertainment given by one rich lady amounted to twenty thousand pounds sterling, although, as I have said, eating is the last thing for which the guests assemble.

I do not suppose that many will agree with me, but in my opinion it would be much more agreeable, and improve the general conversation, if all drinks of an intoxicating nature were abolished from the dining table. It is gratifying to know that there are some families (may the number increase every day!) where intoxicating liquors are never seen on their tables. The first instance of this sort that came under my notice was in the home of that excellent woman, Mrs. M. F. Henderson, who is an ardent advocate of diet reform and teetotalism. Mr. William Jennings Bryan, the Secretary of State, has set a noble example, as from newspaper reports it appears that he gave a farewell dinner to Ambassador Bryce, without champagne or other alcoholic drinks. He has a loyal supporter in Shanghai, in the person of the American Consul-General, Dr. A. P. Wilder, who, to the great regret of everybody who knows him in this port, is retiring from the service on account of ill-health. Dr. Wilder is very popular and figures largely in the social life of the community, but Dr. Wilder is a staunch opponent of alcohol, and through his influence wines at public dinners are always treated as extras. So long as the liquor traffic is so extensively and profitably carried on in Europe and America, and so long as the consumption of alcohol is so enormous, so long will there be a difference of opinion as to its ill effects, but in this matter, by means of its State Prohibition Laws, America is setting an example to the world. In no other country are there such extensive tracts without alcohol as the "Dry States" of America. China, who is waging war on opium, recognizes in this fact a kindred, active moral force which is absent elsewhere, and, shaking hands with her sister republic across the seas, hopes that she will some day be as free of alcoholic poisons as China herself hopes to be of opium. Every vice, however, has its defense. Some years ago I met a famous Dutch artist in Peking, who, though still in the prime of life, was obliged to lay aside his work for a few days each month, due to an occasional attack of rheumatism. I found he was fond of his cup, though I did not understand that he was an immoderate drinker. I discoursed to him somewhat lengthily about the evil effects of drink, and showed him that unless he was willing to give up all intoxicating liquor, his rheumatism would never give him up. He listened attentively, pondered for a few minutes, and then gave this characteristic answer: "I admit the soundness of your argument but I enjoy my glass exceedingly; if I were to follow your advice I should be deprived of a lot of pleasure. Indeed, I would rather have the rheumatic pains, which disappear after two or three days, and continue to enjoy my alcoholic drinks, than endure the misery of doing without them." I warned him that in course of time his rheumatism would be longer in duration and attack him more frequently, if he continued to ignore its warnings and to play with what, for him, was certainly poison. When anyone has a habit, be it injurious or otherwise, it is not easy to persuade him to abandon it.

The Aristocracy of Health written by the talented Mrs. Henderson is an admirable work. I owe much to it. The facts and arguments adduced against tobacco smoking, strong drink and poisonous foods, are set forth in such a clear and convincing manner, that soon after reading it I became a teetotaler and "sanitarian"[①] and began at once to reap the benefits. I felt that I ought not to keep such a good thing to myself, but that I should preach the doctrine far and wide. I soon found, however, that it was an impossible task to try to save men from themselves, and I acquired the unenviable sobriquet of

① I have never been a smoker and have always eschewed tobacco, cigarettes, etc.; though for a short while to oblige friends I occasionally accepted a cigarette, now I firmly refuse everything of the sort.

"crank"; but I was not dismayed. From my native friends I turned to the foreign community in Peking, thinking that the latter would possess better judgment, appreciate and be converted to the sanitarian doctrine. Among the foreigners I appealed to, one was a distinguished diplomat, and the other a gentleman in the Chinese service, with a world-wide reputation. Both were elderly and in delicate health, and it was my earnest hope that by reading Mrs. Henderson's book, which was sent to them, they would be convinced of their errors and turn over a new leaf—I was disappointed. Both, in returning the book, made substantially the same answer. "Mrs. Henderson's work is very interesting, but at my time of life it is not advisable to change life-long habits. I eat flesh moderately, and never drink much wine." They both seemed to overlook the crucial problem as to whether or not animal food contains hurtful poison. If it does, it should not be eaten at all. We never hear of sensible people taking arsenic, strychnine, or other poisons, in moderation, but many foolish women, I believe, take arsenic to pale their complexions, while others, both men and women, take strychnine in combination with other drugs, as a tonic, but will anyone argue that these substances are foods? The rule of moderation is applicable to things which are nutritious, or at least harmless, but not to noxious foods, however small the quantity of poison they may contain.

Pleasant conversation at the dinner table is always enjoyable, and a good talker is always welcome, but I often wonder why Americans, who generally are so quick to improve opportunity, and are noted for their freedom from traditional conventionalisms, do not make a more systematic use of the general love of good conversation. Anyone who is a witty conversationalist, with a large fund of anecdote, is sure to be asked by every dinner host to help to entertain the guests, but if the company be large the favorite can be enjoyed by only a few, and those who are too far away to hear, or who are just near enough to hear a part but not all, are likely to feel aggrieved. They cannot hear what is amusing the rest, while the talk elsewhere prevents their talking as they would if there were no interruptions. A raconteur generally monopolizes half the company, and leaves the other half out in the cold. This might be avoided if talkers were engaged to entertain the whole company during dinner, as pianists are now sometimes engaged to play to them after dinner. Or, the entertainment might be varied by engaging a good professional reciter to reproduce literary gems, comic or otherwise. I am sure the result would bring more general satisfaction to the guests than the present method of leaving them to entertain themselves. Chinese employ singing girls; Japanese, geishas to talk, sing or dance. The ideal would here again seem to be an amalgamation of East and West.

It is difficult for a mixed crowd to be always agreeable, even in the congenial atmosphere of a good feast, unless the guests have been selected with a view to their opinions rather than to their social standing. Place a number of people whose ideas are common, with a difference, around a well-spread table and there will be no lack of good, earnest, instructive conversation. Most men and women can talk well if they have the right sort of listeners. If the hearer is unsympathetic the best talker becomes dumb. Hosts who remember this will always be appreciated.

As a rule, a dinner conversation is seldom worth remembering, which is a pity. Man, the most sensible of all animals, can talk nonsense better than all the rest of his tribe. Perhaps the flow of words may be as steady as the eastward flow of the Yang-tse-Kiang in my own country, but the memory only retains a recollection of a vague, undefined—what? The conversation like the flavors provided by the cooks has been evanescent. Why should not hostesses make as much effort to stimulate the minds of their guests as they do to gratify their palates? What a boon it would be to many a bashful man, sitting next to a lady with whom he has nothing in common, if some public entertainer during the dinner relieved him from the necessity of always thinking of what he should say next? How much more he could enjoy the tasty dishes his hostess had provided; and as for the lady—what a number of suppressed yawns she might have avoided. To take great pains and spend large sums to provide nice food for people who cannot enjoy it because they have to talk to one another, seems a pity. Let one man talk to the rest and leave them leisure to eat, is my suggestion.

The opportunities afforded at the dining table may be turned to many useful purposes. Of course not all are ill-paired, and many young men and ladies meet, sit side by side, engage in a friendly, pleasant conversation, renew their acquaintance at other times, and finally merge their separate paths in the highway of marriage. Perhaps China might borrow a leaf from this custom and substitute dinner parties for go-betweens. The dinner-party method, however, has its dangers as well as its advantages—it depends on the point of view. Personal peculiarities and defects, if any, can be easily detected by the way in which the conversation is carried on, and the manner in which the food is handled. It has sometimes happened that the affianced have cancelled their engagement after a dinner party. On the other hand, matters of great import can often be arranged at the dinner table better than anywhere else. Commercial transactions involving millions of dollars have frequently been settled while the parties were sipping champagne; even international problems, ending in elaborate negotiations and treaties, have been first discussed with the afterdinner cigar. The atmosphere of good friendship and equality, engendered by a well-furnished room, good cheer, pleasant company, and a genial hostess, disarms prejudice, removes barriers, melts reserve, and disposes one to see that there is another side to every question.

In China when people have quarreled their friends generally invite them to dinner, where the matters in dispute are amicably arranged. These are called "peace dinners". I would recommend that a similar expedient should be adopted in America; many a knotty point could be disposed of by a friendly discussion at the dinner table. If international disputes were always arranged in this way the representatives of nations having complaints against each other might more often than now discover unexpected ways of adjusting their differences. Why should such matters invariably be remanded to formal conferences and set speeches? The preliminaries, at least, would probably be better arranged at dinner parties and social functions. Eating has always been associated with friendship. "To eat salt" with an Arab forms a most binding contract. Even "the serpent" in the book of Genesis commenced his acquaintance with Eve by suggesting a meal.

It almost seems as if there were certain unwritten laws in American society, assigning certain functions to certain days in the week. I do not believe Americans are superstitious, but I found that Thursday was greatly in favor. I remember on one occasion that Mrs.

Grant, widow of the late President, sent an invitation to my wife and myself to dine at her house some Thursday evening; this was three weeks in advance, and we readily accepted her invitation. After our acceptance, about a dozen invitations came for that same Thursday, all of which we had, of course, to decline. Curiously enough we received no invitations for any other day during that week, and just before that eventful Thursday we received a letter from Mrs. Grant cancelling the invitation on account of the death of one of her relations, so that we had to dine at home after all. Now we Chinese make no such distinctions between days. Every day of the week is equally good; in order however to avoid clashing with other peoples' engagements, we generally fix Fridays for our receptions or dinners, but there is not among the Chinese an entertainment season as there is in Washington, and other great cities, when everybody in good society is busy attending or giving "At Homes", tea parties or dinners. I frequently attended "At Homes" or tea parties in half-a-dozen places or more in one afternoon, but no one can dine during the same evening in more than one place. In this respect America might learn a lesson from China. We can accept half-a-dozen invitations to dinner for one evening; all we have to do is to go to each place in turn, partake of one or two dishes, excuse ourselves to the host and then go somewhere else. By this means we avoid the seeming rudeness of a declination, and escape the ill feelings which are frequently created in the West by invitations being refused. The Chinese method makes possible the cultivation of democratic friendships without violating aristocratic instincts, and for candidates at election times it would prove an agreeable method by which to make new friends. We are less rigid than Americans about dropping in and taking a mouthful or two at dinner, even without a special invitation.[①]

Washington officials and diplomats usually give large entertainments. The arranging of the seats at the dinner table is a delicate matter, as the rule of precedence has to be observed, and inattention to the rule, by placing a wrong seat for a gentleman or lady who is entitled to a higher place, may be considered as a slight. It is at such functions as these that the professional story-teller, the good reciter, the clever reader, the perfect entertainer would make the natural selfish reserve of mankind less apparent.

Fashionable people, who entertain a good deal, are, I understand, often puzzled to know how to provide novelties. In addition to the suggestions I have made, may I be pardoned another? There are many good cooks in the U.S.A. Why not commission these to sometimes prepare a recherche Chinese dinner, with the food served in bowls instead of plates, and with chop-sticks ("nimble lads" we call them) for show, but forks and spoons for use. I see no reason why Chinese meals should not become fashionable in America, as Western preparations are frequently favored by the Elite in China. One marked difference between the two styles is the manner in which the Chinese purveyor throws his most delicate flavors into strong relief by prefacing it with a diet which is insipid, harsh or pungent. Contrasts add zest to everything human, be it dining, working, playing, or wooing.

---

① Since writing the above, I have heard from an American lady that "progressive dinners" have recently been introduced by the idle and rich set of young people in New York. The modus operandi is that several dinners will, by arrangement, be given on a certain day, and the guests will go to each house alternately, eating one or two dishes only and remaining at the last house for fruit. I can hardly believe this, but my friend assures me it is a fact. It seems that eating is turned into play, and to appreciate the fun, I would like to be one of the actors.

This suggests an occasional, toothsome vegetarian repast as a set-off to the same round of fish, flesh, fowl and wine fumes. No people in the world can prepare such delicious vegetarian banquets as a Chinese culinary artist.

A banquet is a more formal affair than the dinner parties I have been discussing. It is generally gotten up to celebrate some special event, such as the conclusion of some important business, or the birthday of some national hero like Washington, Lincoln, or Grant; or the Chambers of Commerce and Associations of different trades in the important cities of America will hold their annual meetings to hear a report and discuss the businesses transacted during the year, winding up by holding a large banquet.

The food supplied on these occasions is by no means superior to that given at private dinners, yet everybody is glad to be invited. It is the inevitable rule that speeches follow the eating, and people attend, not for the sake of the food, but for the privilege of hearing others talk. Indeed, except for the opportunity of talking, or hearing others talk, people would probably prefer a quiet meal at home. Speakers with a reputation, orators, statesmen, or foreign diplomats are frequently invited, and sometimes eminent men from other countries are the guests of honor. These functions occur every year, and the Foreign Ministers with whose countries the Associations have commercial relations are generally present.

The topics discussed are nearly always the same, and it is not easy to speak at one of these gatherings without going over the same ground as that covered on previous occasions. I remember that a colleague of mine who was a clever diplomat, and for whom I had great respect, once when asked to make an after-dinner speech, reluctantly rose and, as far as I can remember, spoke to the following effect: "Mr. Chairman and gentlemen, I thank your Association for inviting me to this splendid banquet, but as I had the honor of speaking at your banquet last year I have nothing more to add, and I refer you to that speech," he then sat down. The novelty of his remarks, of course, won him applause, but I should like to know what the company really thought of him. For my part, I praised his wisdom, for he diplomatically rebuked all whose only interest is that which has its birth with the day and disappears with the night.

Banquets and dinners in America, as in China, are, however, often far removed from frivolities. Statesmen sometimes select these opportunities for a pronouncement of their policy, even the President of the nation may occasionally think it advisable to do this. Speeches delivered on such occasions are generally reported in all the newspapers, and, of course, discussed by all sorts of people, the wise and the otherwise, so that the speaker has to be very careful as to what he says. Our President confines himself to the more formal procedure of issuing an official mandate, the same in kind, though differing in expression, as an American President's Inaugural Address, or one of his Messages to Congress.

Commercial men do not understand and are impatient with the restrictions which hedge round a Foreign Minister, and in their anxiety to get speakers they will look anywhere. On one occasion I received an invitation to go to Canada to attend a banquet at a Commercial Club in one of the principal Canadian cities. It would have given me great pleasure to be able to comply with this request, as I had not then visited that country, but, contrary to inclination, I had to decline. I was accredited as Minister to Washington, and did not feel at liberty to visit another country without the special permission of my Home Government.

Public speaking, like any other art, has to be cultivated. However scholarly a man may be, and however clever he may be in private conversation, when called upon to speak in public he may sometimes make a very poor impression. I have known highly placed foreign officials, with deserved reputations for wisdom and ability, who were shockingly poor speakers at banquets. They would hesitate and almost stammer, and would prove quite incapable of expressing their thoughts in any sensible or intelligent manner. In this respect, personal observations have convinced me that Americans, as a rule, are better speakers than… (I will not mention the nationality in my mind, it might give offense.) An American, who, without previous notice, is called upon to speak, generally acquits himself creditably. He is nearly always witty, appreciative, and frank. This is due, I believe, to the thorough-going nature of his education: he is taught to be self-confident, to believe in his own ability to create, to express his opinions without fear. A diffident and retiring man, whose chief characteristic is extreme modesty, is not likely to be a good speaker; but Americans are free from this weakness. Far be it from me to suggest that there are no good speakers in other countries. America can by no means claim a monopoly of orators; there are many elsewhere whose sage sayings and forcible logic are appreciated by all who hear or read them; but, on the whole, Americans excel others in the readiness of their wit, and their power to make a good extempore speech on any subject, without opportunity for preparation.

Neither is the fair sex in America behind the men in this matter. I have heard some most excellent speeches by women, speeches which would do credit to an orator; but they labor under a disadvantage. The female voice is soft and low, it is not easily heard in a large room, and consequently the audience sometimes does not appreciate lady speakers to the extent that they deserve. However, I know a lady who possesses a powerful, masculine voice, and who is a very popular speaker, but she is an exception. Anyhow I believe the worst speaker, male or female, could improve by practising private declamation, and awakening to the importance of articulation, modulation, and—the pause.

Another class of social functions are "At Homes", tea parties, and receptions. The number of guests invited to these is almost unlimited, it may be one or two dozen, or one or two dozen hundreds. The purpose of these is usually to meet some distinguished stranger, some guest in the house, or the newly married daughter of the hostess. It is impossible for the host or hostess to remember all those who attend, or even all who have been invited to attend; generally visitors leave their cards, although many do not even observe this rule, but walk right in as if they owned the house. When a newcomer is introduced his name is scarcely audible, and before the hostess, or the distinguished guest, has exchanged more than one or two words with him, another stranger comes along, so that it is quite excusable if the next time the hosts meet these people they do not recognize them. In China a new fashion is now in vogue; new acquaintances exchange cards. If this custom should be adopted in America there would be less complaints about new friends receiving the cold shoulder from those who they thought should have known them.

In large receptions, such as those mentioned above, however spacious the reception hall, in a great many instances there is not even standing room for all who attend. It requires but little imagination to understand the condition of the atmosphere when there is no proper ventilation. Now, what always astonished me was, that although the parlor might be crowded with ladies and gentlemen, all the windows were, as a rule, kept closed, with the result that the place was full of vitiated air. Frequently after a short time I have had to slip away when I would willingly have remained longer to enjoy the charming company. If I had done so, however, I should have taken into my lungs a large amount of the obnoxious atmosphere exhaled from hundreds of other persons in the room, to the injury of my health, and no one can give his fellows his best unless his health is hearty. No wonder we often hear of a host or hostess being unwell after a big function. Their feelings on the morning after are often the reverse of "good-will to men", and the cause is not a lowered moral heartiness but a weakened physical body through breathing too much air exhaled from other people's lungs. When man understands, he will make "good health" a religious duty.

In connection with this I quote Dr. J. H. Kellogg, the eminent physician and Superintendent of the Battle Creek Sanitarium. In his book, *The Living Temple*[①], the doctor speaks as follows on the importance of breathing pure air: "The purpose of breathing is to obtain from the air a supply of oxygen, which the blood takes up and carries to the tissues. Oxygen is one of the most essential of all the materials required for the support of life... The amount of oxygen necessarily required for this purpose is about one and one-fourth cubic

---

① *The Living Temple*, by J. H. Kellogg, pp. 282 et al. Published by Good Health Publishing Co., Battle Creek, Mich., U.S.A.

inches for each breath... In place of the one and one-fourth cubic inches of oxygen taken into the blood, a cubic inch of carbonic acid gas is given off, and along with it are thrown off various other still more poisonous substances which find a natural exit through the lungs. The amount of these combined poisons thrown off with a single breath is sufficient to contaminate, and render unfit to breathe, three cubic feet, or three-fourths of a barrel, of air. Counting an average of twenty breaths a minute for children and adults, the amount of air contaminated per minute would be three times twenty or sixty cubic feet, or one cubic foot a second... Every one should become intelligent in relation to the matter of ventilation, and should appreciate its importance. Vast and irreparable injury frequently results from the confinement of several scores or hundreds of people in a schoolroom, church, or lecture room, without adequate means of removing the impurities thrown off from their lungs and bodies. The same air being breathed over and over becomes densely charged with poisons, which render the blood impure, lessen the bodily resistance, and induce susceptibility to taking cold, and to infection with the germs of pneumonia, consumption, and other infectious diseases, which are always present in a very crowded audience room. Suppose, for example, a thousand persons are seated in a room forty feet in width, sixty in length, and fifteen in height: how long a time would elapse before the air of such a room would become unfit for further respiration? Remembering that each person spoils one foot of air every second, it is clear that one thousand cubic feet of air will be contaminated for every second that the room is occupied. To ascertain the number of seconds which would elapse before the entire air contained in the room will be contaminated, so that it is unfit for further breathing, we have only to divide the cubic contents of the room by one thousand. Multiplying, we have 60*40*15 equals 36,000, the number of cubic feet. This, divided by one thousand, gives thirty-six as the number of seconds. Thus it appears that with closed doors and windows, breath poisoning of the audience would begin at the end of thirty-six seconds, or less than one minute. The condition of the air in such a room at the end of an hour cannot be adequately pictured in words, and yet hundreds of audiences are daily subjected to just such inhumane treatment through ignorance."

The above remarks apply not only to churches, lecture rooms, and other public places, but also with equal force to offices and family houses. I should like to know how many persons pay even a little attention to this important subject of pure air breathing? You go to an office, whether large or small, and you find all the windows closed, although there are half-a-dozen or more persons working in the room. No wonder that managers, clerks, and other office workers often break down and require a holiday to recuperate their impaired health at the seaside, or elsewhere.

When you call at a private residence you will find the same thing, all the windows closed. It is true that there are not so many persons in the room as in an office, but if your sense of smell is keen you will notice that the air has close, stuffy exhalations, which surely cannot be sanitary. If you venture to suggest that one of the windows be opened the lady of the house will at once tell you that you will be in a draught and catch cold.

It is a matter of daily occurrence to find a number of persons dining in a room where there is no opening for the contaminated air to leak out, or for the fresh air to come in. After dinner the gentlemen adjourn to the library to enjoy the sweet perfumes of smoking for an hour or so with closed windows. What a picture would be presented if the bacteria in the air could be sketched, enlarged, and thrown on a screen, or better still shown in a cinematograph, but apparently gentlemen do not mind anything so long as they can inhale the pernicious tobacco fumes.

It is a common practice, I fear, to keep the windows of the bedroom closed, except in hot weather. I have often suggested to friends that, for the sake of their health, they should at least keep one of the windows, if not more, open during the night, but they have pooh-poohed the idea on account of that bugaboo—a draught. It is one of the mysteries of the age that people should be willing to breathe second-hand air when there is so much pure, fresh air out of doors to be had for nothing; after inhaling and exhaling the same air over and over again all through the night it is not strange that they rise in the morning languid and dull instead of being refreshed and in high spirits. No one who is deprived of a sufficiency of fresh air can long remain efficient. Health is the cornerstone of success. I hear many nowadays talking of Eugenics. Eugenics was founded ten years ago by Sir Francis Galton, who defined it thus: "The study of agencies under control that may improve or impair the racial qualities of future generations, either physically or mentally." The University of London has adopted this definition, where a chair of Eugenics has been founded. This science is undoubtedly of the first importance, but what advantage is good birth if afterward life is poisoned with foul air? A dust-laden atmosphere is a germ-laden atmosphere, therefore physicians prescribe for tubercular convalescents conditions in which the air is 90% free from dust. However, the air of the city has been scientifically proven to be as pure as the air of the country. All that is necessary to secure proper lung food is plenty of it—houses so constructed that the air inside shall be free to go out and the air outside to come in. Air in a closed cage must be mischievous, and what are ill-ventilated rooms but vicious air cages, in which mischiefs of all sorts breed?

America professes to believe in publicity, and what is "publicity" but the open window and the open door? Practise this philosophy and it will be easy to keep on the sunny side of the street and to discourage the glooms. The joys fly in at open windows.

Chapter 14

American Theaters

The ideal of China is sincerity but an actor is a pretender. He appears to be what he is not. Now our ancient wise men felt that pretense of any sort must have a dangerous reactionary influence on the character. If a man learns how to be a clever actor on the stage he may be a skilled deceiver in other walks of life. Moreover, no one to whom sincerity is as the gums are to the teeth, would wish to acquire the art of acting as though he were some one else. Hence actors in China have from ancient times been looked down upon. Actresses, until the last decade or so, were unknown in China, and a boy who became an actor could never afterward occupy any position of honor. He, his children and his grandchildren might be farmers, merchants or soldiers, but they could never be teachers, literary men or officials. The Chinese feeling for sincerity, amounting almost to worship, has caused the profession of an actor in China to be considered a very low one, and so until the new regime the actor was always debarred from attending any literary examination, and was also deprived of the privilege of obtaining official appointment; in fact he was considered an outcast of society. No respectable Chinese family would think of allowing their son to go on the stage. As a natural consequence the members of the Chinese stage have, as a rule, been men who were as much below the level of moral respectability as conventionalism had already adjudged them to be below the level of social respectability. Regard anyone as a mirror with a cracked face and he will soon justify your opinion of him. If the morals of Chinese actors will not bear investigation it is probably due to the social ostracism to which they have always been subjected. The same phenomenon may be seen in connection with Buddhism. As soon as Buddhism in China ceased to be a power the priests became a despised class and being despised they have often given occasion to others to despise them.

I am aware that quite a different view is held of the stage in America and Europe, and that actors and actresses are placed on an equal footing with other members of society. This does not, of course, mean that either America or Europe lays less stress on sincerity than China, but simply that we have developed in different ways. I have heard of the old "morality plays", I know that English drama, like the Egyptian, Greek, and Indian, had its origin in religion, but this alone will not explain the different attitude assumed toward actors in the West from that taken up in China. I am inclined to think that the reason why actors are not despised in the West as they are in China is because the West considers first the utility of pleasure, and the East the supremacy of sincerity. Here, as is so frequently the case, apparent differences are largely differences of emphasis. The West would seem to emphasize the beauty of the desire to please where Chinese consider the effect on character or business. The expensive dinners which no one eats and which I discussed in a previous chapter are an illustration. No one in China would spend money in this fashion excepting for some definite purpose.

We Chinese like to flatter, and to openly praise to their faces those whom we admire. Most Westerners would; I think, please rather than admire; most men and women in America and Europe enjoy applause more than instruction. This recognition of the delicate pleasure of being able to please some one else naturally attracts quite a different type to the Western stage from the material usually found in Chinese dramatic companies, and in a society where everyone acknowledges the beauty of pleasing another, the position of the actor naturally becomes both envied and desirable. When therefore a man or woman succeeds on the European or American stage he or she is looked up to and welcomed in fashionable society, e.g., Henry Irving had the entree to the highest society, and his portrait was always found among the notables. Newspapers published long notices of his stage performances, and when he died he received as great honors as England could give. During his lifetime he enjoyed the royal favor of Queen Victoria, who conferred a knighthood upon him. After his death his biography was published and read by thousands. All this is quite contrary to the spirit of the Chinese who, no matter how clever a man may be as an actor, can never forget that he is a pretender and that the cleverer he is the greater care exists for guarding one's self against his tricks.

Actresses are no less respected and honored in the West, whereas in China there are positively no respectable women on the stage. Yet in the West it is a common occurrence to hear of marriages of actresses to bankers, merchants, and millionaires. Even ballet-girls have become duchesses by marriage. The stage is considered a noble profession. Often, when a girl has a good voice, nothing will satisfy her but a stage career. A situation such as this is very difficult for a Chinese to analyze. The average Chinese woman lacks the imagination, the self-abandon, the courage which must be necessary before a girl can think of herself as standing alone in a bright light before a large audience waiting to see her dance or hear her sing. Chinese actresses were quite unknown until very recently, and the few that may be now found on the Chinese stage were nearly all of questionable character before they entered the theater. In the northern part of China some good Chinese women may be found in circuses, but these belong to the working class and take up the circus life with their husbands and brothers for a livelihood.

The actresses of the West are different. They are drawn to the stage for the sake of art; and it must be their splendid daring as much as their beauty which induces wealthy men, and even some of the nobility, to marry these women. Man loves courage and respects all who are brave enough to fight for their own. In a world where self-love (not selfishness) is highly esteemed, manhood, or the power of self-assertion, whether in man or woman, naturally becomes a fascinating virtue. No one likes to be colleague to a coward. The millionaires and others who have married actresses—and as actresses make plenty of money they are not likely to be willing to marry poor men—meet many women in society as beautiful as the women they see on the stage, but society women lack the supreme courage and daring of the stage girl. Thus, very often the pretty, though less educated, ballet-girl, wins the man whom her more refined and less self-assertive sister—the ordinary society girl—is sorry to lose.

The suffragettes are too intent just now on getting "Votes for

Women" to listen to proposals of marriage, but when they succeed in obtaining universal suffrage I should think they would have little difficulty in obtaining brave husbands, for the suffragettes have courage. These women, however, are serious, and I do not think that men in the West, judging from what I have seen, like very serious wives. So perhaps after all the ballet-girls and actresses will have more chances in the marriage (I had almost written money) market than the suffragettes.

I may be mistaken in my theories. I have never had the opportunity of discussing the matter with a millionaire or an actress, nor have I talked about the stage with any of the ladies who make it their home, but unless it is their superb independence and their ability to throw off care and to act their part which attract men who are looking for wives, I cannot account for so many actresses marrying so well.

What, however, we may ask, is the object of the theater? Is it not amusement? But when a serious play ending tragically is put on the boards is that amusement? The feelings of the audience after witnessing such a play must be far from pleasant, and sometimes even moody; yet tragedies are popular, and many will pay a high price to see a well-known actor commit most objectionable imitation-crimes on the stage. A few weeks before this chapter was written a number of men of different nationalities were punished for being present at a cockfight in Shanghai. Mexican and Spanish bullfights would not be permitted in the United States, and yet it is a question whether the birds or the animals who take part in these fights really suffer very much. They are in a state of ferocious exaltation, and are more concerned about killing their opponents than about their own hurts.

Soldiers have been seriously wounded without knowing anything about it until the excitement of the battle had died away. Why then forbid cockfighting or bull-baiting? They would be popular amusements if allowed. It is certain that animals that are driven long distances along dirty roads, cattle, sheep, and fowl that are cooped up for many weary hours in railway trucks, simply that they may reach a distant market and be slaughtered to gratify perverted human appetites, really suffer more than the cock or bull who may be killed or wounded in a fight with others of his own kind. What about the sufferings of pugilists who take part in the prize-fights, in which so many thousands in the United States delight? It cannot be pity, therefore, for the birds or beasts, which makes the authorities forbid cockfighting and bull-baiting. It must be that although these are exhibitions of courage and skill, the exhibition is degrading to the spectators and to those who urge the creatures to fight. But what is the difference, so far as the spectator is concerned, between watching a combat between animals or birds and following a vivid dramatization of cruelty on the stage? In the latter case the mental sufferings which are portrayed are frequently more harrowing than the details of any bull- or cockfight. Such representation, therefore, unless a very clear moral lesson or warning is emblazoned throughout the play, must have the effect of making actors, actresses and spectators less sympathetic with suffering. Familiarity breeds insensibility. What I have said of melodrama applies also, though in a lesser degree, to books, and should be a warning to parents to exercise proper supervision of their children's reading.

Far be it from me to disparage the work of the playwright; the plot is often well laid and the actors, especially the prima-donna, execute their parts admirably. I am considering the matter, at the moment, from the view-point of a play-goer. What benefit does he receive from witnessing a tragedy? In his home and his office has he not enough to engage his serious attention, and to frequently worry his mind? Is it worth his while to dress and spend an evening watching a performance which, however skilfully played, will make him no happier than before? It is a characteristic of those who are fond of sensational plays that they do not mind watching the tragical ending of a hero or a heroine, and all for the sake of amusement. Young people and children are not likely to get good impressions from this sort of thing. It has even been said that murders have been committed by youngsters who had been taken by their parents to see a realistic melodrama. It is dangerous to allow young people of tender age to see such plays. The juvenile mind is not ripe enough to form correct judgments. Some time ago I read in one of the American papers that a boy had killed his father with a knife, on seeing him ill-treat his mother when in a state of intoxication. It appeared that the lad had witnessed a dramatic tragedy in a theater, and in killing his father considered he was doing a heroic act. He could, by the same rule, have been inspired to a noble act of self-sacrifice.

After all, the main question is, does a sensational play exercise a beneficial or a pernicious influence over the audience? If the reader will consider the matter impartially he should not have any difficulty in coming to a right conclusion.

Theatrical performances should afford amusement and excite mirth, as well as give instruction. People who visit theaters desire to be entertained and to pass the time pleasantly. Anything which excites mirth and laughter is always welcomed by an audience. But a serious piece from which humor has been excluded, is calculated, even when played with sympathetic feeling and skill, to create a sense of gravity among the spectators, which, to say the least, can hardly be restful to jaded nerves. Yet when composing his plays the playwright should never lose sight of the moral. Of course he has to pay attention to the arrangement of the different parts of the plot and the characters represented, but while it is important that each act and every scene should be harmoniously and properly set, and that the characters should be adapted to the piece as a whole, it is none the less important that a moral should be enforced by it. The practical lesson to be learned from the play should never be lost sight of. In Chinese plays the moral is always prominent. The villain is punished, virtue is rewarded, while the majority of the plays are historical. All healthy-minded people will desire to see a play end with virtue rewarded, and vice vanquished. Those who want it otherwise are unnatural and possess short views of life. Either in this life or in some other, each receives according to his deserts, and this lesson should always be taught by the play. Yet from all the clever dramas which have been written and acted on the Western stage from time to time what a very small percentage of moral lessons can be drawn, while too many of them have unfortunately been of an objectionable nature. Nearly everyone reads novels, especially the younger folk; to many of these a visit to a theater is like reading a novel, excepting that the performance makes everything more realistic. A piece with a good moral cannot therefore fail to make an excellent impression on the audience while at the same time affording them amusement.

I am somewhat surprised that the churches, ethical societies and reform associations in America do not more clearly appreciate the valuable aid they might receive from the stage. I have been told that some churches pay their singers more than their preachers, which shows that they have some idea of the value of good art. Why not go a step further and preach through a play? This does not mean that there should be no fun but that the moral should be well thrust home. I have heard of preachers who make jokes while preaching, so that it should not be so very difficult to act interesting sermons which would elevate, even if they did not amuse. People who went to church to see a theater would not expect the same entertainment as those who go to the theater simply for a laugh.

In China we do not expend as much energy as Americans and Europeans in trying to make other people good. We try to be good ourselves and believe that our good example, like a pure fragrance, will influence others to be likewise. We think practice is as good as precept, and, if I may say so without being supposed to be critical of a race different from my own, the thought has sometimes suggested itself to me that Americans are so intent on doing good to others, and on making others good, that they accomplish less than they would if their actions and intentions were less direct and obvious. I cannot here explain all I mean, but if my readers will study what Lao Tsz and Chuang Tsz have to say about "Spontaneity" and "Not Interfering", I think they will understand my thought. The theater, as I have already said, was in several countries religious in its origin; why not use it to elevate people indirectly? The ultimate effect, because more natural, might be better and truer than more direct persuasion. Pulpit appeals, I am given to understand, are sometimes very personal.

Since writing the above I have seen a newspaper notice of a dramatic performance in the Ethical Church, Queen's Road,

Bayswater, London. The Ethical Church believes "in everything that makes life sweet and human" and the management state that they believe— "the best trend of dramatic opinion to-day points not only to the transformation of theaters into centers of social enlightenment and moral elevation, but also to the transformation of the churches into centers for the imaginative presentation, by means of all the arts combined, of the deeper truths and meanings of life." Personally, I do not know anything about this society, but surely there is nothing out of harmony with Christianity in these professions, and I am glad to find here an alliance between the two greatest factors in the development of Western thought and culture—the church and the theater. The newspaper article to which I have referred was describing the "old morality play, Everyman" which had been performed in the church. The visitor who was somewhat critical, and apparently unused to seeing the theater in a church, wrote of the performance thus: "Both the music and the dressing of the play were perfect, and from the moment that Death entered clad in blue stuff with immense blue wings upon his shoulders, and the trump in his hand, and stopped Everyman, a gorgeous figure in crimson robes and jewelled turban, with the question, 'Who goes so gaily by?' the play was performed with an impressiveness that never faltered.

"The heaviest burden, of course, falls on Everyman, and the artist who played this part seemed to me, though I am no dramatic critic, to have caught the atmosphere and the spirit of the play. His performance, indeed, was very wonderful from the moment when he offers Death a thousand boons if only the dread summons may be delayed, to that final tense scene, when, stripped of his outer robe, he says his closing prayers, hesitates for a moment to turn back, though the dread angel is there by his side, and then follows the beckoning hand of Good Deeds, a figure splendidly robed in flowing draperies of crimson and with a wonderfully expressive mobile face.

"At the conclusion of the play Dr. Stanton Colt addressed a few words to the enthusiastic audience, 'Forsake thy pride, for it will profit thee nothing,' he quoted, 'If we could but remember this more carefully and also the fact that nothing save our good deeds shall ever go with us into that other World, surely it would help us to a holier and better life. Earthly things have their place and should have a due regard paid to them, but we must not forget the jewel of our souls.'"

I have, of course, heard of the "Passion Play" at Oberammergau in Germany where the life of Jesus Christ is periodically represented on the stage, but I say nothing about this, for, so far as I know, it is not performed in America, and I have not seen it; but I may note in passing that in China theaters are generally associated with the gods in the temples, and that the moral the play is meant to teach is always well driven home into the minds of the audience. We have not, however, ventured to introduce any of our sages to theater audiences.

The theater in China is a much simpler affair than in America. The residents in a locality unite and erect a large stage of bamboo and matting, the bamboo poles are tied with strips of rattan, and all the material of the stage, excepting the rattan, can be used over again when it is taken down. Most of the audience stand in front of the stage and in the open air, the theater generally being in front of the temple; and the play, which often occupies three or four days, is often performed in honor of the god's birthday. There is no curtain, and there are no stage accessories. The audience is thus enabled to concentrate its whole attention on the acting. Female parts are played by men, and everything is beautifully simple. There is no attempt to produce such elaborate effects as I have seen in the West, and of course nothing at all resembling the pantomime, which frequently requires mechanical arts. A newspaper paragraph caught my eye while thinking of this subject. I reproduce it.

"The Century Theater in New York City has special apparatus for producing wind effects, thunder and lightning simultaneously. The wind machine consists of a drum with slats which are rotated over an apron of corded silk, which produces the whistling sound of wind; the lightning is produced by powdered magnesium electrically ignited; thunder is simulated by rolling a thousand pounds of stone, junk and chain down a chute ending in an iron plate, followed by half-a-dozen cannon balls and supplemented by the deafening notes of a thunder drum."

Although, however, Chinese play-goers do not demand the expensive outfits and stage sceneries of the West, I must note here that not even on the American stage have I seen such gorgeous costumes, or robes of so rich a hue and displaying such glittering gold ornaments and graceful feathers, as I have seen on the simple Chinese stage I have just described. Western fashions are having a tendency in our ports and larger cities to modify some things that I have stated about Chinese theatrical performances, but the point I wish especially to impress on my readers is that theatrical performances in China, while amusing and interesting, are seldom melodramatic, and as I look back on my experiences in the United

States, I cannot but think that the good people there are making a mistake in not utilizing the human natural love for excitement and the drama as a subsidiary moral investment. And, of course, all I have said of theaters applies with equal force to moving-picture shows.

Chapter 15

American Opera and Musical Entertainments

Opera is a form of entertainment which, though very popular in America and England, does not appeal to me. I know that those who are fond of music love to attend it, and that the boxes in an opera house are generally engaged by the fashionable set for the whole season beforehand. I have seen members of the "four hundred" in their boxes in a New York opera house; they have been distinguished by their magnificent toilettes and brilliant jewelry; but I have been thinking of the Chinese drama, which, like the old Greek play, is also based on music, and Chinese music with its soft and plaintive airs is a very different thing from the music of grand opera. Chinese music could not be represented on Western instruments, the intervals between the notes being different. Chinese singing is generally "recitative" accompanied by long notes, broken, or sudden chords from the orchestra. It differs widely from Western music, but its effects are wonderful. One of our writers has thus described music he once heard: "Softly, as the murmur of whispered words; now loud and soft together, like the patter of pearls and pearlets dropping upon a marble dish. Or liquid, like the warbling of the mango-bird in the bush; trickling like the streamlet on its downward course. And then like the torrent, stilled by the grip of frost, so for a moment was the music lulled, in a passion too deep for words." That this famous description of the effects of music which I have borrowed from Mr. Dyer Ball's "Things Chinese" is not exaggerated, anyone who knows China may confirm by personal observation of the keen enjoyment an unlearned, common day laborer will find in playing a single lute all by himself for hours beneath the moon on a warm summer evening, with no one listening but the trees and the flitting insects; but it requires a practised ear to appreciate singing and a good voice. On one occasion I went to an opera house in London to hear the world-renowned Madame Patti. The place was so crowded, and the atmosphere so close, that I felt very uncomfortable and I am ashamed to acknowledge that I had to leave before she had finished. If I had been educated to appreciate that sort of music no doubt I would have comprehended her singing better, and, however uncomfortable, I should no doubt have remained to the end of the entertainment.

While writing this chapter it happened that the following news from New York was published in the local papers in Shanghai. It should be interesting to my readers, especially to those who are lovers of music.

"'Yellow music' will be the next novelty to startle and lure this blase town; amusement forecasters already see in the offing a Fall invasion of the mysterious Chinese airs which are now having such a vogue in London under the general term of 'yellow music'.

"The time was when Americans and occidentals in general laughed at Chinese music, but this was due to their own ignorance of its full import and to the fact that they heard only the dirges of a Chinese funeral procession or the brassy noises that feature a celestial festival. They did not have opportunity to be enthralled by the throaty, vibrant melodies—at once so lovingly seductive and harshly compelling—by which Chinese poets and lovers have revealed their thoughts and won their quest for centuries. The stirring tom-tom, if not the ragtime which sets the occidental capering to-day, was common to the Chinese three or four hundred years ago. They heard it from the wild Tartars and Mongols—heard it and rejected it, because it was primitive, untamed, and not to be compared with their own carefully controlled melodies. Mr. Emerson Whithorne, the famous British composer, who is an authority on oriental music, made this statement to the London music lovers last week:

"'The popularity of Chinese music is still in its childhood. From now on it will grow rapidly. Chinese music has no literature, as we understand that term, but none can say that it has not most captivating melodies. To the artistic temperament, in particular, it appeals enormously, and well-known artists—musicians, painters, and so on—say that it affects them in quite an extraordinary way.'"

Chinese music from an occidental standpoint has been unjustly described as "clashing cymbals, twanging guitars, harsh flageolets, and shrill flutes, ear-splitting and headache-producing to the foreigner." Such general condemnation shows deplorable ignorance. The writer had apparently never attended an official service in honor of Confucius, held biennially during the whole of the Ching dynasty at 3 A.M. The "stone chimes", consisting of sonorous stones varying in tone and hanging in frames, which were played on those solemn occasions, have a haunting melody such as can be heard nowhere else.

China, I believe, is the only country that has produced music from stones. It is naturally gratifying to me to hear that Chinese airs are now having a vogue in London, and that they will soon be heard in New York. It will take some little time for Westerners to learn to listen intelligently to our melodies which, being always in unison, in one key and in one movement, are apt at first to sound as wearisome and monotonous as Madame Patti's complicated notes did to me, but when they understand them they will have found a new delight in life.

Although we Chinese do not divide our plays into comedies and tragedies there is frequently a good deal of humor on the Chinese stage; yet we have nothing in China corresponding to the popular musical comedy of the West. A musical comedy is really a series of vaudeville performances strung together by the feeblest of plots. The essence seems to be catchy songs, pretty dances, and comic dialogue. The plot is apparently immaterial, its only excuse for existence being to give a certain order of sequence to the aforesaid songs, dances, and dialogues. That, indeed, is the only object for the playwright's introducing any plot at all, hence he does not much care whether it is logical or even within the bounds of probability. The play-goers, I think, care even less. They go to hear the songs, see the dances, laugh at the dialogues, and indulge in frivolous frivolities; what do they want with a plot, much less a moral? Chinese vaudeville takes the form of clever tumbling tricks which I think are much preferable to the sensuous, curious, and self-revealing dances one sees in the West.

Although musical comedy, or, more properly speaking, musical farce, is becoming more and more popular in both Europe and America it is also becoming proportionately more farcical; although in many theaters it is staged as often as the more serious drama, in some having exclusive dominion; and although theater managers find that these plays draw bigger crowds and fill their houses better than any other, in the large cities running for over a year, I cannot help regarding this feature of theatrical life as so much theatrical chaos. It lacks culture, and is sometimes both bizarre and neurotic. I do not object to patter, smart give and take, in which the comical angles of life are exposed, if it is brilliant; neither have I anything to say against light comedy in which the ridiculous side of things is portrayed. This sort of entertainment may help men who have spent a busy day, crowded with anxious moments, and weighted with serious responsibilities, but exhibitions which make men on their way home talk not of art, or of music, or of wit, but of "the little girl who wore a little black net" are distinctly to be condemned. Even the class who think it waste of time to think, and who go to the theater only to "laugh awfully", are not helped by this sort of entertainment. Such songs as the following, which I have culled from the *Play Pictorial*, a monthly published in London, must in time pall the taste of even the shallow-minded.

"Can't you spare a glance? Have we got a chance? You've got a knowing pair of eyes; When it's 2 to 1 It isn't much fun," This is what she soon replies:

"Oh, won't you buy a race-card, And take a tip from me? If you want to find a winner, It's easy as can be When the Cupid stakes are starting, Your heads are all awhirl, And my tip to-day Is a bit each way On the race-card girl."

Yet this, apparently, is the sort of thing which appeals to the modern American who wants amusement of the lightest kind, amusement which appeals to the eye and ear with the lightest possible tax on his already over-burdened brain. He certainly cannot complain that his wishes have not been faithfully fulfilled. It may be due to my ignorance of English, but the song I have just quoted seems to me silly, and I do not think any "ragtime music" could make it worth singing. Of course many songs and plays in the music halls are such as afford innocent mirth, but it has to be confessed that there are other things of a different type which it is not wise for respectable families to take the young to see. I would not like to say all I think of this feature of Western civilization, but I may quote an Englishman without giving offense. Writing in the *Metropolitan Magazine*, Louis Sherwin says: "There is not a doubt that the so-called 'high-brow dancer' has had a lot to do with the bare-legged epidemic that rages upon the comic-opera stage to-day. Nothing could be further removed from musical comedy than the art of such women as Isadora Duncan and Maude Allen. To inform Miss Duncan that she has been the means of making nudity popular in musical farce would beyond question incur the lady's very reasonable wrath. But it is none the less true. When the bare-legged classic dancer made her appearance in opera houses, and on concert platforms with symphony orchestras, it was the cue for every chorus girl with an ambition to undress in public. First of all we had a plague of Salomes. Then the musical comedy producers, following their usual custom of religiously avoiding anything original, began to send the pony ballets and soubrettes on the stages without their hosiery and with their knees clad in nothing but a coat of whitewash (sometimes they even forgot to put on the whitewash, and then the sight was horrible). The human form divine, with few exceptions, is a devilish spectacle unless it is properly made up. Some twenty years from now managers will discover what audiences found out months ago, that a chorus girl's bare leg is infinitely less beautiful than the same leg when duly disguised by petticoats and things."

Chapter 16

American Conjuring and Circuses

After what I have said as to the position of the actor in China my readers will not be surprised at my saying that the performance of a conjuror should not be encouraged. What pleasure can there be in being tricked? It may be a great display of dexterity to turn water into wine, to seem to cut off a person's head, to appear to swallow swords, to escape from locked handcuffs, and to perform the various cabinet tricks, but cleverness does not alter the fact that after all it is only deception cunningly contrived and performed in such a way as to evade discovery. It appears right to many because it is called "legerdemain" and "conjuring" but in reality it is exactly the same thing as that by which the successful card-sharper strips his victims, viz., such quickness of hand that the eye is deceived. Should we encourage such artful devices? History tells many stories as to the way in which people have been kept in superstitious bondage by illusions and magic, and if it be now held to be right to deceive for fun how can it be held to have been wrong to deceive for religion? Those who made the people believe through practising deception doubtless believed the trick to be less harmful than unbelief. I contend, therefore, that people who go to see conjuring performances derive no good from them, but that, on the contrary, they are apt to be impressed with the idea that to practise deception is to show praiseworthy skill. It is strange how many people pay money to others to deceive them. More than ever before, people to-day actually enjoy being cheated. If the tricks were clumsily devised and easily detected there would be no attraction, but the cleverer and more puzzling the trick the more eagerly people flock to see it.

Christian preachers and moralists could do well to take up this matter and discourage people from frequenting the exhibitions of tricksters. There are doubtless many laws in nature yet undiscovered, and a few persons undoubtedly possess abnormal powers. This makes the cultivation of the love of trickery more dangerous. It prevents the truth from being perceived. It enables charlatans to find dupes, and causes the real magician to be applauded as a legerdemainist. This is what the New Testament tells us happened in the case of Jesus Christ. His miracles failed to convince because the people had for a long time loved those who could deceive them cleverly. The people said to him, "Thou hast a devil," and others warned them after his death saying, "That deceiver said while he was yet alive 'After three days I will rise again.'" When people are taught not only to marvel at the marvelous but to be indifferent to its falsehoods they lose the power of discrimination, and are apt to take the true for the false, the real for the unreal.

For an evening's healthy enjoyment I believe a circus is as good a place as can be found anywhere. The air there is not close and vitiated as in a theater; you can spend two or three hours comfortably without inhaling noxious atmospheres. It is interesting to note that the circus is perhaps the only form of ancient entertainment which has retained something of its pristine simplicity. To-day, as in the old Roman circuses, tiers of seats run round the course, which in the larger circuses is still in the form of an ellipse, with its vertical axis, where the horses and performers enter, cut away. But the modern world has nothing in this connection to compare with the Circus Maximus of Rome, which, according to Pliny, held a quarter of a million spectators. It is singular, however, that while the old Roman circuses were held in permanent buildings, modern circuses are mostly travelling exhibitions in temporary erections. In some respects the entertainment offered has degenerated with the change, for we have to-day nothing in the circus to correspond to the thrilling chariot races in which the old Romans delighted. I wonder that in these days of restless search for novelties some one does not re-introduce the Roman chariot race under the old conditions, and with a reproduction of the old surroundings. It would be as interesting and as exciting as, and certainly less dangerous than, polo played in automobiles, which I understand is one of the latest fads in the West. A modern horse-race, with its skill, daring and picturesqueness, is the only modern entertainment comparable to the gorgeous races of the Romans.

The exhibition of skillful feats of horsemanship and acrobatic displays by juvenile actors, rope-dancing, high vaulting and other daring gymnastic feats seen in any of our present-day circuses are interesting, but not new. The Romans had many clever tight-rope walkers, and I do not think they used the long pole loaded at the ends to enable them to maintain their equilibrium, as do some later performers. Japanese tumblers are very popular and some of their tricks clever, but I think the Western public would find Chinese acrobats a pleasant diversion. With practice, it would seem as if when taken in hand during its supple years there is nothing that cannot be done with the human body. Sometimes it almost appears as if it were boneless, so well are people able by practice to make use of their limbs to accomplish feats which astonish ordinary persons whose limbs are less pliable.

The trapeze gives opportunity for the display of very clever exhibition, of strength and agility; at first sight the gymnast would appear to be flying from one cross-bar to the other, and when watching such flights I have asked myself: "If a person can do that, why cannot he fly?" Perhaps human beings will some day be seen flying about in the air like birds. It only requires an extension of the trapeze "stunt". Travelling in the air by means of airships or aeroplanes is tame sport in comparison with bird-like flights, whether with or without artificial wings.

There are many advantages in being able to travel in the air. One is a clear and pure atmosphere such as cannot be obtained in a railway car, or in a cabin on board a ship; another is the opportunity afforded of looking down on this earth, seeing it as in a panorama, with the people looking like ants. Such an experience must broaden the mental outlook of the privileged spectator, and enable him to guess how fragmentary and perverted must be our restricted view of things in general. There is, however, danger of using such opportunities for selfish and mischievous purposes. A wicked man might throw a bomb or do some other wicked nonsense just as some one else, who really sees things as they are and not as they seem to be, might employ his superior knowledge to benefit himself and injure his fellows; but the mention of the trapeze and its bird-like performers has diverted me from my theme.

I suppose that a reference to the circus would be incomplete which overlooked the clowns, those poor survivals of a professional class of jesters who played what appears to have been a necessary part in society in ruder days, when amusements were less refined and less numerous. The Chinese have never felt the need of professional foolers, and I cannot say that I admire the circus clown, but the intelligence which careful training develops in the horse, the dog, etc., interests me a good deal. An instance of this came under my own observation during a recent visit to Shanghai of "Fillis' Circus". Mr. Fillis had a mare which for many years had acted the part of the horse of a highway robber. The robber, flying from his enemies, urges the animal beyond its strength, and the scene culminated with the dying horse being carried from the arena to the great grief of its master. When this entertainment was given in Shanghai this horse— "Black Bess" —fell sick. A tonic was administered in the shape of the lively tune which the band always played as she was about to enter the arena and play her part as the highwayman's mare. The animal made pitiable attempts to rise, and her inability to do so apparently suggested to the intelligent creature the dying scene she had so often played. She lay down and relaxed, prepared to die in reality. The attendants, ignorant of the manner in which the horse had let herself go, tried to lift her, but in her relaxed condition her bowels split— Black Bess had acted her part for the last time.

Chapter 17

American Sports

Perhaps in nothing do the Chinese differ from their Western friends in the matter of amusements more than in regard to sports. The Chinese would never think of assembling in thousands just to see a game played. We are not modernized enough to care to spend half a day watching others play. When we are tired of work we like to do our own playing. Our national game is the shuttlecock, which we toss from one to another over our shoulders, hitting the shuttlecock with the flat soles of the shoes we are wearing. Sometimes we hit with one part of the foot, sometimes with another, according to the rules of the game. This, like kite-flying, is a great amusement among men and boys.

We have nothing corresponding to tennis and other Western ball games, nor, indeed, any game in which the opposite sexes join. Archery was a health-giving exercise of which modern ideas of war robbed us. The same baneful influence has caused the old-fashioned healthful gymnastic exercises with heavy weights to be discarded. I have seen young men on board ocean-going steamers throwing heavy bags of sand to one another as a pastime. This, though excellent practice, hardly equals our ancient athletic feats with the bow or the heavy weight. Western sports have been introduced into some mission and other schools in China, but I much doubt if they will ever be really popular among my people. They are too violent, and, from the oriental standpoint, lacking in dignity. Yet, when Chinese residing abroad do take up Western athletic sports they prove themselves the equals of all competitors, as witness their success in the Manila Olympiad, and the name the baseball players from the Hawaiian Islands Chinese University made for themselves when they visited America. Nevertheless, were the average Chinese told that many people buy the daily paper in the West simply to see the result of some game, and that a sporting journalism flourishes there, i.e., papers devoted entirely to sport, they would regard the statement as itself a pleasant sport. Personally, I think we might learn much from the West in regard to sports. They certainly increase the physical and mental faculties, and for this reason, if for no other, deserve to be warmly supported. China suffers because her youths have never been trained to team-work. We should be a more united people if as boys and young men we learned to take part in games which took the form of a contest, in which, while each contestant does his best for his own side, the winning or losing of the game is not considered so important as the pleasure of the exercise. I think a great deal of the manliness which I have admired in the West must be attributed to the natural love of healthy sport for sport's sake. Games honestly and fairly played inculcate the virtues of honor, candidness, and chivalry, of which America has produced many worthy specimens. When one side is defeated the winner does not exult over his defeated opponents but attributes his victory to an accident; I have seen the defeated crew in a boat race applauding their winning opponents. It is a noble example for the defeated contestants to give credit to and to applaud the winner, an example which I hope will be followed by my countrymen.

As an ardent believer in the natural, healthy and compassionate life I was interested to find in the Encyclopaedia Britannica how frequently vegetarians have been winners in athletic sports.① They won the Berlin to Dresden walking match, a distance of 125 miles, the Carwardine Cup (100 miles) and Dibble Shield (6 hours) cycling races (1901-02), the amateur championship of England in tennis (four successive years up to 1902) and racquets (1902), the cycling championship of India (three years), half-mile running championship of Scotland (1896), world's amateur cycle records for all times from four hours to thirteen hours (1902), 100 miles championship Yorkshire Road Club (1899, 1901), tennis gold medal (five times). I have no access to later statistics on this subject but I know that it is the reverse of truth to say, as Professor Gautier, of the Sarbonne, a Catholic foundation in Paris, recently said, that vegetarians "suffer from lack of energy and weakened will power." The above facts disprove it, and as against Prof. Gautier, I quote Dr. J. H. Kellogg, the eminent physician and Superintendent of Battle Creek Sanitarium in Michigan, U.S.A., who has been a strict vegetarian for many years and who, though over sixty years of age, is as strong and vigorous as a man of forty; he told me that he worked sixteen hours daily without the least fatigue. Mrs. Annie Besant, President of the Theosophical Society, is another example. I am credibly informed that she has been

① E. B., 9th ed., vol. 33, p. 649.

a vegetarian for at least thirty-five years and that it is doubtful if any flesh-eater who is sixty-five can equal her in energy. Whatever else vegetarians may lack they are not lacking in powers of endurance.

It is needless for me to say that hunting, or, as it is called, "sport", is entirely opposed to my idea of the fitness of things. I do not see why it should not be as interesting to shoot at "clay pigeons" as to kill living birds; and why moving targets are not as suitable a recreation as running animals. "The pleasures of the chase" are no doubt fascinating, but when one remembers that these so-called pleasures are memories we have brought with us from the time when we were savages and hunted for the sake of food, no one can be proud of still possessing such tastes. To say that hunters to-day only kill to eat would be denied indignantly by every true sportsman. That the quarry is sometimes eaten afterward is but an incident in the game; the splendid outdoor exercise which the hunt provides can easily be found in other ways without inflicting the fear, distress, and pain which the hunted animals endure. It is a sad commentary on the stage at which humanity still is that even royalty, to whom we look for virtuous examples, seldom misses an opportunity to hunt. When a man has a strong hobby he is unable to see its evil side even though in other respects he may be humane and kind-hearted. Thus the sorry spectacle is presented of highly civilized and humane people displaying their courage by hunting and attacking wild animals, not only in their own native country but in foreign lands as well. Such personages are, I regret to have to add, not unknown in the United States.

The fact that hunting has been followed from time immemorial, that the ancient Egyptians, Assyrians, and Babylonians indulged in this pastime, does not make it any more suitable an occupation for us to-day. The good qualities of temper and patience which hunting demands are equally well developed by athletic sports. I understand that a good hunting establishment will cost as much as $10,000 (2,000 Pounds) a year. Surely those who can afford so much on luxuries could find a more refined amusement in yachting and similar recreations. To sail a yacht successfully in half a gale of wind, is, I should imagine, more venturesome, more exciting, and a pastime requiring a manifestation of more of the qualities of daring, than shooting a frightened animal from the safe retreat of the saddle of a trusty horse; and not even the hunt of the wild beast can equal in true sportsmanship a contest with the wind and the waves, for it is only occasionally that a beast shows fight because he is wounded, and even then man is well protected by his gun; but whether yachting or swimming the sportsman's attitude of watchfulness is uninterrupted. I fancy it is convention and custom, rather than conviction of the superiority of the sport, that has given hunting its pre-eminence. It is on record that four thousand years ago the ancient emperors of China started periodically on hunting expeditions. They thus sought relief from the monotony of life in those days; in the days of the Stuarts, in England, royalty found pleasure in shows which were childish and even immoral. Of course in barbarous countries all savages used to hunt for food. For them hunting was an economic necessity, and it is no slander to say that the modern hunt is a relic of barbarism. It is, indeed, a matter of surprise to me that this cruel practice has not ceased, but still exists in this twentieth century. It goes without saying that hunting means killing the defenseless, inflicting misery and death on the helpless; even if it be admitted that there is some justification for killing a ferocious and dangerous animal, why should we take pleasure in hunting and killing the fox, the deer, the hare, the otter, and similar creatures? People who hunt boast of their bravery and fearlessness, and to show their intrepidity and excellent shooting they go to the wilderness and other countries to carry on their "sport". I admire their fearless courage but I am compelled to express my opinion that such actions are not consistent with those of a good-hearted humane gentleman.

Still less excuse is there for the practice of shooting. What right have we to wantonly kill these harmless and defenseless birds flying in the air? I once watched pigeon shooting at a famous watering place, the poor birds were allowed to fly from the trap-holes simply that they might be ruthlessly killed or maimed. That was wanton cruelty; to reprobate too strongly such revolting barbarity is almost impossible. I am glad to say that such cruel practices did not come under my observation during my residence in the States, and I hope that they are not American vices but are prohibited by law. No country, with the least claim to civilization, should allow such things, and our descendants will be astonished that people calling themselves civilized should have indulged in such wholesale and gratuitous atrocities. When people allow animals to be murdered—for it is nothing but murder—for the sake of sport, they ought not to be surprised that men are murdered by criminals for reasons which seem to them good and sufficient. An animal has as much right to its life as man has to his. Both may be called upon to sacrifice life for the sake of some greater good to a greater number, but by what manner of reasoning can killing for killing's sake be justified? Does the superior cunning and intellect of man warrant his taking life for fun? Then, should a race superior to humanity ever appear on the earth, man would have no just cause of complaint if he were killed off for its amusement. There formerly existed in India a "well-organized confederacy of professional assassins" called Thugs, who worshipped the goddess Kali with human lives. They murdered according to "rigidly prescribed forms" and for religious reasons. The English, when they came into power in India, naturally took vigorous measures to stamp out Thuggeeism; but from a higher point of view than our own little selves, is there after all so much difference between the ordinary sportsman and the fanatic Thuggee? If there be, the balance is rather in favor of the latter, for the Thug at least had the sanction of religion, while the hunter has nothing to excuse his cruelty beyond the lust of killing. I do not understand why the humane societies, such as "The Society for the Prevention of Cruelty to Animals", are so supine in regard to these practices. The Chinese are frequently accused of being cruel to animals, but I think that those who are living in glass houses should not throw stones.

In this connection I would remark that birds are shot not only for pleasure and for their flesh, but in some cases for their plumage, and women who wear hats adorned with birds' feathers, do, though indirectly, encourage the slaughter of the innocent. Once a Chinese was arrested by the police in Hongkong for cruelty to a rat. It appeared that the rat had committed great havoc in his household, stealing and damaging various articles of food; when at last it was caught the man nailed its feet to a board, as a warning to other rats. For this he was brought before the English Magistrate, who imposed a penalty of ten dollars. He was astonished, and pleaded that the rat deserved death, on account of the serious havoc committed in his house. The Magistrate told him that he ought to have instantly killed the rat, and not to have tortured it. The amazed offender paid his fine, but murmured that he did not see the justice of the British Court in not allowing him to punish the rat as he chose, while foreigners in China were allowed the privilege of shooting innocent birds without molestation. I must confess, people are not always consistent.

The Peace Societies should take up this matter, for hunting is an imitation of war and an apprenticeship to it. It certainly can find no justification in any of the great world religions, and not even the British, or the Germans, who idolize soldiers, would immortalize a man simply because he was a hunter. From whatever point the subject be viewed it seems undeniable that hunting is only a survival of savagery.